Após

Fernando Savater

Apóstatas razonables

Nueva edición ampliada

Ariel bfs

1.ª edición: 1976, Editorial Mandrágora
1.ª edición en esta presentación: septiembre de 2007

© 1995, 2007: Fernando Savater

Derechos exclusivos de edición en español
reservados para todo el mundo:
© 2007: Editorial Ariel, S. A.
Avda. Diagonal, 662-664 - 08034 Barcelona

ISBN 978-84-344-5338-8

Depósito legal: B. 35.848 - 2007

Impreso en España por
Hurope, S. L.
Lima, 3 bis
08030 Barcelona

Queda rigurosamente prohibida, sin la autorización escrita de los titulares del *copyright*,
bajo las sanciones establecidas en las leyes, la reproducción total o parcial de esta obra
por cualquier medio o procedimiento, comprendidos la reprografía y el tratamiento informático,
y la distribución de ejemplares de ella mediante alquiler o préstamo públicos.

« J'ai plus de souvenirs que si j'avais mille ans... »

BAUDELAIRE

Nota previa

Este libro me ha acompañado durante casi treinta años. Le he ido añadiendo nuevos capítulos, como quien amplía una casa de campo con más dependencias para invitados y caballerizas. En esta ocasión, los recién llegados que se unen a la fiesta son de lujo: Henry Morgan, Julio Verne, Hans Christian Andersen, Guillermo Cabrera Infante... Me encanta tenerles a todos ya como parte de mi familia de apóstatas. En algunos casos, estos añadidos quizá indiquen un cambio de humor fruto del paso del tiempo, como la nota sobre «César y Galileo» de Ibsen con la que me despido de Juliano. Puede que yo también vaya apostatando de algunos de mis primeros apóstatas... A continuación ofrezco al lector el prólogo de la obra original y el de la primera ampliación. Este libro no ha tenido nunca una dedicatoria general y ya es hora de que la reciba: va todo él para Sara, mi mejor encuentro en estos años y mi esperanza para los venideros.

Madrid, 2007

Prólogo a la edición de 1976

La biografía es la novela que sabemos escribir los que no sabemos escribir novelas. También sirve de refugio para quienes, como yo, descreen de la Historia o la deploran, pero no por ello dejan de sentirse fascinados por el pasado. Seleccionando y contando bien los incidentes más notables de su vida, raro es el hombre que no parece tener destino. Esto satisface de algún modo nuestro orgullo, pues quizá nosotros podamos aspirar igualmente a vernos orientados en nuestras naderías por un exigente *fatum*; según parece, estamos dispuestos a pagar este ínfimo y vanidoso consuelo con la aceptación del desastre final de la muerte que, en cierto modo, da sentido al planteamiento biográfico, tal como ocurre también en la novela. Leer o escribir biografías es sacrificar a la ilusión de llegar a tener una: es reclamar un destino aun a precio de muerte. La idea de cierre, de trayecto recorrido hasta el final, que consiente la biografía, es un dañoso fantasma que hace pensar que cierta vida fue lo que debió ser y no otra cosa. Pero esta doctrina es en rigor improbable, indecible y posiblemente insignificante: si algún verdadero y pleno sentido adviniese a algo de lo que nos ocurre, ese acontecimiento quedaría truncado irremisiblemente del decurso mortal de nuestra biografía, precisamente por su mismo significado. Lo que me pasa de grande no pasa; lo que pasa es ese yo que no alcanza la grandeza y que me separa de ella, empujándome a la muerte que su identidad representa o exige. Quizá el mejor medio de inclinarse sobre los hombres muertos sea ese apunte inconexo y con frecuencia aparentemente irrelevante cuyo maestro es Cavafis. No he sido lo suficientemente profundo como para contentarme con algunas de esas briznas de gestos pasados. Valgan estas palabras para ayudar al lector a desconfiar de las páginas que siguen.

De todos los personajes retratados en este libro, el que menos merece el calificativo de «apóstata» es el emperador romano que recibió tal mote de la posteridad cristiana que le aborreció. Juliano rechazó un nuevo dogma, por fidelidad a una piedad antigua; pero incluso él traicionó de algún modo la tradición de que se reclamaba, por exigencias tácticas frente al enemigo galileo. Todos los demás protagonistas del presente volumen, incluido ese diablo cuya más reciente advocación cinematográfica se comenta, apostataron de algún modo de las creencias en que se habían formado, fuera la fidelidad al rey, el freudianismo, el biologismo histórico o la teología medieval. Pero les llamo *razonables* porque todos ellos se plantearon esa apostasía como su problema teórico fundamental y consideraron imprescindible una fundamentación razonada de su discrepancia. Ninguno rehuyó la ortodoxia inadvertidamente o como algo decididamente natural, que ni siquiera vale la pena comentar: a este respecto, el caso más significativo, por no tratarse de un hombre de letras profesional, es el de Lope de Aguirre, cuya ruptura razonada es sin duda la más radical de las que se recensionan. Varios de los personajes aquí discutidos son considerados habitualmente como «reaccionarios» y, como tales, despachados sin conocimiento ni aprecio por las bellas almas de la izquierda. Como los artículos que forman este libro fueron escritos para revistas progresistas, aspiré en todos ellos a desmontar la habitual imaginería maniquea que ignora las virtudes subversivas y críticas de la reacción inteligente. La izquierda, particularmente en España, es detestablemente conservadora en sus mitos justicieros, y sus opiniones críticas se parecen peligrosamente a las ideas *recibidas* cuyo diccionario estableció Flaubert. En el cielo y la tierra de la rebelión hay más cosas de las que los teóricos progresistas conocen... o consienten.

Estos apuntes biográficos no son en modo alguno resultado de profundos estudios sobre los autores tratados: mi erudición se reduce a los tres o cuatro libros fundamentales que están al alcance de cualquiera y a alguna buena enciclopedia. Son más bien fruto de afinidades electivas que de cualquier tipo de especialización investigadora, de la que desdichadamente parezco ser incapaz. Me conformaría con no cometer ningún error de bulto y con transmitir al lector cierta simpatía por el apóstata comentado. Todos estos textos fueron preparados para la revista *Tiempo de Historia*, excepto un par de ellos aparecidos en *Triunfo*. Agradezco especialmente al redactor jefe de la primera de ellas, Fernando Lara, el amistoso interés que ha mostrado siempre por mis colaboraciones.

Prólogo a la edición de 1990

La primera versión de este libro fue publicada hace catorce años y lleva agotada más de una década. Algunos amigos que habían oído hablar de él pero no pudieron encontrarlo me han animado para que volviese a sacarlo a la luz. La edición actual es bastante más amplia que la primera, pues he incluido nada menos que nueve apóstatas nuevos, entre ellos la única mujer de esta galería, la mordaz y trágica Madame du Deffand. También se ha modificado el orden de los personajes, que ahora aparecen en secuencia cronológica (salvo el diablo, al que mantengo en su posición central para indicar que no es ni de hoy ni de ayer, sino de siempre). Aunque no creo que cambiase demasiado mi semblanza de ninguno de estos apóstatas si volviese a escribirla hoy, en algún caso es oportuno recordar la fecha en que fue compuesto el trabajo: así, por ejemplo, «Heidegger en la historia» se escribió recién desaparecido el pensador y cuando aún estaba muy remota la aparición de obras tan esclarecedoras de su biografía como la de Víctor Farias o las memorias de Karl Löwith.

No estoy seguro de que a todos los nuevos inquilinos de esta serie les cuadre con igual propiedad el calificativo de «apóstatas». ¿Puede llamarse apóstata, por ejemplo, al piadoso y audaz Robert Louis Stevenson? Sin embargo, los tres lustros transcurridos desde la primera redacción de este libro me han enseñado algo: que todos, antes o después, de un modo u otro, incurrimos en apostasía. Vivir es apostatar: y toda apostasía encuentra sus razones, porque sólo la muerte es inexplicable y fiel. De este libro juvenil, ingenuo y fervoroso, lo que hoy me parece más ingenuo y fervoroso, más juvenil, es el mismo título: por eso lo conservo con todo cariño.

Juliano el piadoso

Para Félix de Azúa

Los cristianos destruyeron las estelas, borraron su nombre de los monumentos, arrancaron las piedras miliares que le recordaban; contaron su historia de forma embrollada, le confundieron con monstruos pasados o con los atroces atributos de su Demonio; mintieron sobre su vida y sobre su muerte, sobre su porte y sobre sus palabras: le llamaron –a él, al más desesperadamente piadoso de sus contemporáneos– «apóstata». En vano. Ellos, que prevalecieron y triunfaron en toda la línea, no han logrado arrebatarle, pese a toda la fuerza de su resentimiento, esa postrera y pálida victoria: la fama que más allá de los siglos hace brillar su nombre de héroe caído. Porque Juliano fue héroe, tal como en vida le vieron siempre sus fieles galos, aquellos feroces Petulantes que le amaban ciegamente, aquel hosco y ejemplar Nevitta, al que elevó al consulado con escándalo de los «civilizados»; y Juliano fue también santo, como se atrevió a llamarle Eunapio poco después de su muerte, en un libro escrito en pleno imperio de los galileos; y Juliano fue mártir, como supieron quienes le rodeaban en

Antioquía, cuando bregaba por los dioses entre prostitutas y curiosos, cubierto por la sangre de las víctimas que finalmente se confundió con la suya en el yermo altar del desierto persa. Héroe, santo y mártir: ¡hasta en esto su vida es réplica y cumplimiento del ideal cristiano que combatió! Condenado hasta la más innoble execración por los apologetas galileos, él tuvo sus propios e ilustres hagiógrafos: Eunapio, Ammiano Marcelino, Lorenzo de Médicis, Montaigne, Voltaire, los románticos alemanes (que le llamaron «el romántico en el trono»), Alfred de Vigny...[1] La más reciente modernidad le ha sido particularmente propicia: Henrik Ibsen le dedicó un denso y angustioso drama en diez actos, *Emperador y galileo*; Dimitri Merejkowsky una coloreada novela, *La muerte de los dioses*; Cavafis, algunos poemas memorables. El *Julian* de Gore Vidal es una reconstrucción histórica novelesca que Robert Graves no hubiese considerado indigna. Y podríamos citar una extensa bibliografía de trabajos «científicos», digamos, para entendernos y distinguirlos de las obras de arte antes citadas: Allard, Bidez, Ricciotti... Los ecos del horrorizado estruendo que su nombre suscitó entre los cristianos, de la fulminada esperanza que representó para los politeístas, perduran todavía en estos días en que unos y otros han muerto, dejando una progenie confusa. Derribaron las estelas, borraron su nombre... Pero los persas, que le temieron, le representaron como un león rampante en cuyas fauces llameaba un rayo, bajo el cual escribieron simplemente: Juliano.

---

[1]. Javier Marías me habla de una novela de Henry Fielding en que aparece el espíritu al menos de Juliano. Parece una obra humorística que transcurre en el más allá y en la que el difunto Juliano cuenta sus peripecias y proyectos fallidos.

El príncipe estudiante

Juliano era hijo de un hermano del emperador Constantino, Julio Constancio, y de la cristiana Basilina. La vida de su padre no había sido fácil; efectivamente, el padre de Julio Constancio, Constancio Cloro, había tenido a sus siete hijos de dos mujeres diferentes: Constantino era un bastardo de Elena, antigua mesonera elevada por el concubinato, que luego fue abandonada por la legítima Teodora, madre de Julio Constancio, Hannibaliano y el resto de la descendencia. Pero fue Constantino quien llegó a emperador, y la postergada Elena se vio convertida en reina madre, «nobilissima femina», Augusta y, tras su muerte, santa. La rencorosa mesonera coronada no olvidó las humillaciones que había sufrido y persiguió con su hostilidad a los hijos de su rival Teodora. Julio Constancio, como sus hermanos, llevó una vida errante, rodeado de intrigas y sospechas, celosamente alejado de todo lo que pudiera poco o mucho propiciar el poder. Se entretuvo practicando las letras y ejercitando su discreto talento para la controversia. Su erudito y ocioso vagabundeo le llevó a recorrer casi todo el Imperio; su hijo Juliano nació en Constantinopla, a finales del año 331, en aquel Cuerno de Oro de ricos palacios y suntuosos templos. La noche antes de parirle, Basilina soñó que alumbraba a Aquiles. Durante sus seis primeros años, Juliano fue educado por el eunuco escita Mardonio, por cuya persona sintió siempre auténtica veneración, como revelan menciones hechas sobre él en sus cartas muchos años después. Fue una niñez tranquila, pues los asuntos familiares parecían haberse serenado un tanto. Llegada a la cumbre de su poderío e influencia, pues incluso se habían acuñado monedas de oro con su efigie, Elena se hizo más tolerante con la progenie de Teodora. Constantino colocó en puestos de gran responsabilidad a sus hermanos y la amplia familia de los Flavios pareció instalarse en la armonía. Pero ésta no debía durar mucho. Tras una paz de cuarenta años, los persas volvían a amenazar el Imperio. Sapor II reclamó altivamente las conquistas de Diocleciano en el Tigris y Constantino se armó para ir contra él. No estaba destinado a enfrentársele: en su camino hacia Oriente, en Acyron, cerca de Nicomedia, la muerte sorprendió al «*totius orbis imperator*», concediéndole tan sólo tiempo para bautizarse. El arzobispo Eusebio de Nicomedia, que le asistió en ese último trance, quizá escuchó las últimas disposiciones sucesorias de Constantino. Si es así, decidió guardarlas en secreto.[2] Era el año 337: tras unos interminables funerales, que duraron meses, Constantino fue enterrado. Sus tres hijos, Constante, Constancio y Constantino II fueron proclamados Augustos y se repartieron el Imperio.

El gran imperio que la ambición de Constantino había unificado era una maquinaria compleja y rígida. Un hierático ceremonial regía una Corte en la que el emperador era tratado con honores divinos; el Imperio se dividía en cuatro prefecturas, subdivididas en catorce diócesis y ciento diecisiete provincias; Roma y Constantinopla (antigua Bizancio) se convierten en los dos polos de la administración, desempeñada por una inacabable burocracia de títulos no exentos de pintoresquismo: v. gr., el ministro de Finanzas se llamaba «Conde de las sagradas liberalidades» (*Comes sacrarum largitionum*). Tras esta estructura puntillosa, que abarca desde España hasta Siria, amenazada por germanos, hunos y persas, se agitan incontables ambiciones sangui-

---

2. Según parece, fue este obispo quien hizo correr la voz de que Constantino había acusado en su lecho de muerte a sus hermanos de haberle envenenado.

narias. El mismo Constantino, que murió «en olor de santidad», tuvo a bien liquidar a Martiniano, a Licinio, un adolescente hijo de éste, a su propio hijo Crispo y después a su esposa Fausta, convenientemente asfixiada en un baño caliente. No es de extrañar que la posteridad de este déspota fuera pródiga en crímenes. De los tres hijos de Constantino, pronto se destacó Constancio como el nuevo «hombre fuerte». En primer término, hizo correr entre la soldadesca, muy adicta al difunto emperador, el rumor de que Constantino había sido envenenado por sus hermanos. Esto provocó diversos desmanes sanguinarios, en los que perecieron tíos y primos de Juliano; finalmente, le llegó la hora al inocuo y borroso Julio Constancio, cuyo único error político fue ser hijo de su madre y no estar a la cruel altura de las intrigas familiares. De los tres hijos de Julio Constancio, el mayor pereció con su padre; el segundo, Galo, se salvó porque estaba enfermo, lo que sorprendentemente detuvo a los asesinos; a Juliano le protegió su edad: no tenía más que seis años. Fueron suficientes, sin embargo, para darse perfecta cuenta de la matanza, cuyo recuerdo jamás se le borraría. «Ese día –cuenta muchos años más tarde– todo fue carnicería: por intervención divina –como para los hijos de Edipo– la maldición trágica se cumplió y el patrimonio de mis mayores fue dividido por el filo del acero.»

Juliano es enviado a Nicomedia, donde es puesto bajo la tutela del arzobispo Eusebio, el que ayudó a bien morir a Constantino y en manos de su viejo pedagogo Mardonio. La educación que recibe es, por supuesto, sólidamente cristiana; pero Mardonio, que es un enamorado del helenismo, le hace empaparse desde la niñez misma en las bellezas de las letras griegas. Reprime la lógica tendencia del niño a los juegos propios de su edad, haciéndole preferir las silenciosas bellezas de la literatura: «¿Quieres ver carreras de caballos? –me decía Mardonio–: las hay en Homero muy bien representadas. Toma el libro y lee. ¿Te hablan de bailarines y pantomimas? Déjales: la juventud feacia tiene danzas más viriles. Allí tienes a Femio, el tañedor de cítara, y al cantor Demódoco. Encontrarás árboles mucho más hermosos que todo lo que puedas ver. "Un día –dijo Ulises a Nausicaa– vi en Delos, cerca del altar de Apolo, cómo se erguía un joven tallo de palmera, semejante a ti por su gracia."».

En este aura de exaltado helenismo, entre nostálgico y libresco, se educa Juliano. Su hermano Galo, media docena de años mayor que él, no compartía estas aficiones literarias y se entregaba con exclusivo celo a los deportes corporales. Se ha dicho que entre los dos hermanos había tanta diferencia «como entre Tito y Domiciano». El uno apasionado por la mitología, la retórica, las bellezas de la antigua cultura homérica; y Galo dedicado sin reservas a la equitación, la lucha y la caza. Juliano también pone aplicación en el estudio de los teólogos cristianos, que en aquella época se desgarraban entre sí en plena exaltación polémica, y frecuentemente pasaba de las palabras a los hechos. Ningún emperador romano odió y persiguió tanto a los cristianos como ellos mismos llegaron a combatirse entre sí. Inventores de la *persecución ideológica*, la ensayaban consigo mismos en espera de poder extenderla a los demás. Pero no sólo consigo mismos: en cuanto consiguieron la libertad y el poder, se dedicaron a prácticas que el historiador Bidez describe así: «Lejos de apaciguarse en la satisfacción de una libertad finalmente conquistada, los cristianos la usaron para abolir los cultos a los que el Imperio había debido durante tanto tiempo la firmeza de su defensa. Desalojaban, saqueaban o arruinaban los templos; ridiculizaban los emblemas y los tesoros sagrados de los dioses en exhibiciones profanadoras; reducían al silencio las voces de los oráculos enterrando cerca de los bosques sagrados o de las fuentes parlantes los huesos de sus mártires; cerraban los teatros, anatematizaban los juegos...». A nivel de disputas intestinas, los cristianos se dividían en numerosas sectas, pero la principal división era entre arrianos y atanasianos, acerca de la exacta Naturaleza del Hijo, Cristo: unos sostenían que era de naturaleza semejante al Padre, otros que de la misma naturaleza. Dada la dificultad práctica para zanjar la cuestión, la disputa se prolongaba inacabablemente. Atanasio, de quien se sospechaba que había envenenado a Arrio, impuso su criterio en el Concilio de Nicea; pero desdichadamente para él, tanto Constantino como sus descendientes eran arrianos, lo que no contribuyó a hacerle la vida fácil. En todo caso, el más perceptible resultado de esta contienda teológica eran los apedreamientos, puñaladas, etcétera, con que ambos bandos exteriorizaban su discrepancia. Juliano, en aquella época, debió recibir enérgica formación arriana y aquí tuvo su primer contacto con la mezcla de sutileza e intolerancia que caracterizaba a los galileos.

Entretanto, Constancio se había visto libre por medios más o menos naturales de sus dos hermanos y de varios usurpadores con poca fortuna: ya era «*totius orbis imperator*». Su mirada recelosa buscaba conspiraciones por todas partes y se dirigió con peligrosa atención hacia sus dos sobrinos. Le preocupaban fundamentalmente dos aspectos de su formación: que fuesen buenos cristianos arrianos y que –esto era lo principal– no tuviesen ni ambición por el trono ni posibilidad de organizar un complot para conseguirlo. Después de verles personalmente, quedó satisfecho de la educación recibida. En lo tocante a la religión, Juliano incluso había recibido las órdenes menores y era lector en la Iglesia de Macellum. En lo tocante a la ambición, a Juliano sólo se le veía interesado en el estudio de la filosofía. Las miras de Galo eran menos sublimes, pero Constancio decidió utilizarlas en su servicio: le nombró César de Oriente. El título de César, entre los Flavios, no equivalía al de emperador –Augusto–, sino que designaba a una especie de virrey plenipotenciario con derechos sucesorios al título de Augusto. Para reforzar esta alianza familiar, Constancio casó a su hermana Constancia con Galo. A Juliano, para mantenerle fuera de la política, se le permitió ir a estudiar a Constantinopla, Pérgamo y a cualquier otro lugar que interesase a su inquietud filosófica. Se le pusieron determinadas cortapisas: por ejemplo, no debía asistir a las lecciones del célebre retórico Libanio, cuyo activo paganismo y superiores dotes se consideraban peligrosas para la fe del príncipe.

El estilo de enseñanza filosófica de la época ha sido descrito con más riqueza anecdótica que profundidad conceptual por Eunapio en sus *Vidas de filósofos y sofistas*. En el siglo IV, el predominio cultural de Roma estaba seriamente eclipsado. El irresistible renacer del helenismo hacía que las personas cultas se expresasen exclusivamente en griego, desconociendo o menospreciando el latín. Este renacimiento helénico fue una especie de «mejoría de la muerte» de la tradición clásica, a punto de ser definitivamente desplazada por la pujanza cristiana. Los esbozos de los retóricos que nos legó Eunapio muestran a oradores hábiles, de pensamiento formulario, repetitivo de los antiguos modelos y de escasa profundidad. Su preocupación por acumular estudiantes y conservarlos daba lugar a pugnas pintorescas pero no siempre edificantes. El estilo era rebuscado, manierista, servil al arcaísmo y, a veces, de una extraña y conmovedora gracia. Ya sé que la palabra «decadencia» es la que mejor resume todas estas notas. Junto a la presencia de los antiguos modelos griegos, se daba una fuerte influencia asiática, presente sobre todo en el interés por todo tipo de taumaturgos, visionarios y adivinos. Para ser «sublime», la filosofía debía ser esotérica y mágica: se medía la importancia de un sabio por los portentos que era capaz de llevar a cabo –mentalidad, por cierto, no tan alejada como parece del cientificismo de hoy mismo–. La filosofía más influyente era el neoplatonismo; Plotino había desplazado en buena medida a Platón y Porfirio, autor de un sólido libro: *Contra los cristianos*, había dejado numerosísimos discípulos, encargados de extender sus doctrinas. El neoplatonismo ortodoxo tendía a una mitología abstracta, despojada de antropomorfismos, y era francamente contrario a los excesos taumatúrgicos: en su *Carta a Anebo*, Porfirio critica de un modo muy racionalista los fraudes mágicos de los Misterios que se celebraban en Egipto. Sin embargo, el filósofo más influyente de la época de Juliano (murió durante el reinado de Constantino, un año antes de que aquél naciera), Jámblico, era decidido partidario de la teurgia, y su obra *Los Misterios de Egipto* puede considerarse una respuesta a la *Carta a Anebo*. A través de algunos de sus principales discípulos, como Máximo de Éfeso, Jámblico fue el filósofo que más determinó el pensamiento de Juliano.

El príncipe estudiante visitó con asiduidad a muchos de los principales sofistas de la época. Tenía alrededor de veinte años, una devoradora avidez como lector y fuertes inclinaciones místicas. Sencillamente trajeado, sin nada que revelase su dignidad principesca, asistía a las clases como un estudiante más. Se había dejado una barbita corta de sofista griego, que luego sería su más célebre rasgo distintivo. Los espías de Constancio no cesaban de vigilar sus pasos. Ya por entonces su cristianismo debía ser puramente externo; habría sido peligroso, sin embargo, demostrar este alejamiento demasiado a las claras. Su sencillez y los rumores que corrían sobre la tiránica administración de Galo le estaban ganando una popularidad entre el pueblo que podía convertirle en amenaza a los ojos de Constancio. Sin embargo, encuentra expedientes para burlar la inquisición a que se le somete: en Nicomedia, por unas cuantas monedas, consigue diariamente las clases de Libanio, a las que se le prohibía asistir, en apuntes de uno de sus asiduos oyentes. En Pérgamo estudia con Crisanto, con Eusebio... Este último, enemigo de la teurgia y propugnador de una liberación obtenida tan sólo por el razonamiento filosófico, acaba un día su clase con una diatriba contra el mago Máximo de Éfeso, discípulo de Jámblico, que hace hablar a las estatuas de los dioses y provoca extrañas apariciones. Juliano se levanta y le dice: «Sigue inclinado sobre tus libros: me has revelado al hombre que buscaba». Y partió hacia Éfeso. Máximo era el más célebre de los discípulos de Jámblico; adivino, conjurador, de imponente presencia y túnica recamada de símbolos caldeos, marcaba quizá el punto de alejamiento máximo del helenismo hacia Oriente. El mismo Eunapio dice que era «más mago que filósofo». ¿Cayó Juliano en manos de un simple charlatán? Recordemos que Juliano, pese a su admiración por él, no es Marco Aurelio: no sólo quiere alcanzar un equilibrio personal ecuánime y austero, sino que aspira a convertirse en cabeza de un vasto movimiento religioso. Para reimplantar el culto de los dioses muchos hay que derrotar al cristianismo no sólo en el terreno ético, mostrando que un pagano puede ser tan sobrio y caritativo como un galileo, sino también en el del poder de manifestación de lo sagrado.

Ya no basta con la piedad y el respeto a la tradición; ha sonado la hora en que los viejos dioses deben enfrentarse con el Abstracto Señor en su propio campo: el milagro, la profecía, el oportuno rayo fulminante, la aparición definitiva. Máximo es el hombre capaz de hacer que los dioses condesciendan a luchar a golpe de portento. El sufragio popular siempre está al lado del dios más milagroso. Máximo inicia a Juliano en los misterios de Mitra, celebrados en criptas subterráneas, bajo la sangre del toro sacrificado; en las ocultas ceremonias de Hécate, entre vapores sulfurosos y signos que sólo el iniciado puede interpretar sin pavor. Juliano se entrega al culto a Helios, el Sol, que fue llamado Apolo y Mitra, fondo general y superior de todas las divinidades; de él parten las infinitas manifestaciones de los diversos dioses y a él llega, en el momento cumbre de la iniciación, el alma del iniciado. La divinidad es una, los dioses son muchos: éste es el centro mismo del pensamiento politeísta. Helios dispensa una plenitud pluriforme, respetuosa de las diferencias y mantenedora de la infinitud y eternidad esenciales de lo divino. Todos los antiguos dioses cobran su más perfecto sentido en este sincretismo mitológico que Juliano tomó de Jámblico, a través de Máximo.

De estas iniciaciones sacó Juliano su posterior energía para afrontar sus avatares venideros. Pero estas idas y venidas místicas terminaron por despertar desconfianza y escándalo; Juliano fue llamado al orden y debió someterse, pues su momento no había llegado todavía. Así lo cuenta Cavafis:

Cosas arriesgadas y sin designio.
Alabar los ideales de los griegos.
Los milagros y las visitas a los templos

paganos. El entusiasmo por los viejos dioses.
Las frecuentes conversaciones con Crisanto.
Las teorías de Máximo, el filósofo -inteligentes, sin duda.
Y he aquí el resultado. Galo manifiesta una gran
inquietud. Constancio abriga sospechas.
Ah, sus consejeros no eran nada sabios.
Esta historia -dice Mardonio- ha ido demasiado lejos,
y su escándalo debe cesar a toda costa.
Juliano vuelve una vez más como lector
a la iglesia de Nicomedia,
donde, en alta voz y con profunda unción,
lee las Sagradas Escrituras,
y el pueblo admira su piedad cristiana.

Pero la situación tuvo un giro inesperado. La gestión de Galo en Antioquía había despertado serias protestas por su crueldad e ineficacia. De hecho, el César se portaba tan mal que casi parecía un traidor. Muchas voces se alzan contra él: Constancio le llama a su corte de Milán y le manda ejecutar. También Juliano es llamado a Milán y todo hace suponer que su suerte no va a ser muy distinta de la de Galo. Pero interviene la emperatriz Eusebia, mujer de Constancio, que tenía sobre éste inmensa ascendencia: recuerda al Augusto que Juliano es el último Flavio, pues ellos no tienen hijos. Quizá el día de mañana su vida sea necesaria para impedir la guerra civil y el desmembramiento del Imperio. Además, Juliano no se mete en política, es un filósofo, de carácter y gustos diferentes y aun opuestos a los de Galo. Su mayor ilusión es ir al centro universal del pensamiento heleno: Atenas. Y Eusebia consigue que Juliano sea enviado a Atenas.

Cuando Juliano llegó a Atenas tenía veinticuatro años. No había lugar en el mundo más importante para él; tal como dijo su maestro Libanio, «hubiera preferido al lecho de una diosa el placer de ver a lo lejos el humo de Atenas». La Atenas del siglo IV era sede de todas las opiniones, de todos los caracteres, de todas las posturas ante la vida: nada más desembarcar, el viajero se veía asaltado por estudiantes de los diversos maestros de sabiduría que allí tenían sus reales, pretendiendo casi por la fuerza afiliarle a su parroquia. Cínicos barbudos de basta túnica, estoicos altivos, abigarrados neoplatónicos, escépticos, dogmáticos, lógicos, retóricos... Aislados por los jirones de su prestigio, los atenienses se entregaban a una logomaquia sin final y sin esperanza. Reducto postrero de la controversia, oasis escéptico en el creciente imperio del dogmatismo... Allí se conservaba todavía el frenético caleidoscopio de todas las opiniones que el hombre había tenido sobre sí mismo y sobre el mundo, amontonadas en un desván de mitos, en un baratillo de hipótesis. Quizá el único ideal posible de libertad intelectual fuese vivir en aquella Atenas y cambiar diariamente de maestro –mejor, tener uno por la mañana y otro por la tarde–. Allí conoció Juliano al retórico armenio Proairesio, de imponente figura, de quien se contaba que, puesto en el brete de improvisar un discurso sobre un dilema absurdo y obsceno, había compuesto uno de incomparable brillantez y, al llegar a la mitad de sus razonamientos, lo había repetido de nuevo, sin olvidar una coma, pero defendiendo el otro aspecto de la cuestión. También fue alumno del severo y taciturno Prisco, con quien estuvo en adelante estrechamente unido hasta su muerte. La sencillez de trato y su entusiasmo juvenil por la sabiduría hacían muy popular a Juliano por donde fuera; también hizo muchos amigos entre los estudiantes atenienses con los que confraternizaba. Entre sus más íntimos había dos cristianos, Basilio de Cesarea y Gregorio de Nazianzo, que también iban a la fuente de la elocuencia griega, para ejercitarse en ella y utilizarla en defensa de su antihelénica causa. Si alguien quiere conocer el significado de la palabra «resentimiento», no tiene más que leer a Gregorio Nazianzeno; así describe a su compañero Juliano, que nunca tuvo para él más que gestos de amistad: «Su índole canallesca se le reveló a los otros por la experiencia, cuando, con el poder, obtuvo licencia para hacer lo que quisiera; en cuanto a mí, la había previsto desde que le conocí en Atenas... Lo que hizo de mí un adivino fue la desigualdad de su carácter y los excesos de sus continuos transportes. Yo no auguraba nada bueno viendo su cuello en incesante movimiento, sus hombros oscilantes como platillos de una balanza, sus ojos agitados de exaltada mirada; su caminar incierto; una nariz que no respiraba más que insolencia y desdén, con la misma expresión en las risibles muecas del rostro; una risa intemperante y convulsiva; agitaciones de cabeza asintiendo y negando sin razón, palabra vacilante y entrecortada como una respiración penosa, preguntas planteadas sin orden ni inteligencia y respuestas que se atropellaban unas a otras y se embarullaban como las de un hombre sin cultura». Todo indica al maldito; quien traiciona al dogma, es borrado de la dignidad humana: si no se le puede suprimir físicamente, se negarán una a una todas sus cualidades... ¡Cuántas purgas totalitarias preludian los innobles trazos caricaturescos del Nazianzeno! De repente, un alarmante suceso vino a turbar el estudioso exilio de Juliano: el emperador Constancio le llamaba a Milán. Juliano se despidió de Atenas y de sus amigos como si no hubiese de volver a verles, pues creía que, como a su hermano, le había llegado la hora de pagar su parentesco con el déspota. No fue así. Constancio le llamaba para nombrarle

César, casarlo con su hermana Helena y enviarle a las Galias, para representar al emperador en aquella amenazada zona del mundo romano.

El César invencible

¿Qué había decidido a Constancio a tomar esta decisión? Indudablemente, las incesantes presiones de los Alamanes y otros pueblos no sometidos, que hostigaban a las provincias romanas de la Galia, imponían peligrosos cercos a algunas ciudades fronterizas y, a veces, hacían caer a las legiones en sangrientas emboscadas. Pero también la discreta insistencia de Eusebia, que siempre había confiado en Juliano y apreciado sus cualidades intelectuales, infrecuentes en un príncipe de sangre. De cualquier modo, los tiempos de recoleta entrega a la filosofía habían acabado definitivamente para Juliano. Tuvo que someterse a un entrenamiento militar intensivo, que supliese su largo alejamiento de las armas y ejercicios corporales. Acompañado por su fiel amigo el médico Oribaso, por el cuestor Salustio y por una varia compañía de burócratas, todos ellos espías al servicio de Constancio, sin otra misión que darle parte de la menor sospecha sobre la conducta del nuevo César, Juliano partió para las Galias. Constancio le acompañó una pequeña parte del camino; se separaron en Pavía y ya no volvieron a verse jamás. El prefecto Florencio y el comandante supremo Marcelo eran las autoridades efectivas de las Galias; recibían sus órdenes directamente de Constancio y la amplitud de su jurisdicción dejaba reducido a Juliano a un cargo poco menos que decorativo. Pero si lo que se pretendía era hacerle pasar desapercibido, se había equivocado de medio a medio el camino para lograrlo. En el caso de Juliano, se puede hablar de una auténtica transfiguración: el príncipe libresco, más o menos místico, polemista arrebatado, cuya máxima ambición era pasear, vestido con el sayal del cínico, por las calles de Atenas, debe transformarse por exigencia del destino en un estratega romano en las inestables fronteras del Imperio. Allí, donde conquistaron gloria los Británicos y Germánicos de la historia de Roma, deberá hacerse valer el adorador de Helios. Y allí triunfó, de una manera que ni los más optimistas podían imaginar. No descenderé a narrar los detalles de las campañas de Juliano, pues pertenecen a un tipo de historia que no quiero hacer aquí. El que se interese por ellas, puede conocerlas en los vívidos relatos en que las describió Ammiano Marcelino. Pese a las cortapisas de todo orden que Florencio y Marcelo ponían a su gestión, pese a derrotas tan desastrosas como traiciones, tal como la del conde Barbation, Juliano llevó a cabo campañas de una brillantez que le hace comparable a los grandes generales del Imperio en la época de esplendor. Destaca entre ellas la victoria en la batalla de Estrasburgo (Argentoratum, en 357) y la captura del cabecilla rebelde Chnodomar, con el consiguiente restablecimiento de la frontera del Rin. El mismo Juliano resumió así sus logros en las Galias: «Siendo todavía César –se dirige a los atenienses cuando ya era Emperador– atravesé tres veces el Rin e hice entregar por los bárbaros veinte mil prisioneros que estaban al otro lado del río. Dos batallas (la de Estrasburgo y la de Toxandria), seguidas de la toma de una fortaleza, me entregaron un millar de cautivos, capaces de servir y en la flor de la edad; he enviado a Constancio cuatro cohortes de infantes excelentes, otras tres más corrientes y dos escuadrones de jinetes escogidos; con la ayuda de los dioses, he vuelto a tomar ya todas nuestras ciudades y, no siendo aún más que César, había ya reconquistado casi cuarenta».

Poco entusiasmo despertaban las noticias de estos triunfos en la corte imperial. Los informes que enviaban los espías de Constancio –como el siniestro Pablo «La Cadena», así apodado por su habilidad para urdir ristras de sospechas acusatorias– tendían a subrayar los aspectos que pudieran alarmar más a Constancio. Éste trataba de disimular su agobio bajo la capa del desdén. Los cortesanos aduladores inventaban nombres denigrantes para Juliano: le llamaban «Victorinus» (algo así como «triunfadorcito»), cabra (por su barba), mono con púrpura, escritorzuelo griego frustrado, topo manchado de tinta, charlatán... Por otra parte, oficialmente Constancio tenía que mostrarse contento con los triunfos de su César, que constantemente le escribía cartas y panegíricos respetuosos y alabadores, como acompañamiento –y secreto contrapeso– de la noticia de sus éxitos. Pero los cargos contra Juliano –ambición, deseo de convertirse en Augusto– iban tomando cuerpo en la mente recelosa del Emperador. Incluso Eusebia, favorable en tantos sentidos a Juliano, se sentía a su manera celosa de él: por medio de una comadrona sobornada, malogró el hijo de Juliano y Elena, que habría dado al César ese continuador de los Flavios que ella no había podido parir. Entretanto, Juliano había establecido sus cuarteles de invierno en París. Vivía rodeado de un afecto creciente por parte de sus subordinados: los germanos, sobre todo los Petulantes, le adoraban como jefe victorioso, protector de sus tropas y poco despilfarrador de hombres; sus administrados civiles le agradecían sus reformas fiscales y la imparcialidad de su modo de ejercer la justicia. La amistad más valiosa para él, que hubo de serle inapreciable ayuda en sus campañas militares, fue la del cuestor Salustio. No sólo se trataba de un excelente soldado, sino también de un filósofo pagano cuya forma de pensar estaba hecha para agradar a Juliano. Salustio había escrito un pequeño tratado que es un auténtico catecismo del neopaganismo: *Sobre los dioses y el mundo*, en el que acertaba a dar forma al pensamiento politeísta tardío con una concisión sintetizadora de la que el mismo Juliano nunca hubiera sido capaz. En él se explica el papel simbólico de los mitos, las nociones de destino, virtud, mal, etcétera. Es clara la intención de aunar las discrepancias politeístas en una doctrina unitaria, cuya estabilidad pudiera dar adecuada réplica a la ideología cristiana. Todo esto ayudará a comprender el enorme enojo de Juliano cuando Constancio, haciendo caso de consejeros que no ignoraban lo que más podía dañar al César, reclamó a Salustio para que se presentase en la Corte. Esto suponía dejar a Juliano sin su principal guía y apoyo, lo que fue un golpe definitivo en el agriamiento de las relaciones entre el Augusto y el César. Durante esos tres inviernos pasados en París, la actividad literaria de Juliano fue muy intensa. Además de leer a César, Plutarco y otros clásicos griegos, escribía incesantemente, sobre gramática, retórica, teología neoplatónica o arte militar. De vez en cuando, componía un elogio de Constancio o de Eusebia, destinados tanto a contrarrestar las murmuraciones sobre su fidelidad como a probar que había aprendido bien las lecciones de composición de Proairesio, que le hizo ejercitarse en los formalismos del género panegírico...

Por fin, la largamente incubada tempestad estalló. El año 359, el rey Sapor de los persas conquistó la importante ciudad fronteriza de Amida, iniciando de nuevo las hostilidades. Constancio se preparó para salir en campaña contra él. Pasando por encima del victorioso Juliano, envió una orden a un subalterno de éste, Lupicino, en el sentido de que enviase desde las Galias algunas de las mejores tropas auxiliares, entre ellas los Petulantes y los Celtas, a fin de reforzar con ellas el ejército que preparaba en Oriente. El encargado de llevar esta orden fue el tribuno Decentio. Estaba demasiado claro que uno de los objetivos que se buscaba con esta leva era debilitar la posición de Juliano, aun a riesgo de comprometer todas sus conquistas en las Galias. Pero además se iba en contra de los intereses de los auxiliares germanos, a los que se había prometido no llevar más allá de los Alpes y a los que ahora se quería embarcar en una campaña de incierto resultado, lejos de sus hogares y mujeres. Al proclamarse las órdenes del Emperador, las tropas se amotinan y acuden a su idolatrado Juliano para que impida su marcha. Resuena en París el grito sedicioso: «¡Viva Juliano Augusto!». Decencio, que en un primer momento ha tratado de forzar la situación, se ve obligado a ponerse en manos de Juliano. Por muy cautelosamente que quiera maniobrar éste, no tiene prácticamente otra opción que aceptar encabezar la rebelión. Juliano habla a sus tropas y les promete que no tendrán que ir más allá de los Alpes, si no lo desean. Le vitorean, llamándole Augusto, y le alzan en triunfo en un escudo de infante, a la manera de los jefes bárbaros. Es la rebelión abierta, aunque Juliano sigue escribiendo a Constancio en tono conciliador y firmando sus cartas con el título de «César». Uno y otro saben que el choque es inevitable y comienzan a preparar sus tropas para el enfrentamiento. Juliano avanza rápidamente con las suyas; cruza la Selva Negra, sigue hacia el Danubio, llegando en pocas jornadas hasta Sirmium, en lo que actualmente es Yugoslavia. Ante él se abre la amplia ruta de Oriente, el camino a Constantinopla. El choque parece inevitable, pero no va a producirse.

Camino de Asia Menor, adonde va a reunir su ejército contra Sapor, Constancio se siente mortalmente enfermo. Se repite la agonía oriental de Constantino, bautizo incluido. El 3 de noviembre del año 361, Constancio expira en Mopsucrene. En su último momento de lucidez, designa sucesor a Juliano. De este modo, el estudiante de retórica, el iniciado de Mitra, el filósofo guerrero, se convierte en «*totius orbis imperator*». Cuenta treinta años de edad y, desde su privilegiada posición, va a intentar realizar su ambicioso sueño: la restauración del culto a los antiguos dioses.

La derrota de Helios

El comienzo del reinado de Juliano se ve ensombrecido por los procesos del tribunal de Calcedonia, en el que se juzga a todos los delatores y enemigos que el príncipe había tenido en la corte de Constancio, junto con todos los que provocaron la muerte de su hermano Galo. En general, el proceso es justo y los condenados a muerte, como el siniestro espía Pablo «La Cadena», no son muy llorados. Sin embargo, la ejecución del antiguo ministro de Finanzas, Ursulo, parece una decisión mucho menos justificada. En todo caso, Juliano no formaba parte del tribunal, compuesto por los mejores de sus jefes y oficiales. Hay que destacar que las cuestiones religiosas no influyeron en el proceso y que, a fin de cuentas, como dice Bidez, «entre los personajes que condenó, los hagiógrafos no han encontrado mártires».

Constancio había prohibido bajo pena de muerte los sacrificios y había ordenado cerrar los santuarios. Los templos habían sido desafectados, sus altares derribados, sus riquezas saqueadas y los sacerdotes habían huido o caído en la miseria. Los primeros edictos de Juliano reimplantaron la más amplia y tolerante libertad religiosa. Esta libertad no sólo beneficiaba a los paganos, que ya podían celebrar sus cultos fuera de la clandestinidad; Juliano reunió a los obispos cristianos, les exhortó a que olvidaran sus rencillas y vivieran en concordia, llegando a liberar de la cárcel a muchos atanasianos encerrados por Constancio. Personalmente, él se entregó a la reimplantación de los cultos largo tiempo suspendidos, en su calidad de Pontífice Máximo, título que el Emperador siempre había conservado, incluso en los casos de Constantino y Constancio. Se dedicó a reabrir y acondicionar los templos de los dioses locales; efectivamente, Juliano, con certera visión advirtió que la base misma de la impiedad galilea era el carácter *abstracto* de su Dios, su inconcreto internacionalismo frente a los enraizados dioses de la tierra de los santuarios paganos. Al menos, los judíos respetaban al Dios de «su» pueblo, celosamente localizado en la geopolítica; en cambio, el Dios cristiano venía de ninguna parte y pretendía arraigar en todas: despreciador de la variable peculiaridad de la materia, surgía del abstracto éxodo del ciudadano despersonalizado del Imperio supranacional. Había que volver a «fijar» los dioses, asignarlos a fuentes y a bosques, a templos inequívocamente individualizados, de características tradicionalmente propias. Por otra parte, Juliano se planteó la necesidad de unir el mito y el ritual, por medio del sacrificio perfectamente ejecutado. En efecto, la concepción excesivamente alegórica que el helenismo tardío se hacía de los mitos intelectualizaba demasiado la religión, haciéndola poco gratificante para el pueblo llano. Por eso se entregó, cada vez más furiosamente, pese a todas las cuchufletas que se hacían sobre él, a la celebración de sacrificios. Libanio nos dice que «su principal preocupación desde que se levantaba era comunicar con los dioses por medio de las víctimas»; él mismo oficiaba como sacrificador, lo que da lugar a Gregorio Nazianzeno para describirle «inclinado sobre el brasero, soplando con todos sus pulmones para atizar el fuego». Sobre la magnitud de estos sacrificios diremos que, según Ammiano Marcelino, en un solo sacrificio inmoló cien bueyes, además de innumerable cantidad de corderos, cabras y aves de blanco plumaje, de mar y tierra. Si una palabra se equivocaba o un gesto ocurría fuera de lugar, era preciso recomenzar el ceremonial desde el comienzo. Pero Juliano no era simplemente un reaccionario, que intentaba reconstruir el pasado sin cambios. Convencido de que la nueva situación creada por el advenimiento del cristianismo exigía planteamientos a la altura de la época, intentó modificar el politeísmo para purgarlo de aquellas debilidades suyas que beneficiaban a los galileos. Lo malo es que sus soluciones tenían tan en cuenta al enemigo que, en buena medida, eran su mismo espejo. Llevó su deseo de sincretismo hasta una especie de politeísmo «oficial», unificado, cuya cabeza visible era el Pontífice Máximo; tendió a pensar que sus interpretaciones simbólicas y moralizantes de los mitos eran de algún modo la verdadera «ortodoxia»; al querer purgar la religión de supersticiones indeseables, acabó con muchas de esas libres diferencias que son la virtud misma del politeísmo. Por otra parte, su idea de la virtud y la conveniencia resultaron excesivamente similares a las de los cristianos, un poco al modo de esos ateos de la Institución Libre de Enseñanza que pretendían mostrarse más rígidamente cumplidores que ningún beato. Tomó severas disposiciones para conseguir que la conducta de los sacerdotes paganos fuera intachable, prohibiéndoles toda conversación o gesto lascivo, e incluso la lectura de comediógrafos frívolos. También insistió en la atención a los míseros, pues: «Pienso que lo que ha sucedido –dice– es que los pobres, descuidados por los sacerdotes (paganos), continuaron siendo rechazados y entonces los impíos galileos, pensando cuidadosamente este asunto, se consagraron a cierto tipo de filantropía y se esforzaron por cumplir la más abominable de las empresas (el ateísmo, el desprecio a los dioses), bajo la apariencia de prácticas caritativas». En lugar de cultivar exclusivamente la especificidad del paganismo, Juliano trató en cierto modo de batir a los cristianos en su mismo campo. Baste señalar en su disculpa que los cristianos habían tomado muchos de sus ideales de la cultura pagana, por lo que el desliz era casi inevitable. También Juliano se opuso a ciertas formas de filosofía cuyo nihilismo y desarraigado internacionalismo le parecían próximos al de los galileos: así los cínicos y algunas concepciones epicúreas. Hay que hacer notar que todas las disposiciones que tomaba Juliano iban acompañadas de amplios y razonados discursos, en los que el Emperador filósofo sentaba doctrina y refutaba los errores.

La llegada de Juliano al trono fue una verdadera revolución en la complicada corte instaurada por los Flavios. Despidió a los innumerables eunucos, peluqueros, chambelanes, cocineros, etc., del ceremonial palaciego y redujo la servidumbre al mínimo imprescindible. La figura del emperador perdió su lejanía y dorado hieratismo, que Constancio había llevado hasta la neurosis. Juliano impartía justicia diariamente con absoluta sencillez; Gregorio Nazianzeno, siempre tan «cariñoso» con su antiguo amigo, se burla de él porque gritaba y se apasionaba «como si tuviera que quejarse personalmente de las injusticias que atacaba». Diversas reformas de los transportes públicos le valieron gran popularidad. Aunque mandó devolver a los templos lo que les pertenecía, salió al paso de diversos abusos de celo de paganos presurosos: «Los dioses no son prestamistas sin entrañas; cuando lo que les es debido se les devuelve, no exigen que se estrangule al deudor». En cierta forma, su tolerancia con las opuestas sectas cristianas no deja de ser interesada, pues, como recuerda Libanio, «la experiencia le había enseñado que ninguna fiera es tan peligrosa para los hombres como los cristianos lo son para sus correligionarios». Soñaba con un politeísmo unido y fuerte, frente a un cristianismo dividido, exactamente lo opuesto a lo que había ocurrido en los últimos reinados. Llamó a su lado a su maestro Máximo de Éfeso y a Prisco. Por lo que cuentan, Máximo se mostró menos insensible a las ventajas de su privilegiada posición de lo que hubiera sido esperable en un impasible sabio, aunque Juliano seguía tratándole con auténtica veneración. Este Emperador sin boato, intelectual, mucho más interesado en el establecimiento de una vida comunitaria justa y piadosa que en conservar el poder, era una auténtica paradoja viviente para sus súbditos. Desde Marco Aurelio no se había visto cosa igual; pero habían pasado muchos años desde la muerte del Emperador estoico y las circunstancias habían variado mucho, para degradarse...

En su constante gira por el Imperio, rehabilitando templos y celebrando sacrificios, Juliano llega a Antioquía, llamada «ornamento de Oriente». El gran Libanio, aquel maestro cuyas clases seguía a escondidas en su época de estudiante, es encargado por la ciudad para salir a saludarle. Recibido entre el fasto y el júbilo popular, Juliano va pronto a vivir con claridad la contradicción toda de su situación.

Los antioquenos no son el pueblo más adecuado para agradar a este príncipe austero y piadoso. Así los describió Renan: «Alternativamente serviles e ingratos, cobardes e insolentes, los antioquenos eran el modelo acabado de plebe sin patria, sin nacionalidad, sin honor de familia, sin un nombre que guardar: populacho fútil, ligero, cambiante, dado a la algarada, a veces ingenioso, ocupado en canciones, en parodias, en bromas, en impertinencias de todo tipo». Habían sufrido recientemente una mala cosecha y se encontraban faltos de trigo y de carne. En un primer momento, el gusto ceremonial de Juliano les divirtió, aunque cualquier religiosidad les era perfectamente ajena; como tenían pasión por las fiestas y, dice Renan, «el fanatismo de la orgía», pronto Juliano se vio seguido hasta el pie de los altares por una caterva jacarandosa de prostitutas y efebos pintarrajeados. La soledad del esfuerzo religioso del Emperador se hizo allí intolerablemente patente. Pero en seguida les fastidió la seriedad de Juliano y su derroche sacrificial: ¡no estaban los tiempos como para desperdiciar bueyes en los altares! Inventaron mil chistes sobre Juliano, sobre su barba y sus dedos manchados de tinta; le abuchearon en el teatro, donde se empeñaba en representar a Esquilo en lugar de Aristófanes. Para responder a sus epigramas, Juliano escribe un ingenioso opúsculo titulado *Misopogon*, «El enemigo de la barba»; en él, por una parte, se burla de sí mismo recogiendo todas las cuchufletas que sobre él corrían, pero aprovecha para recordar sus favores a los antioquenos y hacer un retrato de éstos francamente cruel. El escrito era demasiado insólito para ser apreciado; jamás se había conciliado la majestad de la persona imperial con la sátira y la autocensura. Se refuerza la opinión de la plebe de que se las ven con un imbécil y fantoche.

Entretanto, los conflictos con los cristianos comienzan a subir de punto. Juliano se encamina al templo de Apolo en Dafne, célebre por sus poderes adivinatorios; pero los oráculos de la fuente, que antaño habían profetizado a Adriano que sería Emperador, permanecieron tenazmente mudos. Indagando la posible causa de esto, Juliano se entera de que los cristianos han enterrado a uno de sus mártires junto a la fuente, profanando aquel terreno sagrado con una de sus capillas; naturalmente, manda que el santo galileo sea desenterrado y trasladado a otro lugar. Esta decisión amotina a los cristianos, que se llevan sus reliquias en una ominosa procesión, maldiciendo al apóstata con un versículo de los salmos: «¡Vergüenza y confusión a los adoradores de estatuas!». Pocos días después, durante la noche, el templo de Apolo arde hasta los cimientos. Los cristianos proclaman que el Abstracto Señor ha fulminado al falso dios Sol; Juliano sospecha que los galileos han ayudado eficazmente a la realización de este milagro. Resultado: la catedral de Antioquía, recientemente inaugurada por Constancio, es cerrada al culto por orden imperial; algunos aprovechan para robar parte de su tesoro, por lo que serán después atrozmente castigados, según cuentan los hagiógrafos. Comienzan abiertamente las hostilidades: Atanasio regresa a Alejandría desde su exilio, tronando contra los paganos y arriscando a la población; Juliano vuelve a enviarle al desierto, adonde Atanasio se retira displicentemente, diciendo: «Es sólo una nube que pasará pronto». En Frigia, en Cesarea de Capadocia, en Pesinunte, en Cyzico, los cristianos derriban los altares de los dioses y vejan a sus sacerdotes; Juliano responde con enérgicos edictos antigalileos. Prohíbe a los maestros de retórica cristianos que utilicen los textos de Homero, Hesíodo y otros autores paganos. Si desprecian a los dioses que les sirvieron de inspiración y centraron la incomparable cultura griega, que vuelvan a sus Mateos, Marcos y Pablos, que se resignen a su estilo ramplón... Algunos esforzados galileos se dedican a poner el Evangelio en verso épico; lo mejor que podemos decir de estos intentos es que se han perdido. Exhibidores vocacionales de la muerte, propagandistas del cadáver, los cristianos celebraban sus entierros de día, en contra de la secular costumbre romana que concede a la noche lo perteneciente a los dioses nocturnos; Juliano reimplantó de nuevo con todo su vigor la antigua disposición funeraria. Se trata de una persecución incruenta, administrativa, que no intenta más que responder a las provocaciones galileas y conceder a los dioses muchos lo que les es debido. Incansable, Juliano polemiza contra los cristianos, escribiendo tratados inspirados en Porfirio, parodiando el estilo de los apologistas. También escribe por esta época su discurso *Sobre los Césares*, en el que pasa desabrida revista a todos sus antecesores en la púrpura; sólo se salva, como era previsible, Marco Aurelio. Pero el momento más célebre de la batalla entre el politeísta y los monoteístas –celebridad propiciada por el hecho de haber sido los cristianos quienes durante siglos monopolizaron la interpretación de este período– es el proyecto de Juliano de reconstruir el templo de Jerusalén. Llevado por su afán de derrotar al Dios Galileo en su propio terreno, Juliano ordenó reedificar el templo maldito por Jesús a no guardar piedra sobre piedra. ¡Grave error bajar a la arena del milagro frente al más consumado especialista en la materia! Corrimientos de tierra y bolas de fuego dispersan a los aterrorizados obreros: nadie puede ir *frontalmente* contra una profecía y más cuando ésta promete algo tan irrefutable como la ruina.

Oscura o conscientemente, Juliano advierte que sus esfuerzos están fracasando. El pueblo, que aprecia sus reformas políticas y su estilo de gobierno, no secunda con excesivo interés su celo religioso. Acaso él esperaba una conversión en masa que no acaba de ocurrir. Hace falta que Helios obtenga un triunfo indiscutible, inapelable. ¿Dónde? En el terreno en que los dioses han sonreído a los romanos durante muchos siglos: en el campo de batalla. Juliano es el mejor general que ha habido en Roma desde la muerte de Trajano; él logrará llevar a cabo la tantas veces iniciada y abandonada conquista de Persia, someterá Asia, conquistará la India. Para mayor gloria de los dioses, él acabará la tarea del divino Alejandro. Los hados le favorecen: ¿acaso no le ha sido profetizado que morirá en Frigia? Ningún peligro le acecha, pues, mientras marche hacia Oriente. A su vuelta, el sagrado orgullo de la tradición embargará de nuevo a todos los súbditos del Imperio. Reducidos a una secta mínima y absurda, los galileos perecerán víctimas de sus propias querellas intestinas. Prepara un incomparable ejército. Los cristianos, temerosos de verle nuevamente victorioso, traman un complot para apuñalarle, que fracasa. Sapor II, atemorizado también por estos preparativos, le escribe proponiéndole enviarle una embajada; Juliano rechaza la propuesta: «Decidle a Sapor que no hacen falta embajadores; pronto tendrá que hablar conmigo en persona». El 13 de marzo del 363, el ejército de Juliano parte de Hierápolis. En su estado mayor van los filósofos Máximo y Prisco; el capitán Ammiano Marcelino, por cuya historia conocemos todos los detalles del reinado de Juliano; y, oculto su destino en la niebla del porvenir, los tres próximos emperadores: Joviano, Valente y Valentiniano. La expedición comienza como un paseo militar, jalonado de fáciles victorias. Se toman brillantemente diversas plazas fuertes. Poco a poco, el desierto enemigo se cierra tras Juliano. Pese a que todo marcha bien, los presagios de los oráculos son más y más amenazadores. Finalmente, Juliano llega al Tigris. En la otra orilla se alza la imponente Ctesifonte y allí le espera el generalísimo de Sapor, Surena, con su enorme ejército de elefantes y de carros. Para despistar a los persas, que le observan desde la orilla, sobre sus intenciones, Juliano organiza unas carreras de caballos y da un día de asueto al ejército. Pero esa noche las galeras romanas cruzan el Tigris y caen sobre el campamento de Surena. Es un momento de gloria, como los que conoció siendo César en las Galias. A la cabeza de sus Petulantes, Juliano diezma al ejército persa. Obtiene una gran victoria; si los soldados no se hubiesen detenido a saquear el campamento de Surena, quizá esa misma noche Juliano hubiese tomado al asalto Ctesifonte. Helios ha llegado a su cenit; se acerca, inevitable, el ocaso. La situación de Juliano se revela como sumamente peligrosa. Reorganizados en la amurallada Ctesifonte, los persas hacen la plaza casi inexpugnable. Noticias alarmantes indican que el rey Sapor se aproxima con el grueso de su ejército y está ya a pocas jornadas. Es imposible avanzar a darle batalla dejando en retaguardia la plaza fuerte persa, pues siempre es posible una salida por sorpresa de sus defensores. No hay más remedio que retroceder, remontando el Tigris; quizá esto dé lugar a que lleguen las tropas de refresco de Procopio, a las que se espera desde hace muchos días. Es imposible intentar remolcar los mil cien navíos,[3] que llevan armamento y víveres, pues la corriente es muy fuerte y habría

---

3. Juliano los había hecho subir por el río desde el golfo Pérsico, para ayudarle en la toma de Ctesifonte.

que separar veinte mil hombres del cuerpo del ejército. Antes de permitir que cayeran en manos de los persas, Juliano decide quemarlos y dedica este holocausto al Sol. Comienza a remontar el río; guías traidores le hacen perderse en sus meandros, mientras que las tropas de Procopio no aparecen por parte alguna.[4] El 16 de junio se avista en lontananza una gran polvareda; se especula sobre si serán caballos salvajes o los refuerzos esperados. Pero cuando se precisan las figuras, aparece el inacabable ejército de Sapor II. Sin prisa, los persas hostigan a las tropas romanas en retirada por medio de ataques pequeños y rápidos. Juliano recorre el ejército de vanguardia a retaguardia, para evitar desórdenes. De pronto le sorprende una escaramuza, en la que se precipita tal como está, sin siquiera llevar cota de mallas. Una lanza le penetra en el costado. Llevado a su tienda, pregunta cómo se llama la tierra en que están. Alguien le responde: «Estos campos son llamados Frigia, Augusto». Entonces Juliano exclama, súbitamente descorazonado: «¡Helios, me has perdido!». El apóstata tuvo su Pasión y su lanzada; ¡incluso las últimas palabras de desesperanza! Teodoreto, un siglo después, inventó el célebre grito de «¡Venciste, Galileo!»; también Gregorio Nazianzeno intentó humillar la muerte de Juliano, diciendo que la lanza asesina pertenecía a un bufón, incapaz de luchar, que seguía el ejército persa. No es improbable que fuese un soldado cristiano quien diese muerte al Augusto, tal como resuelve Gore Vidal en su novela. Los últimos momentos de su vida los pasó Juliano discutiendo sobre la inmortalidad del alma con

---

4. Procopio, al que Juliano quería por sucesor si la muerte le llegaba en la expedición, había decidido traicionarle por ambición y a instigaciones de los cristianos. Se había detenido a medio camino y esperaba acontecimientos.

Máximo y Prisco. Tenía treinta y dos años cuando murió; sólo había reinado veinte meses. Joviano, que fue nombrado Emperador tras renunciar Salustio al trono, firmó una paz ruinosa con Sapor y retiró apresuradamente el ejército.

En su poema *La procesión*, Cavafis describe la alegría de los antioquenos por la muerte de Juliano. Una triunfal procesión desfila por las calles de Antioquía, presidida por una Gran Cruz:

> *Es una fiesta anual cristiana.*
> *Pero hoy, obsérvalo, más espléndidamente se celebra.*
> *Ha nacido el Imperio, al fin.*
> *El depravado, el espantoso*
> *Juliano ya no reina.*
> *Por el piadoso Joviano ofrezcamos nuestras oraciones.*

Los amigos de Juliano fueron perseguidos; Máximo de Éfeso fue ejecutado tras larga tortura, revelando entonces más firmeza que en la seductora Corte. El año 391, en el reinado de Teodosio, el cristianismo se convirtió en religión del Estado; todos los templos paganos fueron cerrados y todos los cultos abolidos. En los versos de Cavafis hay uno que revela su profunda comprensión de lo que estaba en juego: «Ha nacido el Imperio, al fin». Efectivamente, era la burocrática abstracción imperial la que había destruido las comunidades religiosas regionales, preparando y requiriendo el advenimiento del Abstracto Señor. Como Emperador, Juliano estaba incapacitado para ser efectivamente piadoso, pues el Imperio y la piedad se excluyen. Aquí tampoco fue eficaz la «revolución desde arriba». El Imperio ha crecido y hoy es el Estado, que ocupa el mundo. Las transformaciones laicas del Abstracto Señor colaboran a que vuelva a hablarse de Juliano; es una figura simpática, aunque poco entendida. Cuando repasamos la historia de su vida, sus logros y su derrota, estamos a punto de exclamar, como el Satán de Milton: «¡Oh, millares de espíritus inmortales! ¡Oh, potestades a las que sólo puede igualarse el Todopoderoso! Aquel combate no careció de gloria, por más que su resultado fuera desastroso, como lo atestigua esta mansión y este terrible cambio, que me es odioso expresar. Pero ¿qué facultad de espíritu, aun la más conocedora del presente y del pasado, hubiera podido prever y temer que la fuerza unida de tantos dioses, y dioses como éstos, fuese rechazada?, y ¿quién puede creer, aun después de tal derrota, que todas estas legiones poderosas, con cuyo destierro ha quedado el cielo desierto, dejarán de alzarse de nuevo y de reconquistar la mansión donde han nacido?» *(The Lost Paradise)*.

El regreso a los dioses

Hace ahora algo más de treinta años, pasé un período de interés apasionado por una figura secundaria y pintoresca de la historia antigua: el emperador Juliano, llamado por los cristianos «el apóstata». Leí a diversos historiadores, empezando por Ammiano Marcelino (un espíritu mucho más equitativo de lo que suelen ser los de su gremio), a latinistas, a helenistas y a bastantes literatos, porque el melancólico, desventurado y algo absurdo Juliano sólo ha tenido suerte póstuma con poetas y novelistas, como le pasó a don Quijote. De ese batiburrillo recuerdo varios poemas delicados e intensos de Cavafis y dos estupendas novelas: *La muerte de los dioses* de Dimitri Merejkowsky y *Julian* de Gore Vidal, quizá las mejores de sus respectivos autores. También, por supuesto, el gran drama de Ibsen *Emperador y galileo*,[1] cuya afortunada reedición motiva esta nota.

En el apogeo de mi interés, me dirigí tímidamente a quien me dijeron que era en España el mejor conocedor del

---

1. *Emperador y galileo*, de Henrik Ibsen. Trad. de Else Wateson revisada por Germán Gómez de la Mata. Introducción de Joaquín M.ª Aguirre Romero. Ed. Encuentro, Madrid, 2006. 500 págs.

emperador apóstata: don Santiago Montero Díaz, un sabio mercurial como el profesor Challenger de Conan Doyle, falangista de primera hora y luego adversario del régimen franquista. Me recibió cordialmente en su casa, con un buen Rioja a las once de la mañana, y me ofreció toda la información que podía requerir, de hecho mucha más de la que mi pasajero diletantismo precisaba. Abrumado por sus aparentemente inagotables conocimientos, le pregunté con sincero interés cuánto tiempo llevaba dedicado al estudio de Juliano. «Lo estudié bastante –comentó don Santiago–, pero ya hace años que lo he abandonado.» Ante mi muda interrogación, concluyó tajante y malévolo: «Descubrí que era un imbécil».

¿Un imbécil? Más bien ingenuo, un espíritu milagrero que se pretendía racional, un pensador poco ordenado y repetitivo no tan genial como quizá supuso, aunque desde luego el mejor intelectual coronado desde Marco Aurelio. Sus escritos no carecen de un interés de segunda mano (en castellano se encuentran en la insustituible Biblioteca Clásica Gredos, en traducción de José García Blanco). Razonaba con vehemencia, aunque el humor no era su fuerte, como demuestra cuando quiere ejercerlo: véase el *Misopogon*, o sea «El enemigo de la barba», discurso contra los ciudadanos galileos de Antioquía que le censuraban su desaliño capilar y a quienes él a su vez acusaba de impiedad e ingratitud. La mayoría de estos discursos de Juliano conmueven por su mismo furor polémico: ¿cuándo se ha visto a un gobernante poderoso, con facultad de vida o muerte sobre sus súbditos, dedicado a polemizar con ellos cuando le incomodan en lugar de suprimirlos físicamente? Dedicarse a refutar en lugar de a reprimir es impropio de un Emperador consciente de su rango: y la verdad es que Juliano, aunque castigó en ocasiones a los cristianos más levantiscos, prefería comportarse como teólogo que como gobernante. Sin duda ésa fue su perdición.

La gran obra de Ibsen (grande en el sentido de estupenda y de enorme) no es verdaderamente una pieza dramática, pues ni siquiera en tiempos de su autor hubiera podido representarse convenientemente, por culpa de su desmesurada duración y sus innumerables personajes. En realidad el destino de *Emperador y galileo* es el salón de lectura, no el escenario. Lo cual no disminuye la fuerza expresiva de muchas de sus escenas concebidas para las candilejas: Ibsen hablaba «en teatro» sobre lo que le interesaba, hasta cuando no escribía propiamente obras representables. La figura de Juliano y el debate intelectual de su entorno es reproducido en estas páginas admirables con fuerza y elocuencia que no decaen. A mi entender, la introducción de Aguirre Romero –que no carece, todo lo contrario, de información relevante sobre el pensamiento de Ibsen y sobre el propio Juliano– es demasiado declaradamente apologética: resulta poco sostenible convertir esta obra en un enfrentamiento entre cristianismo y poder terrenal, con el consiguiente premio final al primero sobre el segundo. El conflicto que Ibsen retrata es más complejo y de más ambigua resolución.

A fin de cuentas, el problema de fondo no es la apostasía o el paganismo de Juliano, sino su irreductible cristianismo. El Emperador quiere regresar a los dioses muchos aunque declarando obligatoria hacia ellos la devoción excluyente y abolicionista de otros cultos que introdujo el monoteísmo cristiano en el campo de lo religioso. El cristianismo inventó la fe, y Juliano apostató de los dogmas cristianos pero no de la fe, que trató de revertir en el politeísmo. Sin embargo el tiempo de éste como religión imperial ya había concluido y su pretensión quedó flotando como algo insatisfactorio, incluso ridículo: no se podía ya ser a la vez «creyente» y «pagano». ¡Qué sugestiva e inactual resulta la lectura de esta poderosa pieza del gran dramaturgo escandinavo! Aunque, pensándolo bien... ¿inactual? Quizá no tanto como nos apresuramos a creer.

Boccaccio y la comedia humana

Seiscientos años nos separan de aquel 21 de diciembre de 1375, cuando murió, en la villa toscana de Certaldo, el escritor Giovanni Boccaccio. Con pocos autores ha sido el tiempo, que todo lo rinde, tan piadoso y conservador. De las obras cultas y eruditas que escribió en latín, para conseguir el aplauso duradero de la posteridad, ninguna es conocida fuera de los polvorientos círculos de los especialistas, y ninguna, desde luego, le habría granjeado otra inmortalidad que el limbo que tributan las enciclopedias. Pero el amable pasatiempo que compuso para deleite y alborozo de sus conciudadanos, escrito en lengua popular y destinado a gustar al pueblo, se ha revelado *monumentum aeri peremnis*, invulnerable a la usura de los años y a la mudanza de estilos y costumbres. Aquí y siempre, lo proyectado para la eternidad se revela prontamente perecedero –o perdura en un frígido hieratismo– mientras la fungible urgencia de la hora conserva durante muchos siglos el palpitar de carne y sangre que la engendró. Quien deliberadamente se propone ser clásico, rara vez alcanza vigencia ni siquiera en vida y la pierde toda el día de su muerte (las excepciones, como Goethe, confirman la norma); pero quien sólo aspira modestamente a intrigar, conmover o divertir a su vecino puede llegar a ver eternizado lo saludable de su gesto. Ése fue el caso del *Decamerón*: contra toda teoría de *malditismo*, Boccaccio, como Shakespeare, Rabelais, Cervantes o Voltaire, conoció un rotundo éxito en su época y su prestigio popular no ha decrecido hasta nuestros días. ¿No es curioso que sean los grandes humoristas, los autores que aspiran a causar un efecto más *inmediato* en su entorno concreto, quienes más eficazmente siguen ejerciéndolo a lo largo de los siglos? Puede argüirse que el prestigio de Boccaccio se sustenta en un malentendido, apoyado por la publicidad salaz de los quioscos de libros de bolsillo y manipulaciones interesadas como la película de Pasolini. Pero todo éxito es equívoco y quizá el del *Decamerón* lo sea en menor grado de lo frecuente: más allá de su simple asignación a la literatura masturbatoria, el lector que hoy busca en Boccaccio la alegre picardía del inspirado narrador de historias ingeniosas y jocosos cuentos verdes quizá no agote el sentido de la obra del italiano, pero en modo alguno va totalmente descaminado. Yo diría incluso que acierta en lo esencial. Pero ante todo, lo que sigue encandilando a quien hoy se asoma a los cuentos de Boccaccio es la enorme impresión de *vivacidad* que todavía se desprende de ellos, el penetrante perfume de una época jubilosa hasta lo desmedido y audaz hasta la crueldad. Así fue aquel Trescientos italiano, el de Venecia y Nápoles, el de Florencia y Milán, con sus comerciantes osados como caballeros andantes, con sus comunidades fuertes e independientes previas a la peste de los Estados nacionales, ese Trescientos cuya comedia humana encontró en Giovanni Boccaccio su cronista ejemplar.

Vida de Boccaccio

A comienzos del siglo XIV, la ciudad de Florencia era la capital comercial de Europa, centro financiero de la nueva clase ascendente, la burguesía, que ya había estado afianzándose a lo largo de todo el siglo anterior. El invento de la letra de cambio, hecho a finales del siglo XII, había contribuido decisivamente a agilizar el comercio y a permitir las más atrevidas especulaciones y los más súbitos enriquecimientos. El cuadro moral e intelectual era todavía medieval en muchos aspectos importantes, aunque comenzaba rápidamente a dejar de serlo. La sombra de Dante todavía se inclinaba sobre las aguas del Arno y las figuras de rasgos sobriamente enérgicos de Giotto triunfaban en la Santa Croce. Dos instituciones políticas originales, la Señoría y el *Comune*, rigieron durante esos siglos los destinos de Florencia. El *Comune* es el que atañe más directamente a nuestro tema; era algo así como un Municipio surgido de la iniciativa privada de una serie de ciudadanos que se asociaban bajo juramento para defender sus propiedades y sus intereses comunes contra los enemigos externos. Se trataba de una creación esencialmente mercantil, aunque con importantes ramificaciones en lo político, lo cultural, etcétera. Boccaccio estuvo toda su vida muy ligado al *Comune*, cuyo carácter antiaristocrático y antiimperialista se conciliaba estupendamente con el punto de vista político del autor del *Decamerón*. En las diversas ciudades independientes italianas y en los pequeños reinos de la península se contraponían con varia fortuna los intentos autocráticos con los proyectos democratizantes de los burgueses, ante la expectante mirada de las grandes potencias exteriores, como Francia, siempre atentas a intervenir rapazmente en su propio provecho. Uno de los propósitos más constantes de la diplomacia de algunas comunidades italianas de la época, como el reino de Nápoles, era conseguir que la sede del Papado se trasladase de nuevo de Avignon a Roma, lo que finalmente ocurrió el año 1367, en vida de Boccaccio, como luego veremos.

Giovanni Boccaccio nació en 1313, en Florencia. Los especialistas descartan en la actualidad mayoritariamente la antes extendida hipótesis de su nacimiento en el mismo Certaldo en cuyo retiro toscano debería morir sesenta y dos años más tarde. Era hijo ilegítimo de un acaudalado comerciante, Boccaccio o Boccaccino de Chelino, afincado en el barrio de San Pier Maggiore, uno de los núcleos más importantes de la vida mercantil florentina. El volumen de negocios de Boccaccino y sus hermanos, probablemente relacionados con las industrias de lana y seda florentinas, debía de ser francamente importante en la época del nacimiento de Giovanni. El padre pudo trabajar en algún momento como agente para la poderosa compañía de los Bardi y en esta condición hacer un viaje sobre 1314 a París, lo que le permitió asistir al suplicio del último gran maestre templario Jacques de Molay y de paso dio origen a la leyenda del nacimiento parisiense de Giovanni, que le hace nada menos que hijo de una princesa casquivana, como si se tratase de uno de sus propios cuentos. El ambiente familiar que rodea la niñez de Giovanni es próspero y, según todo parece indicarlo, feliz. Boccaccino se había casado con Margarita de Mardoli, pariente lejana de aquella Beatriz Portinari que acompañó a Dante a la gloria celestial, según cuentan. La legitimación, espontánea y jubilosa, de Giovanni debió de tener lugar probablemente antes de este matrimonio. Por otra parte, el comerciante conocía también horas de preeminencia ciudadana, pues fue elegido cónsul del Arte del Cambio en 1324 y llegó a ser sumo magistrado de los *priores* de la República Florentina entre 1322 y 1323. El niño es educado sin reparar en gastos, poniéndosele en manos de un reputado maestro de la época, Giovanni di Domenico Mazzuoli de Strada, con quien aprende tempranamente a leer, escribir, los rudimentos de la gramática latina y hace probablemente las primeras lecturas comentadas de Dante. Tampoco se descuida el aspecto comercial de su educación y se le forma en aritmética, contabilidad y restantes artes financieras. En 1327, su padre es destinado a Nápoles por asuntos de negocios; en esa ciudad continuará Giovanni su aprendizaje bancario, trabajando como aprendiz en el Banco de los Bardi, que controlaba la economía de la casa de Anjou. Pero la ciudad misma de Nápoles le será maestra de cosas mucho más esenciales; el adolescente avispado y curioso se familiarizará con todos los personajes grandes y pequeños de una de las ciudades más vivas del Mediterráneo: comerciantes, cambistas, falsificadores, marinos, grandes señoras y bellas napolitanas de costumbres ligeras y largo ingenio, a cuyo encanto pareció ser todo menos insensible Giovanni. Un día de Sábado Santo, en la iglesia de San Lorenzo, verá a la hermosa Fiametta («Llamita»), que ocupará sus pensamientos durante largo tiempo y que le inspirará sus primeras páginas célebres. Aquí conoció también a Niccola Acciaiuoli, que llegará a ser todopoderoso valido de los Anjou y gobernará a su antojo el reino de Nápoles; entre ambos se enlazará una extraña y cambiante amistad, hecha de mutuos acercamientos apasionados y de los más fríos despechos. En primer término, esta amistad sirvió a Boccaccio para entrar en los medios aristocráticos y principescos de la ciudad, haciendo de esta experiencia cortesana nueva fuente de noticias sobre tipos y caracteres, amén de origen de aventuras galantes de alto vuelo. Ya entonces comienza a decantarse más allá de toda duda hacia su vocación de escritor. Ni el comercio, para el que sólo está mediocremente dotado, ni las leyes, hacia las que quiere inclinarle después su padre, representan su auténtica vocación. Pero los estudios que emprende con los prestigiosos juristas napolitanos le permiten ponerse en contado con apasionados de la nueva poesía, como Cino de Pistoia, amigo y admirador de Petrarca, que ya comienza a convertirse en ideal literario de Boccaccio. Y también Andalo da Negro, Paolo de Perugia y el padre Dionigi, otro entusiasta de Petrarca. En ese período entre los 30 y 40, comienza la producción literaria de Giovanni, con pequeños ejercicios, ora en latín, ora en toscano, destinados antes que nada a demostrar su atenta asimilación de los ejemplos literarios que se le habían propuesto. Así la «*Caccia di Diana*», breve poema en tercetos en el que se elogia (con nombres y apellidos) a hermosas napolitanas de la época y el *Filóstrato*, donde cuenta en octavas amores desdichados de troyanos y aqueos. Más interesante que estos ejercicios poéticos es su primer libro importante en prosa, *Filocolo*, en el que desarrolla una trama típica de novela bizantina, incluyendo algunas historietas intercaladas que ya anuncian lo mejor de su estilo (de hecho, dos de ellas, refundidas, formarán parte del *Decamerón*). En el prólogo de la obra aparece la figura de Fiametta, su amoroso norte que ya hemos mencionado (se trataba de María de Aquino, hija natural del rey Roberto de Anjou), que terminará por convertir su nombre en una especie de sello de marca de la obra boccacciana.

En 1341, Giovanni y su familia vuelven a Florencia tras el grave revés económico que para ellos ha supuesto la quiebra de los Bardi. Su panorama financiero se oscurece notoriamente, como él no deja de reconocer con preocupación en su correspondencia de la época, sobre todo en sus cartas a Niccola Acciaiuoli, de quien espera una mejora en su fortuna. Además de estos problemas de índole personal, Boccaccio encuentra Florencia revuelta por las intrigas políticas movidas por las ambiciones desaprensivas de unos cuantos magnates, que desembocarán en la dictadura demagógica del duque de Atenas. Nada de esto le impide continuar escribiendo y afianzando el buen nombre que entre la gente culta va poco a poco conquistando. En 1342 escribe la *Comedia delle ninfe florentine* o *Ninfale d'Ameto*, suerte de fantasía amorosa pastoril, en prosa pero con tercetos intercalados, que dibuja una Arcadia feliz que tendrá abundante posteridad literaria hasta el siglo XVI. Al año siguiente compone la *Amorosa Visione*, en tercetos, donde escribe los triunfos de la Riqueza, la Gloria, el Amor o la Fortuna, hasta finalmente hacerse digno de alcanzar el amor celestial de Fiametta. También de 1343 parece ser su *Elegía de Madonna Fiametta*, más interesante desde nuestro punto de vista que las anteriores, donde describe con una curiosa inversión literaria el fin de sus amores con la esquiva «Llamita». Casi en esa misma época, Boccaccio había sido abandonado por su casquivana Fiametta, contrariedad que le afectó bastante; compuso entonces una novelita en la que se cambiaban las tornas y era ella la que se veía abandonada por su amado Pánfilo (nuestro Giovanni) y sufría y se lamentaba con este motivo. Anécdotas aparte, «Fiametta» es la primera novela ya casi moderna, en la que se analizan con finura psicológica los mecanismos de la pasión amorosa, lejos de cualquier idealización o sublimación convencional. Poco posterior debe de ser su *Ninfale Fiesolano*, otro poemita de amores mitológico-pastoriles y final trágico. Paralelo a este ímpetu creador, sigue vivo su interés por la cosa pública y, principalmente, por las comprometidas finanzas familiares. Con motivo de éstas viaja a Ravena, a la corte de Ostasio da Posenta, y a Forli, en misiones de diplomacia comercial, indispensables en aquella época. La ayuda que esperaba de Nápoles no ha de llegar, pues su amigo el intrigante Niccola Acciaiuoli se ha visto envuelto en los remolinos causados por el asesinato de Andrea de Hungría; Niccola huirá de Nápoles con la viuda de Andrea, la reina Juana, y el principal sospechoso, Luigi de Taranto, que de inmediato se casará con Juana, lo cual, a mi modo de ver, concede cierta verosimilitud a las sospechas.

Pero en el año 1348, un acontecimiento terrible empequeñece con su devastadora crueldad las querellas de los príncipes. La peste, que hacía estragos en el Este de Europa, se abate con estremecedora furia sobre Florencia. Como en las danzas de la muerte medievales, cuyo descarnado espanto pintó Holbein, la pestilencia iguala en una misma agonía a los comerciantes y a los artistas, a las bellas y a los guerreros de la maravillosa capital del Arno. Sería inútil tratar de describir esos horrores mejor de lo que ya lo hizo el propio Boccaccio en las páginas iniciales de su *Decamerón*. Allí, al socaire de ese súbito triunfo de la desolación, comenzó a gestarse la obra inmortal de Giovanni, pues la comedia humana se inaugura con lo que revela que toda humanidad es comedia, con la siega unánime de la muerte. Boccaccio pierde a amigos y a enemigos, a parientes y a amores lejanos. Pero eso fortalece su creatividad, y durante los dos años siguientes trabajará en su colección de cuentos que narran diversos personajes durante diez jornadas, mientras la peste ejerce sus estragos en las proximidades.

Más adelante hablaremos despacio de este *Decamerón*. En el año 1349 muere Boccaccino de Chelino y la situación económica de la familia empeora. Afortunadamente, Giovanni ya es una personalidad y el *Comune* cuenta con él para diversas gestiones, ya que destacaba como orador y redactor de cartas oficiales, amén de gozar de influyentes relaciones en toda Italia. Se le encarga una misión en la Romaña y también la de llevar diez florines de oro a la hija de Dante, Beatriz, monja en el convento de San Stefano dell'Uliva, como compensación, treinta años posterior a la muerte del poeta, de su exilio por razones políticas. El año 1350 conoce por fin personalmente a su admirado Francesco Petrarca que, camino de Roma, adonde va como peregrino desde Parma para ganar el jubileo, parará en Florencia, donde se hospedará en casa de Giovanni a ruegos de éste. Así se inicia la hermandad espiritual del más grande poeta y del mayor prosista del Trescientos, que sólo la muerte desunirá. Amistad prolongada a través de diversos encuentros (en Padua, en Milán, en Venecia) y de una copiosísima correspondencia, a lo largo de la cual Boccaccio buscó no sólo un preceptor literario excepcional, sino también un guía espiritual en todos los terrenos. Son dos figuras contrapuestas en muchos aspectos: Boccaccio, sensual y extrovertido, frente al sublimado y recogido Petrarca; el primero, populista y democrático, frente al aristocratismo elitista del segundo; el uno laico hasta el anticlericalismo, el otro respetuoso de todas las togas y hábitos. Sin embargo, su conjunción fue feliz y ambos se estimularon mutuamente en lo mejor de su creatividad, ayudándose a soportar la vida, que es lo que todos buscamos en los amigos. Su relación no era perfectamente simétrica, por la enorme admiración de Boccaccio al gran poeta de Laura, pero también éste estimaba muy sinceramente a Giovanni, no sólo como hombre sino como escritor. Por lo demás, Boccaccio seguía ininterrumpidamente su tarea creadora. A los cuarenta años, escribe el *Corbaccio* o *Laberinto de amor*, siempre sobre el inagotable tema de la pasión erótica. Enamorado de una viuda ávida y voluble, Giovanni aprovecha para escribir una feroz diatriba contra su torturadora y contra las mujeres en general, cuyos embustes, coqueterías y arrumacos denuncia con verbosidad desgarrada y graciosa penetración psicológica. Esta enciclopedia de la misoginia, escrita –¡cómo no!– por un gran amador, fue imitada múltiples veces, entre otros por nuestro Arcipreste de Talavera, cuya obra sin título fue bautizada *El Corbacho* por la voz pública.

Para intentar salvar de la ruina a su familia, Boccaccio viaja a Nápoles, donde de nuevo Niccola Acciaiuoli tenía privanza. Pero éste no le hace el buen recibimiento que Giovanni espera y, desde luego, no contribuye a sacarle de pobre. Si los negocios van mal, el prestigio va muy bien. Desde 1360, la casa de Boccaccio se convierte en una especie de tertulia permanente de intelectuales y artistas, por la que pasarán Masini, Villani, Salutati... Se le siguen confiando cargos públicos de importancia: camarlengo del *Comune*, parlamentador con Lodovico de Baviera, embajador en Avignon ante los Papas Inocencio VI y Urbano V, etcétera. Todavía el año 67 deberá ir a homenajear a Urbano V en nombre de la ciudad de Florencia, cuando el Papa vuelve a Roma. Pero prefiere cada vez más retirarse a su villa toscana de Certaldo, desde donde escribe a Petrarca y pule sus creaciones anteriores, mientras comienza a redactar grandes obras en latín. Escribir en latín es ya una forma de sentar la cabeza; pero además los libros que compone son serios, eruditos y de pretensiones ejemplares.

Así su *De Casibus virorum illustrium*, repertorio de miserias y desdichas que acechan a los que parecen más alta y seguramente establecidos. Digamos en un inciso que el Boccaccio que aparece en la *Comedieta de Ponza* del marqués de Santillana es éste del *De Casibus*. O podemos considerar también su *Genealogia deorum gentilium*, obra muy amplia, sumamente erudita, en la que se recogen todo tipo de noticias mitológicas y los más diversos apuntes sobre la Antigüedad. Pese a la enormidad de su tema, la obra está muy bien organizada y es tan rigurosa que ha servido como libro de consulta hasta el siglo XIX, no siendo hoy mismo inútil ni mucho menos al interesado en las religiones clásicas. La respetabilidad le va ganando a pasos agigantados. Bajo la influencia de Petrarca y de los años, intensifica sus preocupaciones religiosas –que nunca le habían faltado– hasta el punto de recibir las órdenes menores y autorización episcopal para dedicarse «a la cura de almas». En los años setenta, al final de su vida, hace unos comentarios públicos sobre *La Divina Comedia* en la iglesia de San Esteban de Badía; estas conferencias son un verdadero acontecimiento público y toda Florencia rinde su último homenaje de admiración al más grande de sus escritores vivos. El año 1374 muere Francesco Petrarca, el alto poeta, el ideal reverenciado de Giovanni; es un durísimo golpe para éste, del que no se repondrá. Se retira a Certaldo y allí, envuelto en la bata forrada de piel que su amigo Petrarca le legó para que combatiese los fríos invernales de las horas de lectura, le llega la muerte el 21 de diciembre de 1375. Fue enterrado en la iglesia de los santos Michele e Iacopo, con un humilde epitafio que comienza:

Hac sub mole iacent cineres ac ossa Iohannis...

El *Decamerón*

Sería un error considerar el *Decamerón* como una simple colección de cuentos agrupados sin propósito orgánico, un centón de historias sin otro nexo que la mera contigüidad en el libro. La obra está pensada como un todo, aunque Boccaccio tomase sus relatos de muy diversas fuentes y tuviese bastantes de ellos en mente o incluso escritos en una primera redacción desde mucho antes. Lo que con el *Decamerón* pone en marcha su autor es una especie de máquina de narrar, una suerte de artilugio cuentista, como aquellos artilugios razonantes que disponía Raimundo Lulio. Se crea una combinatoria en la que intervienen un espacio narrativo, unos intereses temáticos y unos personajes narradores sutil y gradualmente diversos; se determina un tiempo de producción –diez días– y se pone en marcha la fábrica, que dentro de este esquema bien puede manejar materiales ya conocidos sin por ello dejar de recrearlos para el propósito específico del conjunto. Como los narradores son diez, la maquinaria está «programada» para producir cien cuentos, diez por cada una de las diez jornadas; el mismo Boccaccio, al final del libro, se excusa de que quizá pueda parecer que algunos cuentos sobran: pero la máquina es la máquina y él no puede sino levantar acta de los resultados. Tampoco puede decirse en modo alguno que la distribución de los cuentos sea arbitraria, sino que sigue un decurso perfectamente trazado, desde la sombría introducción hasta el luminoso final. Si bien los cuentos pueden leerse salteados, sólo cobran su pleno sentido en la obra leídos tal como están dispuestos, pues además del argumento de cada historia hay que considerar el argumento general, dentro del cual se disponen los temas parciales a modo de contrapuntos sinfónicos. Este libro entretenido y jocoso es también, quizá ante todo, una meditación recurrente, plenamente deliberada, sobre la virtud y el mérito, sobre el azar y el amor, sobre la inteligencia y los sentidos. Todo ello a la sombra terrible pero estimulante, paradójicamente protectora, de la Muerte y la Locura. Hoy estamos ya tan sofisticados en materia de historias que pocos cuentos del *Decamerón*, tomados de uno en uno, lograrán satisfacernos plenamente; pero creo, en cambio, que estamos en situación muy propicia para disfrutar del conjunto artificioso y vario de esta fábrica de inventar, así como de la profunda reflexión ética que puso en marcha el alegre dispositivo.

Descartemos de entrada el sobado tópico de que la jocunda alegría vital y laica del *Decamerón* supone una ruptura con el ascetismo clerical de la Edad Media. Todavía se persiste en la patraña de la Edad Media «oscura»: yo la he oído calificar, en disparate de tertulia, de «fascista». Nada más rotunda y palpablemente falso. En lo político, la Edad Media fue mucho más libre que los siglos «ilustrados» dieciocho y diecinueve; en ella florecieron instituciones comunales antiautocráticas que todavía añoramos y lo siento por quienes tienen como dogma que el progreso de la razón científica es progreso de la libertad. En lo intelectual, alcanzó desarrollos teóricos de sutileza y profundidad admirables. Pero, ante todo, en lo vital fue una época excepcionalmente jubilosa, pródiga hasta el exceso en los goces de la carne, con un sentido comunitario de la fiesta que la eleva por encima de las eras de placer solipsista que la han seguido. Precisamente el mayor acierto de Boccaccio fue observar cómo los ideales y alegrías de la Baja Edad Media se prolongaban en la sociedad renacentista, y cómo esta última no era una ruptura sino una evolución transformadora –y quién sabe si una decadencia de la anterior. A este respecto, es sumamente interesante el libro recientemente aparecido *Boccaccio y su época*, de Vittore Branca (Alianza Editorial), en el que, además de una completa y razonada biografía del escritor, se incluye un amplio estudio significativamente titulado «Boccaccio medieval». Aquí el profesor Branca demuestra la vinculación de las líneas maestras espirituales y de la problemática del *Decamerón* con sus inmediatos precedentes medievales. En las breves notas que siguen me inspiraré desvergonzadamente en las ideas expuestas en el referido libro.

El *Decamerón* se inicia con una ya celebérrima descripción de los estragos de la peste en Florencia, el año 1348. Los más alarmantes no eran, con ser terribles, los perjuicios físicos, el súbito brotar de la enfermedad, la dolorosa y acelerada agonía, el hacinamiento de los muertos, la amenaza funesta del contagio... No, lo más aterrador, al menos para Boccaccio, era la degradación moral de una ciudad unida por fuertes lazos éticos y civilizadores: las fúnebres francachelas de los supervivientes, escalofriantemente entregados al *carpe diem*, la insolidaridad con los apestados, los padres huyendo de los hijos, los cónyuges olvidando sus mutuos deberes de asistencia, la inoperancia de toda organización pública... En medio de este horror, en el que la pestilencia no es sino el símbolo mismo de ese caos que subyace y amenaza todo proyecto humano de convivencia, siete distinguidas e inteligentes señoritas y tres cumplidos caballeros, jóvenes unas y otros, deciden alejarse de la ciudad y pasar unos días retirados en el campo, en tanto se mitiga el rigor del mortal flagelo. Para entretener este ocio forzoso deciden nombrar cada día «rey» a uno de ellos y que el así encargado determine las actividades que han de realizarse en la jornada. Éstas se reducen, fundamentalmente, a contar cada uno un relato sobre un tema más o menos genérico determinado por el «rey» o «reina» de turno. Como el número de días pasados en ese refugio es de diez y diez son los posibles narradores, el número de narraciones totales es de cien, escindidas en diez jornadas de diferente –más o menos– temática. En realidad, tres son los temas fundamentales sobre los que giran todos los cuentos: la Fortuna (o Azar), el Amor y el Ingenio. El Azar, que todo lo trastoca y pone a prueba, frente al cual no hay ventura segura ni mal que cien años dure, al que puede vencerse con energía o industria. El Amor, regidor de este mundo, en sus diversos registros de pasión carnal o sublimación y renuncia espiritual, que da con unos en la bestialidad y con otros en la más alta virtud, a veces sucesivamente y en uno u otro orden... El Ingenio, que abarca tanto la frase aguda que permite esquivar una situación comprometida como la treta que por vía de astucia compromete al enemigo o salva al amigo. Naturalmente, Azar, Ingenio y Amor se entremezclan en muchos cuentos, cuya adscripción a uno u otro motivo es más bien aleatoria. Pero también hay una ordenación diferente, transversal a la alternancia de los temas: la que lleva de la sombra a la luz, de la peste a la gloria, de la más escandalosa consagración del vicio al más irrefutable triunfo de la virtud. El libro, que comienza con la abominación de la ciudad descoyuntada y prosigue, en su primera historia, con el caso del malvado hipócrita que termina proclamado santo, se cierra con una última jornada dedicada a cantar los goces victoriosos de la virtud, que acaba con el relato de la más abnegada renuncia y de su definitiva recompensa. ¿Hace falta resaltar que, si medievales son ya los tres temas esenciales de Fortuna, Amor e

Ingenio, aún lo es mucho más esta orientación de todas las historias hacia la exaltación última del Ideal?

Los relatos adoptan todas las modalidades conocidas de la narrativa medieval; de la novela bizantina a la leyenda piadosa, de los *fabliaux à rire* a las equívocas farsas carnavalescas, de la historia amorosa al modo provenzal al ejemplo moralizante. Pero en todos estos géneros dispares, Boccaccio pone una nota personalísima, la de su propio estilo narrativo, directo y sencillo en lo argumental (contando sin embrollo las tramas más complejas), salpimentado con reflexiones morales o irónicas, que nunca se prodigan hasta el punto de hacerse enfadosas. Quizá una excesiva fidelidad al latín, en lugar de al toscano hablado, entorpezca un tanto la lengua que maneja Boccaccio, pero no olvidemos que estaba *inventando* la prosa italiana. La vivacidad de sus retratos es inolvidable: todos sus caracteres, no sólo los cómicos, en los que destaca, sino incluso los más esquemáticos (la Virtuosa, el Justo), se animan magistralmente con unos pocos trazos. Algunas de las historias quedan fijas en la memoria por su enorme fuerza de diseño: Federico degli Alberighi, arruinado por el amor de una dama que le desdeña, a quien finalmente sirve en su mesa el halcón que es su mayor tesoro por no tener otra cosa con que agasajarla; Anastasio degli Onesti y la caza espectral que le sorprende en el bosque, que inspiró a Botticelli, el tríptico del museo del Prado; la alegre obscenidad del cuento de la joven Alibech y el monje Rústico, que le enseñó a meter al diablo en el infierno; el último cuento, en el que la inconmovible abnegación de la virtuosa Griselda es probada hasta el sadismo por su marido, para alcanzar finalmente la plena restitución como premio. Las historias se entrelazan, se responden unas a otras, se duplican o se contrarrestan, se burlan de sí mismas o se reconvienen. Agruparlas según sus relaciones o parecidos es una complicada combinatoria en la que ya se han ejercitado muchos eruditos. Baste aquí consignar que en el *Decamerón*, como en la vida, cada sucedido tiene ocultas implicaciones que quizá aparecen en otro relato y que los meandros argumentales consienten incontables recurrencias.

Con este libro se dio el primer fenómeno de acaparamiento por el pueblo de una obra estrictamente laica que se conoce en la literatura occidental. Por acaparamiento entiendo que el *Decamerón* se convirtió en parte integrante del ajuar de cada casa, en un entrañable objeto de uso cotidiano. Mercaderes, agricultores, operarios y comerciantes distraían horas de sus quehaceres para copiar las páginas de Boccaccio «para sí y para sus parientes y amigos»; guardamos los nombres sonoros, ennoblecidos por el tiempo, de estos copistas espontáneos, autores de los manuscritos del *Decamerón* que se conservan: Piero Daniello de Piero Fei y Lodovico Jacopo Tommasini, mercaderes; Giovanni d'Agnolo Capponi, *prior* de la República Florentina; Ser Taiuto de Balduccio di Pratovecchio, notario; Filippo de Andrea da Bibbiena, agricultor... Y los ejemplares estaban manoseados, «usados», con anotaciones en los márgenes, fuesen cuentas comerciales o requiebros amorosos. Se estableció con el *Decamerón* ese tipo de relación que ha solido existir en los países protestantes con la Biblia. Y de una Biblia se trataba, en cierto modo: la Biblia del ingenio y el coraje burgués, de su astucia y de sus placeres, de sus vicios y de su heroísmo. El mismo arrojo de los cruzados y los caballeros andantes animaba ahora a los mercaderes y comerciantes de las Repúblicas italianas. Como Marco Polo y su legendaria travesía; como aquel Dogo nonagenario que a la cabeza de los venecianos asaltó las murallas de Constantinopla en la cuarta Cruzada. Boccaccio fue extraordinariamente sensible a la nueva problemática, encuadrada en los moldes aún en pie de antiguos ideales, que suponía esta traslación del protagonismo de los señores a los plebeyos; y el nacimiento de una nueva aristocracia, una nueva virtud y unas nuevas lacras (avaricia, engaño fraudulento, dureza de corazón). No hubo, ya lo hemos dicho, ruptura radical con la época inmediatamente precedente, sino una acentuación de sus mejores perspectivas y de sus peligros, que encontró en Boccaccio su más atento cronista. Como bien dice Vittore Branca, «el *Decamerón* es la epopeya luminosa y humanísima del otoño de la Edad Media en Italia».

Lope de Aguirre, traidor, peregrino y ateo

> El leer aquellas aventuras de Aguirre me producía un poco la impresión que produce a los niños *Guignol* cuando apalea al gendarme y cuelga al juez. A pesar de sus crímenes y sus atrocidades, Aguirre, el loco, me era casi simpático.
>
> Pío Baroja, *Las inquietudes de Shanti Andía*

Una reciente película de Werner Herzog –*Aguirre. La cólera de Dios*– va a contribuir decisivamente a que en toda Europa se hable mucho próximamente de Lope de Aguirre. Desconozco la película; sólo puedo decir de ella que la protagoniza Klaus Kinski y que ha causado notable impacto en París.[1] Si tiene algún desnudo potablemente integrado en el resto del relato, quizá la veamos dentro de un par de años en España. En todo caso, la aventura de aquel peligroso

---

1. Ya la he visto y no puede ser peor. Incapaz de narrar la más simple acción, Herzog utiliza a Aguirre como ejemplo de una manida alegoría sobre las desventuras del poder. Si su objetivo era demostrar el dominio, le hubiera bastado con contar la historia *bien* para lograr de rechazo su objetivo. Hace de Aguirre un fracasado ineficaz, es decir, lo contrario de lo que fue, supongo que con alguna intención moral que se me escapa. Una pena, vamos.

vasco ya había tentado antes a muchos narradores; es natural, porque si jamás hubo un *argumento* es el que brinda la vida de Aguirre. Don Pío Baroja le dedica un capítulo de *Las inquietudes de Shanti Andía*; Papini, que es un autor que habrá que releer cuando le perdonemos que haya gustado a quienes no nos gustan, lo hace aparecer con su hija en su delirante y genial *Giudizio Universale*; Valle-Inclán toma el final de Aguirre como cierre de su *Tirano Banderas*. Con *La aventura equinoccial de Lope de Aguirre*, Ramón J. Sender logra una de sus mejores novelas; y la breve narración *Lope*, que Luis Britto incluye en su libro *Rajatabla*, es sin duda lo único plenamente memorable de esas páginas. Nada de esto, con ser bueno, es comparable a la fuente originaria de todos estos relatos, la *Jornada de Omagua y Dorado*, escrita por Francisco Vázquez, uno de los marañones que acompañaron más o menos voluntariamente a Aguirre en su insuperable peregrinaje.[2] Después de leer esta relación, escrita por Vázquez para exonerarse de la parte de culpa que pudiera corresponderle por los crímenes de Lope, lo único que asombra es que semejante guión haya tenido que esperar tanto tiempo para realizarse cinematográficamente.

Por lo que se ve, el caso de Lope de Aguirre tiene la ambigüedad ética inherente a toda buena narración; se presta a la controversia. Muchos calificativos se aplican a su nombre: «loco» y «criminal» son los más frecuentes, aunque no falta quien le tiene por precursor de la independencia latinoamericana e incluso por gran héroe. La polémica ha ganado a los especialistas, como prueba la reinante entre Segundo de Ispízua y Emiliano Jos. De todos

---

2. Publicada en 1944 en la admirable e insustituible Colección Austral.

modos, los más fáciles a la condena no son los más lúcidos, como prueba el divertido caso de don Enrique de Gandía, secretario de las Academias Nacionales de la Historia y de Ciencias Morales y Políticas de la República Argentina, prologuista de la *Jornada...* de Vázquez. Este pintoresco personaje, tratando de mostrar que Aguirre es caso único en la epopeya de los españoles en América, afirma sin trepidar: «La conquista fue una ola de amor que se extendió sobre el Nuevo Mundo...», y «la antropofagia disminuyó en gran parte y los hábitos europeos, dulces y cultos, se fueron imponiendo en las aldeas donde antes se danzaba en torno a los prisioneros, para devorarlos en ceremonias infernales...». El buen hombre se extiende en este plan largo y tendido; pero lo mejor es cuando le llega el momento de condenar los intentos reivindicatorios de Aguirre y afirma: «Ispízua fracasó, oficialmente, en su intento reivindicatorio, pues los psicópatas [sic] han podido descubrir, sin dudas de ninguna especie, que Lope de Aguirre actuó como un loco, como un maniático atacado de manías persecutorias o un simple y vulgar anafectivo». Ésta es la tónica de los análisis psicológicos de Lope de Aguirre. Tampoco dedicarse a exculparle o canonizarle como precursor de útiles reformas parece mayormente interesante. ¿Un monstruo? Sin duda: sólo un monstruo es capaz de recorrerse el Amazonas con un puñado de hombres, en balsas mal pertrechadas, hacerse a la mar, tomar ciudades, desafiar al rey más poderoso del mundo, ser temido y obedecido por los hombres más duros que jamás hubo, inventarse y deponer príncipes en plena selva... Pero un monstruo que tiene que ser conocido y, en la medida de lo posible, escuchado.

El lobo y la paloma

La historia de Lope de Aguirre se halla inextricablemente entrelazada con la de otro vasco, que también ha llegado de algún modo a poseer mitología propia, aunque, por contra de la de Aguirre, de signo positivo. Estoy hablando de don Pedro de Ursúa. Las sombras del nombre del uno han hecho resplandecer al del otro. Sobre sus orígenes respectivos ha escrito páginas atinadas, como suyas, Julio Caro Baroja.[3] Aguirre debía de ser de Oñate, señorío de régimen especial y arcaizante dentro de la ordenación guipuzcoana de los siglos XVI y XVII; Ursúa tenía su casa solariega en el valle del Baztán: una torre enclavada en Arizcun. Sus escudos respectivos prefiguran de algún modo sus destinos: el apellido Aguirre ha estado siempre unido al lobo, tanto en su versión latina (Lope = *lupus*), como vasca (*otxoa*) y en sus armas figura «una loba negra rampante, con dos lobeznos que la maman colgantes y las uñas sangrientas»; en cambio, en el blasón de don Pedro leemos «tres palomas (*ursuak*) negras, con pintas de plata, puestas en triángulo mayor». Allí, en la desaforada espesura del Amazonas, empeñados en un sueño de ambición y muerte, iban a enfrentarse ese lobo y esa paloma nacidos en las tierras vascongadas.

Lope de Aguirre debía de haber perdido su patrimonio familiar, si es que lo tuvo, y a los veintipocos años embarcó para las Indias. Era hombre de vivo ingenio y excelente amanuense, como prueba su caligráfica firma en el documento al rey Felipe. En comparación con la mayoría de los otros conquistadores, un auténtico intelectual. Fue rebelde y turbulento desde el primer día: en el Perú, tomó partido por

---

3. En *El señor inquisidor y otras vidas por oficio*, Alianza Editorial, núm. 114.

Gonzalo Pizarro en su rebelión contra la corona de España; después traicionó a éste a su vez, ensañándose cruelmente con sus antiguos compañeros. Perteneció a la conjura para asesinar al general don Pedro de Hinojosa, por lo que fue condenado a muerte. Huyó y se dedicó a desbravador de caballos; como dice don Pío, «buen oficio para poner a prueba su bárbara energía». Era pequeño de cuerpo, chupado, mal encarado, de un vigor y resistencia incomparables. Su ramalazo feroz le había ganado entre todos los soldados el apodo de «Aguirre, el loco».

Por su parte, Pedro de Ursúa había conquistado una fama muy distinta, de hombre fiel a la Corona y capitán valiente. Una cierta arrogancia suya le había creado, empero, bastantes enemigos. Exploró las tierras de Nueva Granada (la actual Colombia) y fundó en ellas Pamplona y Tudela, nostálgico homenaje a su Navarra lejana. Dice Vázquez que era «de gran habilidad y experiencia en los descubrimientos y entradas de indios». Esto lo abona su hallazgo de una mina de oro entre los indios *chitareros* y su campaña contra los combativos indios *musos*. Ciertas dificultades con los notables de Santa Marta en el desempeño de su cargo de justicia mayor de la zona le pusieron en situación embarazosa. Acudió al virrey del Perú, don Andrés Hurtado de Mendoza, marqués de Cañete, quien, para probarle, le envió contra los negros cimarrones sublevados en Panamá, desdichadas víctimas de la buena voluntad en favor de los indios del padre Las Casas. Ursúa venció al rey negro Bayamo, que contaba con fuerzas netamente superiores, y le llevó cubierto de cadenas al Perú. Así se consolidó su fama. Agradecido por este servicio, el marqués de Cañete le confía la más mítica y codiciada empresa de las Indias: la conquista de El Dorado. Era el año 1558.

Rumbo a las tierras del Príncipe Dorado

Allí, en alguna parte al norte del río Marañón o de las Amazonas, debía de existir el reino fabuloso del Príncipe Dorado. Cierto día, prescrito por minuciosos rituales, el pueblo desconocido se reunía a las orillas de un gran lago y volcaba en él sus ofrendas. El Príncipe Dorado se introducía en las aguas inmóviles y recitaba jaculatorias que nunca oyeron oídos cristianos. Luego salía a la orilla, donde silenciosos sacerdotes le cubrían de finas láminas de oro. Los últimos fulgores del poniente le convertían en una pavesa rutilante. En los dominios del Príncipe Dorado, todo era de ese metal inviolable. Ofrendas de oro, calles pavimentadas con oro, trajes, joyas, estatuas, edificios refulgentes... Era un sueño en que se fundían la mística y la codicia. Ninguna reducción economicista puede, por sí sola, dar cuenta de un concepto de riqueza que hoy ya no entendemos. Había oro y los conquistadores lo encontraron en cantidades fabulosas, pero se dejaba a un lado y se exponía de nuevo la vida para buscar El Dorado, que representaba ante todo la categoría mítica del derroche inacabable. La conquista de El Dorado fue el valor y la crueldad puestos al servicio de la alquimia.

Ursúa plantó las reales de la expedición en Santa Cruz, al norte del Perú. Eran tierras de los indios Motilones, así llamados por llevar la cabeza rapada. Durante muchos meses se fueron reuniendo los expedicionarios; como el virrey había prometido amnistía a los que se enrolasen, aquello se convirtió en una especie de Legión Extranjera. Lope de Aguirre no debió de ser de los últimos en acudir a la convocatoria. A don Pedro no le sobraba el dinero, ni tenía demasiados escrúpulos a la hora de conseguirlo: cierto cura párroco Portillo perdió sus dineros de manera harto significativa. Estas astucias tipo Ulises no eran extrañas a Ursúa, quien ya las había empleado contra el rey de los cimarrones, al que según parece derrotó con estratagema no demasiado limpia. Don Pedro de Ursúa tenía unos treinta y cinco años de edad: era más bien alto, bien formado y pelirrojo. Tenía debilidad por las mujeres y éxito con ellas. Allí, en Santa Cruz, se le unió para acompañarle en la expedición una bellísima criolla de Trujillo, Perú, llamada Inés de Atienza, hija del conquistador Blas de Atienza. La moza era viuda y aventurera: provenía de los brazos de don Francisco de Mendoza. Vázquez la culpa de la mayor parte de los males que le ocurrieron a Ursúa. En primer lugar, le cambió el carácter, antes sociable y luego amigo de la soledad «a fin, según parecía, de que nadie estorbase sus amores; y embebecido en ellos, parecía que las cosas de guerra y descubrimiento las tenía olvidadas; cosa, cierto, muy contraria de lo que siempre había hecho y usado». Según cuenta después, el negro que fue a avisarle de la traición que se urdía no pudo acceder a don Pedro por hallarse éste en amoroso coloquio con su Inés. En cualquier caso, la presencia de ese deseable producto tropical entre los fieros marañones no debía precisamente contribuir a serenar el ambiente.

Como la expedición buscaba reinos ignotos, el itinerario a seguir tenía por fuerza que ser más bien impreciso. Se trataba, en principio, de remontar el río Marañón o de las Amazonas; para ello, iban a emplearse balsas y bergantines cuyo estado era fundamentalmente ruinoso, según Vázquez cuenta prolijamente. Ursúa logró reunir trescientos hombres bien pertrechados, sin contar los negros y el personal de servicio. Con ellos, en dos bergantines y tres chatas, «y éstos, tan mal acondicionados que al tiempo que los comenzaban a cargar se abrían y quebraban todos dentro del agua», partió a finales de verano de 1560. Vázquez cuenta los episodios de la durísima jornada con laconismo épico, que a veces rompe para ensalzar homéricamente a algún personaje cuya habilidad debió de entusiasmar a los expedicionarios, como es el caso del legendario arcabucero Francisco Díaz y García de Arce. Los bergantines se rompían contra los bajíos, las balsas se cuarteaban, los caballos y la impedimenta debían ser abandonados. Indios, fieras, selva: Vázquez no exagera la importancia de este inhóspito decorado. Sólo la peripecia humana tiene importancia, el enfrentamiento de las pasiones. Veamos con qué aterradora sencillez se aceptaba en la expedición la cotidianidad de la muerte: «Perdieron dos hombres en el camino, que salieron a buscar comida juntos y nunca más los vieron. Creyóse, al principio, que se habían perdido en la aspereza de la montaña, y no supieron atinar a volver a donde habían salido; finalmente, nunca más se supo qué se hicieron». Escueto epitafio para dos españoles devorados por el Amazonas.

La traición de los marañones

Pronto comenzó a fraguarse la escisión entre la cabeza de la expedición y los más arriscados de los conquistadores. Ursúa soñaba con la mítica ciudad empedrada con oro, con crear nuevas colonias a las que quizá daría los nombres queridos de la geografía navarra y de las que sería gobernador. Pero lo bien fundado de su ambición era humillante para los desheredados que le acompañaban. Se exhibía, solitario y altivo, con su hermosa Inés, fruto prohibido que simbolizaba juntamente el poder del gozo y el gozo del poder. A los que cometían alguna falta, les condenaba a remar como galeotes en la balsa de su criolla; era un castigo físicamente ligero, pero de terribles implicaciones espirituales, como bien señala Vázquez. Lope de Aguirre, Zalduendo, La Bandera, Martín Pérez y otros marañones –nótese: ya no españoles o europeos, sino irremediables hijos del gran río que los laceraba– comenzaban a tener planes muy distintos. ¿Por qué no volver contra el Perú, derrocar al virrey, apoderarse de las riquezas allí habidas, crear un Estado independiente del rey Felipe? Eran ciertamente un ejército aguerrido y formidable, mayor que el que tuvo Cortés para conquistar México o Pizarro para tomar el Perú. Lope de Aguirre era quien daba forma a este ambicioso proyecto, pues la mayoría de los rebeldes no aspiraba más que a cambiar un jefe demasiado altivo y egocéntrico por otro más avenido a sus intereses. Habían pensado para este cargo en don Fernando de Guzmán, joven de menos de treinta años, de buen linaje, e íntimo amigo de don Pedro de Ursúa, a quien secretamente envidiaba el mando y la mujer. La conspiración creció en el recelo de aquellas soledades frondosas. Ejecutaron la traición dando muerte a don Pedro de Ursúa la noche de primero de año de 1561, en un pueblo abandonado por sus habitantes al acercarse los conquistadores. También asesinaron a varios de sus alféreces más fieles. A continuación nombraron general a Fernando de Guzmán y maestro de campo a Lope de Aguirre.

Una vez consumada su rebelión, los amotinados trataron de paliar el suceso ante las futuras represalias de la justicia. Aun perdidos en aquellas inmensidades remotas, sentían el ojo de la justicia regia puesto sobre ellos. Decidieron redactar un documento denigrando a Ursúa, acusándole de mal gobierno y desinterés por la empresa que se le había encomendado y prometiendo cumplirla ellos celosamente, para la mayor gloria de la corona de España. Pero Lope no estaba dispuesto a esta componenda; al firmar el documento, estampó: Lope de Aguirre, *traidor*. Luego reprochó al resto su ingenuidad de creer que bastaba un simple papel para exculparles de haber dado muerte a un gobernador del rey. No, ellos eran traidores y bien traidores; el primer magistrado que les encontrase les mandaría cortar la cabeza a todos. Más valía que vendiesen cara su vida antes de que se la quitasen. Debían intentar volver al Perú, donde contaban con amigos y donde podrían incluso derrocar al virrey y hacerse con todo el país. Esta postura feroz era demasiado para los restantes conjurados, que siguieron pretendiendo que matar a don Pedro había sido servicio y no traición al rey. También se afirmaron en cumplir el primer objetivo de la expedición. Aguirre, en minoría, no insistió. Pero decidió comenzar a hundir a los marañones en el crimen de tal suerte que, finalmente, ya no les quedase más expectativa que la más plena e irremediable rebelión.

El poder y la muerte

No hay resumen que pueda dar cuenta de la jornada que allí se inició. Fue un asombroso delirio de poder y muerte, un Macbeth tropical. En los primeros días, varios iniciaron el acoso de doña Inés, entre ellos el propio general don Fernando de Guzmán. Finalmente se hizo con sus encantos otro navarro, Lorenzo de Zalduendo. La desamparada criolla debió de ver en el sabio manejo de sus gracias la única esperanza de supervivencia. Comenzaron las ejecuciones sumarias; todos podían resultar sospechosos: los huraños, que siempre estaban solos y quizá fueran rebeldes en potencia; los simpáticos, porque atraían gente y podían amotinarla; los demasiado fieles a don Pedro y los demasiado infieles, los más fuertes y los incapaces... Cuenta Vázquez que todos hablaban a gritos, para que Lope no les oyese susurrar y entrase en sospechas sobre su lealtad. Lope se había formado su propia guardia de vascos bien armados y pronto resultó evidente que era él quien realmente controlaba la situación. Zalduendo y La Bandera trataron de convencer a don Fernando de Guzmán de que eliminase al peligroso lobo; pero el general vacilaba, pues la cosa distaba de ser fácil.

Un día, Lope sorprendió a todos con un discurso en el que dijo «que para que la guerra llevase mejor fundamento y más autoridad, convenía que hiciesen y tuviesen por su príncipe a don Fernando de Guzmán desde entonces, para coronarle por rey en llegando al Perú, y que para hacer esto era necesario que se desligasen de los reinos de España y negasen el vasallaje que debían al rey don Felipe, y que él desde allí decía que no lo conocía ni le había visto, ni quería ni le tenía por rey, y que elegía y tenía por su príncipe y rey natural a don Fernando de Guzmán, y como a tal le iba a besar la mano, y que todos le siguiesen e hiciesen lo mismo». Así derribó la ficción del documento exculpatorio que había firmado y les obligó a *desnaturarse*, es decir, a romper el pacto de vasallaje. A don Fernando le complació su ascenso. Dice Vázquez que «puso casa de príncipe, con muchos oficiales y gentileshombres; comió desde entonces solo y servíase con ceremonias. Cobró alguna gravedad con el nuevo nombre; dio nuevas conductas a sus capitanes, señalando salarios de diez y veinte mil pesos en su caja y haciendas, y sus cartas comenzaban de esta manera: "Don Fernando de Guzmán, por la gracia de Dios, príncipe de Tierra Firme y Perú, y gobernador de Chile". Y los más del campo, en nombrando a don Fernando de Guzmán, se quitaban la gorra, como si nombraran al rey Felipe, nuestro señor, y tocaban trompetas y atabales cada vez que comenzaba a leer una conducta de las que daba». ¡Casa de príncipe, maestre de campo, alguaciles, pagadores, gentileshombres, ceremonias, clarines, en plena selva del Amazonas, en un territorio perfectamente inexplorado y hostil, a miles de kilómetros de los lugares en que aquellas instituciones tenían sentido! Era el poder funcionando en el vacío. Lope de Aguirre y sus fieles continuaban ejecutando a todos aquellos que les parecían hostiles o propensos a la hostilidad. Ni los más privados del príncipe se salvaban, pues don Fernando de Guzmán no tenía potestad sobre las acciones del traidor. Se confiaban cargos por la mañana a quien debía morir por la tarde; se conferían títulos imposibles que no propiciaban más privanza que el crimen. Y las balsas en que navegaba aquel cortejo alucinante seguían recorriendo el Amazonas. Habían trazado un plan que sólo parece descabellado a los que ya ni imaginamos la fibra de esos hombres: recorrer todo el río, llegar al mar, subir a Panamá, conseguir cañones, amotinar a miles de negros y así pertrechados caer sobre el Perú. ¿Locura? Recordemos que cosas más notables hicieron aquellos soldados en esas tierras.

Pero Aguirre y sus *tiranos*, como los llama Vázquez (quien, no lo olvidemos, escribe su relato para disculparse ante el virrey por su intervención en la jornada) habían adquirido tal fuerza que pronto los esfuerzos del príncipe por someterle o eliminarle resultaron suicidas. Finalmente, le llegó el turno de sucumbir a Lorenzo Zalduendo, que al parecer se había gloriado ante su manceba doña Inés y otras mujeres de la expedición de no temer a Lope, incluso de pensar deshacerse de él. Aguirre le mató a estocadas cuando se abrazaba a las rodillas de don Fernando, tratando de que le protegiese. Luego mandó apuñalar también a doña Inés, cuyos encantos no pudieron esta vez protegerla del inflexible tirano. Poco debía sobrevivir el príncipe a Zalduendo; ya Aguirre había decidido que «no se podía fiar de ningún sevillano». Le mató pocos días después, sacándole de la cama por la noche; el joven le preguntó, lloroso: «Padre mío, ¿qué es esto?», lo que no deja de ilustrar su extraña relación con Aguirre. Con él murieron seis de sus más adictos, entre ellos un clérigo. No puede uno dejar de pensar que Lope se dio el gusto de nombrar un príncipe sólo para poder traicionarlo, y amarrar a los hombres en su torno por este nuevo crimen y traición reduplicada. Quedó así Lope de Aguirre indiscutiblemente dueño del campo.

La carta a Felipe II

Aguirre gustaba de los títulos sonoros y se dio a sí mismo muchos: cólera de Dios, fuerte caudillo de la gente marañona... Ya sin nadie por encima de él, continuó su viaje delirante, diezmando sin cesar a sus hombres por delitos más o menos imaginarios. A veces hacía gala de cierto humor negro: a una de sus víctimas la exhibió después de muerta con un cartel al cuello que decía: «Por amotinadorcillo». ¿Por qué no le mataron aquellos hombres que esperaban, más tarde o más temprano, convertirse en sus víctimas? No se atrevieron a hacerlo cuando estaba borracho, lo que no era infrecuente, ni cuando estuvo tan enfermo que él mismo suplicaba que le matasen. Dice Vázquez: «Puede ser que no cayesen en ello o que Dios no fuese servido que por entonces muriese». Efectivamente, los marañones sólo tenían suerte, buena o mala, y a ella se entregaban; pero Lope parecía tener destino. Recorrió todo el Amazonas; llegó al Atlántico; se hizo a la mar en sus deficientes embarcaciones, inaptas incluso para el río; soportó en ellas dos tremendos temporales; bordeó la costa del Brasil, de las Guayanas y de Venezuela; sometió diversos puertos y ciudades al pillaje. Al leer cómo engañó al gobernador y los notables de la Isla Margarita, en lo que hoy es la Guayana, fingiéndose amigo para luego apoderarse con una trampa de ellos y ejecutarlos, se comienza a advertir el verdadero género de horror que inspiraba Aguirre. Sus trucos eran más o menos los que empleaba Cortés o Pizarro con los indios, los que había empleado Ursúa con los negros: el escándalo es que Lope los ejercía con los españoles. Sus crueldades eran consideradas tales, lo son incluso hoy, porque las hizo contra blancos. Si se hubiese portado así con el mítico Príncipe Dorado, nadie le hubiese reprochado nada. Frente a los españoles, asentados en pequeñas ciudades, dedicados a la fundación y el colonizaje, Lope era de nuevo la sombra nómada y feroz del conquistador sin tierra ni asiento.

En el pueblo de Valencia, Lope se detuvo y escribió una larga carta a Felipe II, que envió con el padre Contreras a la Audiencia Real de Santo Domingo. Todo indica que la misiva debió de llegar finalmente a su destino, pues en el burocráticamente eficaz Imperio de Felipe II las cartas al rey no se perdían nunca. El documento escrito por Lope, juntamente manifiesto revolucionario e informe de todo lo ocurrido, es uno de los escritos políticos más prodigiosos de la época, aunque no fuera más que por las condiciones y la personalidad de quien lo redactó. Lope realiza una declaración de guerra al monarca más poderoso del mundo en este tono: «Avísote, rey español, adonde cumple haya tan buena justicia y rectitud para tan buenos vasallos como en esta tierra tienes, aunque yo, por no poder sufrir más las crueldades que usan tus oidores, virrey y gobernadores, he salido de hecho con mis compañeros, cuyo nombre después diré, de tu obediencia y desligándonos de nuestras tierras, que es España, y hacerte en estas tierras la más cruda guerra que nuestras fuerzas pudieren sustentar y sufrir». Sigue después una requisitoria contra los rapaces y ambiciosos legados del rey en las Indias. La justicia regia no le inspira a Lope confianza: «Tenemos en estas tierras tus perdones por de menos crédito que los libros de Martín Lutero». A fin de cuentas, esta mala condición no es exclusiva de Felipe, sino propia de todos los reyes en general: «Por cierto lo tengo que van pocos reyes al infierno, porque sois pocos; que si muchos fuésedes, ninguno podría ir al cielo, porque creo allá seríades peores que Lucifer, según tenéis sed y hambre y ambición de hartaros de sangre humana». Como se ve, Lope no tiene pelos en la lengua. A continuación deplora la corrupción luterana que, se ha enterado, aflige a la metrópoli, y previene al rey contra los frailes que van a América, pues todos son venales, incaritativos, glotones y soberbios. Describe luego toda la jornada que han pasado, pintando a Ursúa con las tintas más negras; pero, por su parte, no oculta sus crímenes: «Y porque no consentí en sus insultos y maldades [de don Fernando de Guzmán y adláteres] me quisieron matar, y yo maté al nuevo rey y al capitán de su guardia y teniente general, y a cuatro capitanes y a su mayordomo, y a un capellán, clérigo de misa, y a una mujer, de la liga contra mí, y a un comendador de Rodas, y a un almirante y dos alféreces, y otros cinco o seis aliados suyos, y con intención de llevar la guerra adelante y morir en ella, por las muchas crueldades que tus ministros usan con nosotros; y nombré de nuevo capitanes y sargento mayor, y me quisieron matar, y yo los ahorqué a todos». Luego describe su larga travesía de diez meses y medio por un río tan «grande y temeroso». No se le oculta la insólita enormidad de su hazaña: «¡Sabe Dios cómo nos escapamos de este lago tan temeroso! Avísote, rey y señor, no proveas ni consientas que se haga alguna armada para este río tan mal afortunado, porque en fe de cristiano, te juro, rey y señor, que si vinieren cien mil hombres, ninguno escape, porque la relación [de Orellana] es falsa y no hay en el río otra cosa que desesperar». Tuvo razón, pues aún hoy, cuatro siglos después, la Amazonia sigue indómita. A continuación detalla los nombres y cargos de sus acompañantes, «que prometen morir en esta demanda»: como siempre, Lope no tolera escapatoria. Acaba así su carta: «Hijo de fieles vasallos en tierra vascongada, y rebelde hasta la muerte por tu ingratitud, Lope de Aguirre, *el Peregrino*». Tras redactar este estremecedor documento, ya sólo le quedaba vivir el último acto de la tragedia.

La ira de Dios

La relación de Lope con la divinidad es ambigua, aunque va sufriendo un giro desde cierta irónica indiferencia a la hostilidad y la rebelión abierta. Todavía en la carta a Felipe II Lope se declara buen cristiano y dispuesto a morir por las verdades de la religión; cita como ejemplo de lo mentiroso en sumo grado los libros de Lutero y se escandaliza de la corrupción protestante que ha invadido España. A una de sus víctimas, un flamenco llamado Monteverde, lo hizo despedazar por luterano. Sin embargo, su Dios es un personaje más bien abstracto y desvinculado del mundo: «Otras veces decía que Dios tenía el Cielo para quien bien le sirviese y la tierra para quien más pudiese». Y también: «Dios, si algún bien me has de hacer, ahora lo quiero, y la gloria guárdala para tus santos». Pese a su fobia antiluterana, sus ideas sobre la salvación por la fe eran más bien protestantes: «Decía que no dejasen los hombres de hacer todo lo que su apetito les pidiese por miedo de ir al infierno, que sólo creer en Dios bastaba para ir al Cielo, y que no quería él los soldados muy cristianos ni rezadores, sino que, si fuese menester, jugasen con el demonio el alma a los dados». Pero paulatinamente su postura comienza a modificarse: el Dios abstracto va tomando rostro y rostro hostil. En una de sus desventuras marineras, ya hacia el final de la jornada, dice «que no creía en Dios si Dios no era bandolero; que hasta allí había sido de su bando y que entonces se había pasado a sus contrarios». Dios abandona su neutralidad y toma partido contra Lope. El rebelde contra Ursúa, contra el príncipe marañón y contra el rey Felipe, el eterno traidor, comienza a vislumbrar el definitivo alcance de su sublevación y lo asume sin temblar; arrastrando sus pertrechos por una embarrada colina, bajo un aguacero tropical, exclama: «¿Piensa Dios que porque llueva no tengo que ir al Perú y destruir al mundo? Pues engañado está conmigo». Y más tarde, ya cercado y esperando a sus matadores, blasfema soberbiamente así: «Si yo tengo de morir desbaratado en esta gobernación de Venezuela, ni creo en la fe de Dios ni en la secta de Mahoma, ni Lutero, ni gentilidad, y tengo que no hay *más de nacer y morir*». Aguirre el loco, el traidor, el peregrino, debe morir como Aguirre *el ateo*. Se cumple así plenamente su destino de héroe trágico moderno: como Macbeth, como Ahab...

En el poblado de Barquisimeto, en Venezuela, acabó su aventura equinoccial Lope de Aguirre, fuerte caudillo de la gente marañona. La mayoría de sus hombres habían desertado, pasándose a las tropas que le acosaban. Poco le quedaba ya por perder, como él mismo expresó con feroz acierto: «Decía este tirano algunas veces que ya sabía y tenía por cierto que su ánima no se podía salvar y que, estando él vivo, ya sabía que ardía en los infiernos; y que pues ya no podía ser más negro el cuervo que sus alas, que había de hacer crueldades y maldades por donde sonase el nombre de Aguirre por toda la tierra y hasta el noveno ciclo». Recordemos aquí que el lema de la casa de los Aguirre en Vasconia era: *Omnia si perdideris, famam servare momento*. Lo importante era ser Lope, y eso nadie se lo podría arrebatar. Iba con él durante toda esta alucinante jornada su hija María, a la que dice Vázquez que «mostraba querer más que a su vida». No quiso Lope consentir que viviese para ser llamada «hija del tirano» y ultrajada por la soldadesca: la apuñaló con sus propias manos y tal fue la última muerte que cometió. Cuando llegaron sus matadores, se enfrentó con ellos sin flaquear. Al primer arcabuzazo, que apenas le rozó, comentó: «¡Mal tiro!». El segundo le alcanzó en el pecho y al punto de morir, exclamó: «Éste ya es bueno». Despedazaron su cuerpo y llevaron sus restos a diferentes localidades. Su cabeza quedó en la iglesia de Tocuyo, encerrada en una jaula de hierro. Parecieron finalmente sus reliquias las de algún santo mártir. Concluye Vázquez: «No sólo se cumplió lo que él sólo había profetizado de sí, sino aún más de lo que él pretendía y deseaba, para que todos se acordasen de él y no pereciese su memoria perversa».

Dijo Nietzsche que el «yo quiero» es la moral del héroe. Héroe puro fue Lope de Aguirre y nada detuvo el indomeñable querer de su voluntad: ni el Amazonas, ni Ursúa, ni la amistad de los compañeros, ni el cariño filial, ni el rey, ni Dios. A todos opuso su *más valer,* su fuerza que nada hizo flaquear. Pero la pura libertad vacía sólo puede aspirar a la muerte: con ella fue igualando a todos los que le rodeaban, a su hija, a sí mismo. Tal es la única comunidad que el héroe conoce. Lope, traidor a todo y a todos, a la muerte aferró finalmente su única e inevitable fidelidad.

El pirata traidor

Durante al menos tres siglos –es decir, desde que Daniel Defoe escribiera su más inventiva que precisa *Historia de la piratería*– filibusteros, bucaneros y corsarios han inflamado la inspiración de muchos narradores, desde Edgar Poe a Stevenson y Salgari, desde Conrad a Rafael Sabatini, James Barrie o Pierre Mac Orlan, sin olvidar tampoco a Michael Curtiz y otros directores cinematográficos ni al dibujante Juan García Iranzo, autor de los tebeos de *El Cachorro*... ¿Por qué esta fijación romántica en unos personajes de los que casi lo único cierto que sabemos es que eran sanguinarios y brutales?

El periodista francés Gilles Lapouge, que escribió a finales de los años sesenta del siglo pasado un libro sobre los piratas, plantea el asunto así: «El pirata es un hombre que no está contento. El espacio que le asignan la sociedad o los dioses le parece estrecho, nauseabundo, inconfortable. Se acomoda a él unos pocos años y después dice "¡basta ya!" y se niega a jugar el juego. Lía el petate, baja de sus montañas de Capadocia, de Escocia o de Noruega y llega a la costa. Captura un navío o se enrola con un corsario y, con buen viento, se pone en franquía». Pero al pirata no sólo le definen la transgresión y el desafío a la ley, formas de prestigio a ojos de quienes soportan el adocenamiento tímido de cualquier vida sometida al agobio de los reglamentos: su perfil curtido se dibuja también con inquietud, con viajes, con travesías. Es un marino, un huésped del mar. No sólo desafía a las normas y a quienes las defienden, sino también al oleaje de las tempestades. A lo largo de los siglos, navegar ha sido la aventura por excelencia. El riesgo máximo: «¡De qué no se me podrá persuadir –anota Séneca en una carta– si hasta han logrado convencerme para que me embarque!». Aunque el espacio interplanetario pueda haber recientemente sustituido en parte al mar en la imaginación aventurera, nunca logrará mejorarle del todo porque el mar no es sólo lejanía y soledad sino también temperamento: el mar es un espacio *vivo*.

Dejando a un lado los grandes piratas literarios, como Long John Silver o el capitán Garfio, que son sin duda los mejores, las figuras históricas del tarot filibustero se repiten con escasas variantes: el gallardo Avery, el espantoso Olonés, Edward «Barbanegra» Teach (que la llevaba adornada con lacitos de colores), Misson el utopista libertario, Kidd, que debe su fama a Poe y a cierto escarabajo dorado, etcétera... Los historiadores que hablan de ellos, empezando por el incierto pero entretenido Defoe, toman la mayoría de sus datos de las memorias del doctor Alexandre Exmelin, el médico de los piratas. Es opinión general que el cronista más fiable de todos es Philip Gosse, cuya historia de la piratería –si no me equivoco– está traducida al español. Pero entre los famosamente infames nombres de los bucaneros siempre hay uno que parece flotar algo aparte y como por encima de todos ellos: Henry Morgan. De él dice Gilles Lapouge: «El irlandés Morgan, cuya historia ha escrito

Steinbeck en *The Golden Cup*, pasa por ser el más grande de los filibusteros. Es un canalla repulsivo». Primero, una corrección: Henry Morgan no era irlandés sino galés. Por lo demás, es cierto que se le suele tener por el más grande de todos los saqueadores marítimos, depredador de Cuba, de Portobello, de Maracaibo y finalmente conquistador de Panamá, la hazaña (o fechoría, como se prefiera) más inverosímil y enorme de cuantas registra la piratería.

Pero... ¿por qué se considera a Morgan un canalla incluso entre los no muy rectos varones que enarbolaron la bandera negra con la calavera y las tibias cruzadas? Sencillamente porque fue esa cosa aborrecible tanto en la sociedad de los buenos como en la de los peores: un traidor. Su puesto está en el fondo del infierno dantesco, en la boca satánica que eternamente mastica a Judas, a Casio y a Bruto... Tras la conquista de Panamá, llevada a cabo con penalidades inenarrables por hombres que le permanecieron asombrosamente fieles, les abandonó a su suerte y huyó con el botín. El rey inglés le llamó luego a Londres, primero para reconvenirle por haber tomado esa plaza fuerte a los españoles sin respetar la frágil y equívoca paz que mantenía con España, pero en seguida para nombrarle gobernador general de Jamaica. En su capital, Port Royal –«una de las más ricas y probablemente la más inmoral de las ciudades del mundo», Philip Gosse *dixit*– se instala hasta su muerte quien ya es sir Henry Morgan y desde allí, majestuosamente casado y riquísimo, se dedica a perseguir a sus antiguos colegas bucaneros y a colgarles alto y corto sin demasiadas contemplaciones jurídicas. Por su ambición, por su habilidad como estratega, por la magna escala de sus tropelías y por su capacidad de olfatear los cambios de viento en las relaciones internacionales, Morgan fue un pirata, pero del género de

Alejandro o de Napoleón más que del resto de los Hermanos de la Costa.

John Steinbeck tenía ventisiete años cuando escribió *La taza dorada*. Creo que es la única de sus novelas centrada en un personaje histórico, al menos hasta *Los hechos del rey Arturo y sus nobles caballeros*, que dejó inacabada al morir. Entre ambos libros median varias obras maestras (*Las uvas de la ira, De ratones y hombres, La perla*), un honrado compromiso con los socialmente desfavorecidos (en los Estados Unidos de hoy puede que a Steinbeck le hubieran deportado a Guantánamo) y el premio Nobel conseguido en 1962. En un par de centenares de páginas, porque Steinbeck practicó casi toda su vida la cortesía de no escribir mamotretos, narra la historia y la leyenda del inquieto muchacho galés que partió de un hogar humilde con cinco libras y rumbo al mar, que fue engañado a las Indias, que allí se labró una fortuna como corsario prescindiendo por método de la piedad y por ahorro de las orgías, para morir poderoso, quizá respetado, desde luego temido y finalmente desconcertado, como cualquiera de nosotros. Sin cesar buscó el tesoro, a veces en forma de ciudad inconquistable y otras en la de esa mujer enigmática a la que todos decían desear. ¡El tesoro de los piratas, ese sueño infantil! Nos lo enseñó Roger Caillois: «Decir que los niños creen en el tesoro es decir muy poco. Los niños poseen tesoros… Sin que se den perfecta cuenta de ello, los afanes y los gustos de los filibusteros no son más que un eco desmesurado de los suyos». Morgan luchó, traicionó y se resistió a crecer hasta ser alcanzado por el cocodrilo en cuyo interior suena el tictac del reloj: el final de la infancia.

Industria y melancolía de Robinsón

> Los tres enemigos del hombre son: el demonio, el estado y la técnica.
>
> NICOLÁS GÓMEZ DÁVILA

Robinsón está triste. ¿Qué tendrá Robinsón? Todo parece sonreírle, sin embargo, sobre la tierra estrecha y perdida en el océano a cuyas orillas se ha visto arrojado. Cierto, naufragar es una desgracia, ningún marino tiene dudas al respecto. Sus compañeros de tripulación han muerto, pues de ellos no ha vuelto a ver más que un sombrero mojado o una zamarra que la marea arrojó hace tiempo con silencio funerario sobre la arena. Se los tragó el mar como si nunca hubieran existido: imposible recordar con precisión sus rostros ni el tono de sus voces cantando en cubierta mientras acometían conjuntamente las maniobras. Pero esa lamentable pérdida pertenece ya al pasado remoto, a la vida previa de Robinsón, antes de que su llegada forzosa a la isla le obligase a nacer de nuevo. Los contemporáneos que nos tocan en suerte son una compañía tumultuosa y agobiante: quizá perderlos de vista por un azar fortuito es más bien afortunado y no merece mayores demostraciones de nostalgia, tras los distraídos suspiros que la decencia exige.

Por lo demás... ¿cuál es la mayor coacción que la sociedad nos impone a cada uno de nosotros al llegar al mundo? Que casi todo está ya hecho sin nuestro consentimiento: las casas y las herramientas, las costumbres, las instituciones, los rituales de la piedad y de la propiedad, las formas del amor, los mecanismos defensivos. Hasta la dieta, hasta el sentido del humor. Apenas nos dejan alguna línea de puntos a pie de página que podamos completar con nuestra propia letra. Pero, gracias al naufragio, todo eso puede quedar borrado... salvo de los afanes selectivos de la memoria. Renacido en la perdición de su isla, ese limbo bienaventurado del Pacífico, Robinsón está en la disposición semiinocente y perfecta para volver a inventarlo todo. Sin duda sus creaciones posteriores se parecen muchísimo al mundo ordenado por los otros que dejó atrás, aunque esta vez es él mismo y nadie más que él quien pone la primera piedra en cada monumento civilizado de su universo. Poco a poco resurge cuanto antes hubo, pero ahora el Creador es él, Robinsón, y es él quien pasea al atardecer por el jardín recién urbanizado gracias al empeño de sus manos y sólo de él depende exclamar satisfecho ante su obra: *valde bonum!*

Y sin embargo... Robinsón parece triste. En cuanto deja de resolver problemas prácticos, se pone a suspirar. Mira a Viernes y no logra consolarse. ¿Añora acaso la fraternidad de alguien que no fuese salvaje y sumiso como su joven esclavo? ¿Espera la llegada de gente distinta a los caníbales o los intrusos que van violando sucesivamente la soledad virginal y primigenia de su isla? ¿Quiere mejor compañía, echa de menos a semejantes y cómplices? ¿O más bien preferiría estar solo de nuevo, como el primer día cuando salió de las aguas y agradeció a los cielos el seguir estando vivo? Ahora contempla su obra admirable, lo mucho que ha conseguido por medio de su industria y suspira melancólico. Su vivienda, sus cultivos, los animales domésticos, las herramientas rudimentarias pero ingeniosas fabricadas con tan inventivo esfuerzo, las pieles de animales cazados por él mismo y por él mismo curtidas que le cubren, la pamela de hojarasca que le corona... ¡Cuánto ha cambiado la isla desde que fue arrojado a ella por la marea! Todo lleva ahora su impronta: lo que ha hecho, por ser obra suya; el resto, aún silvestre, porque le recuerda cuánto queda por hacer y le incita a seguir actuando. Todo parece ya a su imagen y semejanza: se ha fabricado a sí mismo, al dócil Viernes, así como las cabras, los odres, los pozos y las empalizadas, las normas, las horas de rezo y hasta los licores agrestes con que podrá embriagarse...

Todo, menos el mar. Con el mar no hay quien pueda y ahí sigue, intratable y espumoso. Robinsón mira al mar desde lo más alto y solitario de su isla. Admira al mar porque no es suyo. El náufrago-rey está triste o quizá solamente melancólico. ¡Ay! ¿Qué le falta a Robinsón? Así se lo pregunta a sí mismo: ¿qué me falta? ¿Qué necesito todavía? Suspira y no se atreve a responderse. ¿Para qué, si antes de enunciada conoce ya la respuesta? Lo que Robinsón añora, lo que le falta, lo que ya nunca llegará es... otro naufragio. Para volver a empezar.

Spinoza y la alegría de lo necesario

En el trescientos aniversario de su muerte
(21 de febrero de 1677)

> No lo turba la fama, ese reflejo
> de sueños en el sueño de otro espejo,
> ni el temeroso amor de las doncellas.
> Libre de la metáfora y del mito
> labra un arduo cristal; el infinito
> mapa de Aquel que es todas Sus estrellas.
>
> BORGES

Si no fue el mejor de los hombres, calificación que incurre en una vacua hipérbole, sin duda fue lo más parecido que históricamente se ha dado a ese ideal de hombre perfecto con que el tedio de los intelectuales suele a veces soñar. Y, sin embargo, también a él, limpia hipótesis de la coherencia, le devoró la (¿aparente?) contradicción: amable y dulce de natural, acumuló en su contra odios desmedidos; descreyó radicalmente de los prestigios de la nombradía, pero llegó a padecer una fama tan escogida como peligrosa; su ética no tuvo otro mandamiento que la alegría y, sin embargo, de su pensamiento se desprende un aura profundamente melancólica; abolió la insulsa contraposición entre espíritu y materia, atributos ambos de una única sustancia absoluta, sólo para que siglos más tarde fuese tomado por espiritualista o por materialista por quienes se niegan a escuchar lo más hondo de su lección.

Ante todo fue un desterrado, es decir, un auténtico judío. Desterrados también sus padres, en primer término, judíos Espinosa de raíz ibérica (saber si eran portugueses o españoles es una de esas vaciedades nacionalistas que Spinoza condenó y que, empero, suelen fascinar a sus exégetas). Exiliado luego de la ortodoxia rabínica: tanto por sus maestros y modelos de independencia espiritual, aquel Uriel da Costa que negó la inmortalidad del alma y murió suicida, tras haber sido excomulgado, o aquel doctor Juan de Prado, también anatematizado por repudiar la necesidad de la fe, como por su propia postura de intransigente racionalismo que le hizo ser expulsado de la sinagoga con los más atroces pronunciamientos y casi apuñalado por un fanático. Fugitivo luego de la ciudad de La Haya en que vivía, cuando su protector Jan de Witt, republicano y racionalista, es asesinado por las turbas populares, reaccionariamente fieles a la monarquía orangista de estrecho calvinismo. Y siempre condenado al exilio del silencio, del secreto, para no atraer físicamente sobre su cabeza las iras que los curas cartesianos de toda Europa habían desatado contra sus ideas, especialmente a partir de la publicación de su *Tratado teológico-político*.[1] Pero él reservaba toda su exigencia (aquí sí, grandiosa, infinita) para su pensamiento; en su vida cotidiana se contentaba con lo más frugal y no quiso posesión ni goce que fuesen mínima ligadura. Humildes pensiones para

---

1. Salamanca, 1976.

vivir, ningún amor, pocos amigos, sin otros ingresos que los que le venían de su oficio de pulidor de lentes o alguna donación de un admirador acomodado, de la que rechazaría en cada caso la mitad o las tres cuartas partes si le parecía excesivamente rumbosa. No tuvo otro honor que el de merecerlos y rechazarlos todos: Leibniz fue a visitarle en secreto, peregrino admirado y hostil, pero luego negó haberle visto siquiera, mientras que él no le dio al asunto mayor importancia; se le ofreció una cátedra sustanciosamente dotada en Heidelberg que no le mereció más que una negativa imperturbable y cortés: «No habiéndome nunca sentido tentado por la enseñanza pública, no he podido decidirme, pese a haber reflexionado largamente, a aprovechar esta magnífica ocasión». Su cuerpo pequeño, frágil, moreno, de enormes ojos penetrantes y manos que Borges conjeturó «traslúcidas», fue minado lentamente por la tuberculosis: nunca le sobró salud, pero en cambio abundó en auténtica *vida*. Baruch de Spinoza sólo llegó a habitar cuarenta y cinco años entre los hombres, pero, a partir de ese febrero de 1677 en que murió, los hombres ya nunca deshabitarán del todo el orbe de símbolos que fabricó.

Spinoza comenzó su trayectoria teórica con varios exámenes de los principales problemas filosóficos que interesaron a Descartes, así como de las soluciones más o menos satisfactorias que éste les dio. El centro de la cuestión residía en la posibilidad tan deseable de una reforma positiva del entendimiento, la conquista de un camino ordenado y seguro para la mente. Los hombres se debaten miserablemente en la superstición, el terror, el dogmatismo y la jactancia; incapaces de pensar rectamente, incluso incapaces de desear realmente pensar en libertad, deben someter su ignorancia a las castas sacerdotales que manipulan los libros sagrados y plegar su independencia bajo los dictados interesadamente irracionales de la tiranía. La razón es denostada porque ni tiembla ante los fantasmas, ni halaga el desenfreno de las pasiones ni adula o fomenta la prepotencia del poderoso. En realidad, las propuestas cartesianas para la instauración de un nuevo *ordo mentis* son tímidas e insuficientes: Spinoza nunca fue realmente cartesiano. Sus verdaderos intereses nunca fueron, como los de Descartes, de orden fundamentalmente cognoscitivo, científico; si Spinoza indagaba por un nuevo *ordo mentis*, era para conseguir por este medio un nuevo *ordo mundi*. En esta línea, Spinoza compuso su *Tratado teológico-político* para «demostrar que la libertad del pensamiento filosófico no sólo es compatible con la piedad y la paz del Estado, sino que es imposible destruirla sin destruir al mismo tiempo esa paz y esa piedad». Pero en verdad esta obra, incomparablemente libre y audaz, fue todavía mucho más allá en sus logros que en sus propósitos: no sólo examina desde una perspectiva decididamente racionalista la Biblia, realizando de los portentosos sucedidos que cuenta y de las exégesis sacerdotales que de ellos se han hecho una crítica ilustrada mucho más vigorosa y sutil de lo que un siglo más tarde se permitiría Voltaire, sino que también plantea algunos interrogantes fundamentales sobre la condición humana y sus servidumbres. ¿Por qué la religión que se supone basada en el amor y el contento interior fomenta la hoguera intolerante, la guerra y el remordimiento más mísero y triste? ¿Por qué los hombres temen a su libertad y se refugian complacidos en la esclavitud? ¿Por qué escuchan con mayor aprobación a quien rebaja y envilece su esencia antes que a quien aspira a independizarlos y exaltarlos? ¿Por qué la sinrazón es vivida con agrado y facilidad por quienes deberían sentirla como abrumadora carga? Cuando habla de la paradójica tentación que tienen los hombres a luchar *por* su esclavitud con el celo que deberían poner al enfrentarse contra ella, Spinoza enlaza con una línea de razonamiento liberador que comienza en la modernidad con el *Discurso sobre la servidumbre voluntaria*, del admirable adolescente Étienne de la Boetie. Decididamente republicano, como sus protectores, los hermanos De Witt, atribuye esta alarmante malformación moral a los intereses del régimen monárquico:

> El gran secreto del régimen monárquico y su interés profundo consisten en engañar a los hombres, disfrazando con el nombre de religión el temor con el que los esclavizan, de tal modo que combatan por su servidumbre cuando crean luchar por su salvación.

Como Spinoza concluye en su libro, no sólo la razón tiene prioridad sobre cualquier forma de revelación, sino que ésta es precisamente la auténtica revelación, emancipadora y no esclavizadora, la que guarda y proclama los derechos de lo verdaderamente sagrado. El último capítulo del *Tratado teológico-político*, uno de los libros más ferozmente odiados y prohibidos de la modernidad, se titula: «En el que se hace ver que en un Estado libre es lícito a cada uno, no sólo pensar lo que quiera, sino decir aquello que piensa».

Pero ya incluso antes de redactar su *Tratado*, obra más polémica y *ensayística*, si se me permite hablar así, había comenzado Baruch de Spinoza la edificación de su gran monumento intelectual, esa asombrosa y blanca catedral de conceptos titulada *Ética demostrada según el método geométrico*. En un verso prodigiosamente exacto, Borges acertó a describir tal método geométrico, en el que reside sin duda buena parte de la extraña belleza de la obra: «Libre de la metáfora y del mito». Ciertamente, pocos esfuerzos tan denodados se han hecho en filosofía por deslindar el discurrir razonador del contagio con la imaginación poética. A lo que aspiró Spinoza en esta obra total es ni más ni menos que a responder a este interrogante: «¿Cómo llegar a ser adecuadamente consciente de sí mismo, de Dios y de todas las cosas?». Si llegásemos a tal conciencia adecuada, los tiranos ya no podrían manipular nuestros temores ni orientar nuestras supersticiones, nos veríamos libres de los agobios del remordimiento y de los fatigosos zarandeos de la pasión y alcanzaríamos la auténtica libertad. Lenta y precisamente, con ardor glacial, el judío excomulgado va dictando su lección emancipadora a los hombres oprimidos. En el universo todo forma parte de una sola y única sustancia, todo lo que hay es una sola y única sustancia, a la que puede llamarse Dios o Naturaleza. De los infinitos e inconcebibles atributos de esa sustancia, sólo conocemos dos: el pensamiento y la extensión. Cada uno de esos atributos se manifiesta de diversos modos, mentes e ideas en el rango del pensamiento, cuerpos en el de la extensión. Entre ambos atributos hay correspondencia, no prioridad o subordinación. Todo lo que hay es cuerpo e idea y el simétrico paralelismo que hace corresponder unas y otros, los afectos de las unas y los otros, estriba en la condición misma del Dios-sustancia que todo lo constituye y nada produce en uno de sus atributos sin producirlo también idénticamente en el otro. Muchos de los sufrimientos del hombre provienen de su propensión a formarse ideas inadecuadas bajo el imperio de la imaginación, que mezcla caprichosamente las ideas de diversos cuerpos, sin respetar la paciente *concatenatio* causal que garantiza la nitidez del entendimiento. Una de esas ilusiones de la imaginación es la *libertad*, que se ve arbitrariamente unida a la voluntad en las ideas confusas, en forma de voluntad de elegir o de crear, incluso de inventar espontáneamente nuevos modelos de acción. Para Spinoza, la modalidad de todo lo que existe es la necesidad y sólo podría ser llamado libre el Dios-sustancia, en el sentido de que es su propia causa y sólo en él mismo tiene su principio de actuación; pero al hombre le cabe un tipo de libertad no ligado a su voluntad, sino a su capacidad racional de formarse ideas adecuadas sobre lo necesario y orientar su *conatus* –su capacidad de actuar y perseverar en el ser– según ellas. En este sentido es en el que puede llamarse «liberadora» a una obra como la *Ética*, que combate las aberraciones imaginativas de la mente. Otras ideas notablemente confusas son las de *bien* y *mal*, ligadas por lo común a nociones supersticiosas o equívocas, como responsabilidad, premio, castigo, deber, etc. Para Spinoza, es bueno todo lo que aumenta nuestra capacidad de actuar y malo lo que la coarta y disminuye; la forma de conocer lo que aumenta o disminuye nuestra actividad viene dada por los sentimientos de alegría o tristeza que acompañan nuestro comportamiento. Por primera vez en una ética posthelénica, la alegría no es la recompensa o la consecuencia del bien, sino la *señal* que indica qué es lo bueno. Será interesante hacer notar que Spinoza no retrocedió ante las consecuencias más extremas de esta doctrina. Así, por ejemplo, cuando su amigo Blyenbergh le pregunta qué regla de virtud podría esgrimirse contra alguien de naturaleza singular y monstruosa que hallase su gozo en perpetrar crímenes y entregarse a sus apetitos sensuales más inmoderados, o desease suicidarse, Spinoza contesta valientemente:

> Suponiendo que tal naturaleza pudiese existir, afirmo entonces que si alguien ve que puede vivir más cómodamente en un cadalso que sentado a su mesa, actúa de manera insensata si no se ahorca; y el que vea claramente que puede gozar de una vida o de una esencia realmente más perfecta y mejor cometiendo crímenes que ateniéndose a la virtud, sería también un insensato si no los cometiese. Pues respecto a una naturaleza humana tan pervertida, los crímenes serían virtud.

Las pasiones provienen de ideas inadecuadas, imágenes confusas que no aumentan realmente nuestra capacidad de actuar, pues siempre permanecemos formalmente separados de ellas, nunca las dominamos en plenitud: nos condenan a la *pasividad*, de la que reciben su nombre. Frente a ellas (que en todo caso tampoco pertenecen todas al mismo rango, pues hay pasiones tristes y pasiones alegres, siendo estas últimas al menos materialmente superiores, aunque no formalmente) se yerguen las auténticas *acciones*, en las que la potencia de actuar no sólo aumenta, sino que llega a ser concebida con perfecta adecuación. Las más altas alegrías corresponden a la acción más perfecta material y formalmente, la contemplación racional de la esencia divina, el amor intelectual a la sustancia-Dios. Así se alcanza la *beatitud*, que, como nos dice al final de la obra, «no es la recompensa a la virtud, sino la virtud misma». Tal es el mensaje final de este judío inquietantemente sereno, que soñó con hacer al hombre libre a base de purgarle de la ilusión de la libertad y hacerle reconocer la fuerza de lo necesario. Paradoja que produce un malestar no menor, pese a su coherencia lógica dentro del sistema, que esa imagen que nos transmite el biógrafo Colerus del suave y dulce Spinoza arrojando moscas en las telas de araña y viéndolas debatirse bajo el abrazo de su voraz captora. «La cosa le producía tanto agrado que frecuentemente rompía a reír», añade Colerus. Risa extraña, turbadora, pero quizá más tonificante que los siempre explicables lamentos ante la crueldad del sino de todo lo viviente. Según Spinoza, «el hombre libre en nada piensa menos que en la muerte». La sabe necesaria, pero en cierto modo *ajena* a él, exterior a su naturaleza. Nuestro cuerpo está hecho para la vida y no se emparienta más que con la vida, pero necesita de muchos otros cuerpos para subsistir: un día u otro hace un mal encuentro y tropieza con un cuerpo con el que es incompatible, como le pasa a la mosca en la tela de araña... La mayoría de las virtudes tradicionales no tienen cabida en la ética spinozista, que no suele considerarlas más que formas inadecuadas de concebir la realidad de la acción. Rasgos como el arrepentimiento, el remordimiento, el sacrificio «para hacer méritos», etc., le parecen auténticos obstáculos en el camino del hombre hacia su perfección. Como bien dijo de él Gilles Deleuze, resumiendo todo el ímpetu desconsoladamente brioso de su pensamiento en una frase: «Spinoza no creía en la esperanza ni siquiera en el coraje; no creía más que en la alegría y en la visión».

Voltaire y Rousseau: el final de las luces

> «Et je criai: –Lumière, ô lumière, est-ce tout?
> Et la clarté me dit: –Silence!
> le prodige sort éternellement du mystère, le dis-je.
> Aveugle qui croit lire et fou qui croit savoir!»
>
> Victor Hugo

Sucedió hace doscientos años: en menos de mes y medio, la Europa ilustrada perdió a las dos figuras capitales del siglo en que se fraguó el espíritu contemporáneo. Murieron como enemigos; vivieron como exponentes radicales de las dos tendencias en que debía cifrarse la herencia subversiva de la Ilustración. Hasta mucho después de su desaparición no comenzó a verse cabalmente todo el alcance teórico, histórico y psicológico de esta rivalidad, oscurecida en la memoria subsiguiente por tantas admiraciones que los apreciaban a ambos solidariamente y tantos odios que los detestaban de manera no menos indisoluble. Voltaire y Rousseau: toda una tipología divergente de los dos caminos que siguió y sigue la crítica radical de la tradición cristiano-absolutista, la oposición intelectual al despotismo en el terreno de la opinión y en el de la gestión comunitaria. De ellos se ha hecho dos caracteres que sirven para clasificarnos a todos sus nietos, lo mismo que durante muchos siglos fueron Platón y Aristóteles los prototipos de los dos modos de filosofar. Voltaire y Rousseau: dos hombres, dos filosofías, dos tipos de aciertos y errores, dos desafíos a su mundo y al nuestro. Entre ellos se han repartido muchas veces los papeles, periódicamente se engrandece a uno para denigrar al otro según el gusto político de la época o incluso el momento anímico del estudioso, pues todos los que sentimos pasión por ellos les hemos amado o detestado *a rachas*, según los bandazos de la propia fortuna biográfica. Es un juego estéril, que sirve más para calificar y expresar a quien lo practica que a los dos autores tratados: pero es un juego que seguirá jugándose hasta que otra dualidad fundamental distraiga a los intelectuales de ésta, si es que, como pienso, este dualismo maniqueo es un arquetipo imprescindible en la historia del pensamiento. No será en estas páginas, en todo caso, donde el lector encuentre una toma de postura que zanje desde una perspectiva cómodamente ética esta rivalidad esencial: creo que lo único que puede y debe afirmarse indiscutiblemente a este respecto es que ambos aportan los más ricos ingredientes de nuestra actual perplejidad y por tanto nos son igualmente imprescindibles.

Las muertes paralelas

Voltaire no volvió a París desde su patriarcado de Ferney para morir sino, antes bien y como siempre, para vivir: volvió para estrenar otra tragedia, escrita a los ochenta y cuatro años, para saludar a sus viejas compañeras de salón y lecho, para dar gusto a la joven Madame Denis, que alentaba deliciosamente el rescoldo sensual de sus últimos años; volvió para ingresar por la puerta grande en la Academia, para recibir la admiración multitudinaria de la gran capital que le adoraba, para recibir la pleitesía espontánea de nobles y plebeyos, para componer unos cuantos epigramas más contra los fanáticos y los intolerantes..., volvió para vivir, no para morir. El treinta de marzo conoció una apoteosis abrumadora en el Théâtre-Français, cuando el público arrebatado le aplaudió y vitoreó durante más de veinte minutos, mientras un busto suyo era coronado de laurel en el escenario: después, la muchedumbre le escoltó hasta su residencia, franqueando con antorchas triunfales el coche que le llevaba. Esta entusiasta manifestación no dejó de perturbar al rey Luis XVI, a cuya religiosidad y alarmado sentido del buen orden no podía por menos de disgustarle tales demostraciones de fervor hacia la figura de un hombre que era símbolo del mal para los últimos representantes de la piadosa tradición francesa.

Pero la agitación y el exceso mismo de gloria de aquellos días fueron demasiado para el impenitente anciano, cuya mala salud de hierro había burlado permanentemente a la muerte que siempre parecía próxima. Voltaire entraba casi todos los meses en agonía, a juzgar por los informes de quienes le visitaban en Ferney; pero el próximo invitado le hallaba chispeando en medio de su corte, representando una comedieta, jugando con su linterna mágica o pellizcando con malicia senil a Madame Denis. Sin embargo, para todo hay una última vez. Su brío no decaía: después de su sesión triunfal en el Théâtre-Français, se puso a trabajar encarnizadamente en un proyecto de nuevo diccionario de la Academia, que debía enriquecerse con miles de nuevos términos. Voltaire se comprometió a componer la letra «A» de la obra. Para no perder tiempo, para hallarse permanentemente despejado, bebía muchísimo café, más de veinte tazas diarias, con lo cual logró que su insomnio se hiciera perpetuo. Se le declaró una grave retención de orina, que le hacía sufrir mucho. Para calmar sus dolores y servirle de sedante, su amigo el duque de Richelieu le envió una solución de opio, que el siempre ansioso Voltaire se bebió de un solo trago en lugar de dosificarla convenientemente. Su estado se agravó, entró en delirio. Todavía recobra por un momento su lucidez, acicateado por la vieja pasión de militancia en favor de su concepción de la justicia: se entera de que sus esfuerzos en pro de la revocación de la sentencia dictada contra el padre del conde de Lally han dado fruto y pone unas breves líneas a éste: «El moribundo resucita al enterarse de esta gran noticia; abraza muy tiernamente a M. de Lally; ve que el rey es un defensor de la justicia: morirá contento». Son sus últimas líneas y hasta el final con estilo, con esa concisa y eficaz elegancia que no logró incorporar a su verso, pero que jamás le abandonó en su prosa. La carta va fechada el 26 de mayo de 1778; dos días después Voltaire entró en coma, rechazó con un enérgico «¡Dejadme morir en paz!» al cura que intentó ungirle en sus últimos momentos y murió a las once de la noche del día 30. El rey Luis XVI prohibió a la prensa que publicase la noticia de su fallecimiento y la jerarquía eclesiástica no autorizó la misa en sufragio suyo que la Academia encargó a unos monjes franciscanos. En cambio Federico el Grande hizo que se dijera una misa por él en Berlín y redactó un hermoso elogio fúnebre para ser leído en la Academia alemana, en el que se omite cualquier mención a los conflictos que oscurecieron su relación y sólo se conserva el fervor discipular que unió a los dos escépticos.

Rousseau siguió con matizada amargura los momentos gloriosos que acompañaron los últimos días de Voltaire. Incluso salió en su defensa cuando un amigo, creyendo darle gusto, se burló de la apoteosis volteriana en el Théâtre-Français: «¿Cómo os atrevéis a burlaros de los honores rendidos a Voltaire en el templo en el que es dios y por los sacerdotes que han vivido de sus obras maestras durante cincuenta años?». A un cura que atacaba en un folleto a Voltaire, le reprendió también así: «Voltaire es sin duda un mal hombre y no quisiera alabarle; pero ha dicho y hecho tantas cosas buenas que deberíamos correr un velo sobre sus errores». Hay verdadera dignidad en este postrer homenaje de quien sabemos que no era precisamente insensible ni en su obra ni en su misma cordura a la persecución que había sufrido por parte del mentor de los enciclopedistas. Pero también hay quizá algo más misterioso, el presentimiento de un vínculo de plata que une los dos destinos; cuando Rousseau supo de la muerte de Voltaire, exclamó: «Nuestras vidas dependen la una de la otra: no le sobreviviré mucho».

Rousseau era mucho más joven, sólo tenía entonces sesenta y seis años, pero apenas sobrevivió treinta días a su enemigo. Tampoco a Rousseau le faltaban admiradores; cuando retornó clandestinamente a Francia en 1767, mientras todavía estaba vigente el decreto de exilio dictado contra él, las ciudades le tributaron a su paso recibimientos clamorosos. Intelectuales, músicos y grandes aristócratas se disputaron su compañía, pero su carácter receloso y frecuentemente agrio le impidió ser nunca verdaderamente popular desde un punto de vista social. La persecución desatada contra él por los enciclopedistas contribuyó también a fomentar estos rasgos de su carácter. Pero es que, además, su forma de ser y de pensar no estaba hecha para fascinar de inmediato a los poseídos por el espíritu del siglo, como era el caso de Voltaire. En sus últimos años de serenidad en París, después de haber escrito las *Rêveries du promeneur solitaire*, da cada vez más rienda suelta a la vertiente religiosa de su naturaleza. Da limosnas, visita y consuela enfermos, lee y anota la *Imitación de Cristo* de Kempis... Su último y más fiel amigo, Jacques-Henri Bernardin de Saint-Pierre, más tarde autor de *Pablo y Virginia*, obra canónica del romanticismo roussoniano francés, cuenta la visita que ambos hicieron a una ermita próxima a París. Rousseau se emocionó al ver la piedad de los monjes: «¡Ay!, exclamó, ¡quién pudiera creer!». Y luego añadió que por fin entendía lo que quiso decir Cristo con aquello de «donde varios os reunáis en mi nombre, allí estaré». Como puede verse, no estaba precisamente de un ánimo volteriano Rousseau en sus últimos años de vida.

A mediados de la primavera de 1778 Jean-Jacques solicita de alguno de sus amigos acomodados una casa de campo. El marqués René de Girardin le invita a una casita cerca de su castillo de Ermenonville, a unos cincuenta kilómetros de París. Se trasladó allí el 20 de mayo, acompañado de su abnegada Thérèse Levasseur; allí recibió la noticia de la muerte de Voltaire. Se dedicó a su colección de plantas y, como contrapartida por su hospedaje, enseña botánica al hijo del marqués, de diez años de edad. El día 1 de julio cenó copiosamente en compañía de sus huéspedes y se retiró a descansar, al parecer en perfecto estado de salud; pero al día siguiente, al levantarse, sufrió un ataque de apoplejía fulminante y murió antes de que se le pudiera prestar ayuda médica. Su muerte dio a sus enemigos la ocasión de ensañarse de nuevo con él: Grimm y otros hicieron correr el rumor de que se había suicidado, Madame de Staël añadió a esa patraña la de que lo había hecho porque Teresa le era infiel, algunos pretendieron que había muerto loco... Pero ninguna de estas maliciosas bajezas es nada si se la pone en la balanza junto a aquel grito de dolor de Teresa, la Teresa que tanto había sufrido a su lado y que tenía más derecho moral al reproche que nadie: «Si mi marido no ha sido un santo, ¿quién podrá serlo?».

Las vidas enfrentadas

¿A cuándo se remonta el choque definitivo entre Voltaire y Rousseau y cuál fue su carga? No creo que esta pregunta quede suficientemente respondida citando la carta de ruptura que el ginebrino envió a Voltaire el 17 de junio de 1760, ni siquiera contando, como haremos a continuación, los incidentes más directos que la motivaron: pues creo que el choque entre ambos nace de lo más visceral, de los repliegues del temperamento, y podríamos rastrearlo hasta antes incluso de conocerse el uno al otro, cuando cada cual configuraba la personalidad intelectual que no deseaba ser –o que no podía ser– y que luego habría de reconocer en su antagonista. Voltaire fue el ejemplo sobre el que se modeló la imagen del *philosophe* dieciochesco, mientras que Rousseau era casi en todo punto lo contrario de semejante estereotipo. Según la máxima autoridad de la época, la mismísima *Enciclopedia*, éste es el retrato del perfecto *philosophe*, trazado por el gramático Dumarsais, aunque el artículo fuese atribuido durante mucho tiempo al propio Diderot: «Nuestro *philosophe* no se cree un exilado en este mundo; no cree estar en país enemigo; quiere gozar con sabia economía de los bienes que la naturaleza le ofrece; quiere encontrarse a gusto con los otros: y para encontrarse a gusto, hay que dar gusto: de modo que procura convenir con los que el azar o su elección hacen vivir con él; y de este modo halla lo que más le conviene: es un *honnête homme* que quiere agradar y ser útil. [...]. Vemos por todo lo que se acaba de decir cuánto se alejan de la justa idea del *philosophe* todos esos indolentes que, entregados a una meditación perezosa, descuidan el cuidado de sus asuntos temporales y de todo lo que se llama *fortuna*. El verdadero *philosophe* no está atormentado por la ambición, pero quiere gozar de las comodidades de la vida; le hace falta, además de lo estrictamente necesario, un excedente razonable necesario para vivir como un *honnête homme* y merced al cual –y sólo merced al cual– se es feliz: es el fondo de los bienestares y de los contentos. Son los falsos filósofos los que han hecho nacer el prejuicio de que les basta con lo estrictamente necesario, a favor de su indolencia y de máximas deslumbrantes». En la primera parte de estas líneas nos encontramos con un retrato de cuerpo entero de Voltaire; en la segunda, es difícil no sospechar una alusión a Rousseau. Se enfrentan el hombre instalado decididamente en el mundo, curioso de un progreso cultural en el que participa, volcado hacia una sociedad cuyo halago y compañía necesita y a la que quiere mejorar para hacer lo más confortable posible, consciente de las ventajas de una renta saneada y capaz de procurársela, con el soñador inactivo, misántropo, odiador de los fastos e hipocresías sociales, paseante solitario, más dado al sentimiento que a la geometría y que halla en su estrechez económica una fuente de orgullo y pureza intelectual. Según Dumarsais, «el *philosophe* es un *honnête homme* que actúa en todo punto según la razón y que une a un espíritu de reflexión y de precisión las costumbres y cualidades sociables»; y este personaje burgués y pragmático, reformista pero ciertamente no revolucionario, escéptico e ingenioso, no tiene nada que ver con un visionario que condena desde la pureza natural todo el montaje de la civilización, fustiga las artes y las letras, venera oscuros trasuntos panteístas y se complace ante todo con la soledad del individuo entre rocas, árboles y cielo. ¿Que ambas imágenes son incompletas, que quizá el egoísmo ilustrado de uno habría que rebajarlo con dosis de imparcialidad y de afán sincero de justicia, que el aislamiento del otro estuvo turbado ante todo por la obsesión de la comunidad perfecta y que redactó proyectos de constitución política a fin de realizarla, bastante menos radicales de lo que cabría suponer? Pero la verdad psicológica de ambos caracteres está fuera de duda y con ella la inevitabilidad de que cada cual viera en el otro un reproche moral y también un motivo de envidia.

En 1736, cuando tenía cuarenta y dos años, Voltaire escribió un poema que puede considerarse como el anti-Rousseau, oposición desde luego por anticipado, pues en aquella época el ginebrino no había escrito ni una sola línea y ni siquiera había pisado París. La pieza en cuestión se titulaba «El mundano» y en ella se satiriza a cuantos censuran el presente siglo como decadente o pervertido; por el contrario, Voltaire elogia sus adelantos y su lujo, la diversidad de sus placeres, el desarrollo del comercio, cuyos barcos surcan todos los mares del globo en busca de «lo superfluo, cosa muy necesaria». ¿El dichoso estado de naturaleza? «Cuando la naturaleza estaba en su infancia –canta burlonamente Voltaire– nuestros buenos antepasados vivían en la ignorancia, no conocían lo *tuyo* ni lo *mío*. ¿Cómo habían de conocerlo, si no tenían nada? Estaban desnudos y es cosa clara que quien nada tiene, nada puede repartir.» Prosigue luego contando la aridez de la vida de nuestros primeros padres, su ausencia de buenos vinos y de finas sedas: Adán y Eva tenían el pelo descuidado, las uñas sucias y poca higiene a la hora de hacer el amor. «Sin limpieza, el amor más feliz no es amor sino una necesidad vergonzosa», asegura muy serio el ufano ilustrado. Viene luego una detallada descripción de los placeres del civilizado: la pintura de Corregio, la música de Rameau, las costumbres fáciles y sensuales, los bien recortados jardines, la ópera, la buena mesa, el *champagne*... Acaba así Voltaire: «En vano, arrastrados por su orgullo, Huet y Calmet, con audacia de sabios, han buscado el lugar donde estuvo el paraíso: pues el paraíso terrestre está en París». Ni más ni menos. Luego nada tiene de extraño que la reacción de Voltaire ante el «Discurso sobre la desigualdad de los hombres», escrito por Rousseau casi veinte años después del citado poemita, fuese todo menos entusiasta. En el *Discours* se cargaba a cuenta de esa civilización elogiada tan alborozadamente por el mundano la desigualdad de los hombres y su conflictiva situación actual: el estado de naturaleza en el que no había ni *mío* ni *tuyo* era sin duda más feliz y más sabio, no una forma de animalesca indigencia. Claro que a Rousseau no se le escapaba que tal situación primigenia es un estado «que ya no existe, que quizá nunca ha existido, que probablemente no existirá jamás, pero del cual es preciso tener nociones justas para poder juzgar nuestro estado presente». El mito antropológico, aún reconocido como tal, es un arma para atacar nuestra condición presente. Sigue aquí Rousseau el camino emprendido en su «Discurso sobre las artes y las ciencias», que resultó premiado por la Academia de Dijon en el concurso organizado por ésta en torno a responder a la pregunta: «¿Han contribuido las artes y las ciencias a depurar y mejorar las costumbres?»; la respuesta dada en dicho opúsculo era francamente negativa.

A ojos de Voltaire, como de los restantes enciclopedistas militantes (quizá con la relativa excepción del genial Diderot, que pareció ser el único en comprender los dos lados de la cuestión), esta postura de Rousseau era pura complacencia en la paradoja, pero en una paradoja reaccionaria. ¿Cómo? ¿Esa condena del siglo, de los adelantos de la ciencia y de la belleza del arte, no es precisamente el estandarte de los fanáticos clericales a los que la ilustración combatía? ¿No se reivindica aquí de nuevo la doctrina del pecado original, el proceso como *empeoramiento* en lugar de como mejora de la humanidad? Los sarcasmos de la carta con la que Voltaire agradece a Rousseau el envío del «Discurso sobre la desigualdad» dejan poca duda sobre su postura al respecto: «He recibido, señor, vuestro nuevo libro contra el género humano; os lo agradezco. Gustaréis a los hombres, a quienes decís sus verdades, pero no les corregiréis. No se puede pintar con colores más vivos los horrores de la sociedad humana, de la que nuestra ignorancia y nuestra debilidad se permitían esperar tanto consuelo. Nunca se ha utilizado tanto ingenio en querer convertirnos en animales; dan ganas de andar a cuatro patas cuando se lee vuestro libro. Sin embargo, como hace más de sesenta años que he perdido esa costumbre, siento que desdichadamente me es imposible recuperarla y dejo esta marcha natural a los que son más dignos de ella que vos o yo». Sigue a continuación una enumeración de los únicos males que han provocado las letras y el arte, a saber, las persecuciones que sufren los artistas por culpa del oscurantismo y la tiranía. Concluye así: «Los grandes crímenes no han sido cometidos por los autores célebres, sino por célebres ignorantes. Lo que ha hecho y hará siempre de este mundo un valle de lágrimas es la insaciable avidez y el indomable orgullo de los hombres, desde Thamas Kuli-Khan, que no sabía leer, hasta cualquier empleadillo de aduanas, que sólo sabe hacer números. Las letras alimentan el alma, la rectifican, la consuelan; os son útiles, señor, en el mismo momento en que escribís contra ellas; sois como Aquiles cuando vituperaba la gloria o como el padre Malebranche, cuya imaginación brillante escribía contra la imaginación». La carta se cierra amistosamente, preocupándose por la salud de Rousseau y con un «suyo, muy filosóficamente y con la mayor estima, etc...». Rousseau le respondió cortés y respetuosamente, pero en sus trece: «En cuanto a mí, si hubiera seguido mi primera vocación y no hubiera escrito ni leído, habría sido sin duda más feliz. Sin embargo, si las letras se aniquilasen ahora, yo perdería el único placer que me queda...».

Al año siguiente –1756– la polémica tiene un nuevo paso de armas. Voltaire escribe a los optimistas que, como Pope y Leibniz, creen que éste es el mejor de los mundos posibles, fruto inmejorable de la justicia divina o de la perfección de la Naturaleza. Por el contrario, según Voltaire, el orden del mundo es una mescolanza de horrores y desastres, en las que el esfuerzo civilizador de los hombres intenta instaurar un oasis de armonía y seguridad. «Admitámoslo, el mal está presente en la tierra... Este mundo, teatro de orgullo y de error, está lleno de desdichados que buscan la felicidad...» La respuesta de Rousseau no se hace esperar y llega el día 18 de agosto en forma de carta de Voltaire. En ella se hace abogado de la Providencia divina, en defensa de Pope o Leibniz: la muerte y el dolor forman parte de la constitución de la materia sensible, de la que el hombre forma parte; no hay ningún «mal» en ello, y «lo que debe preguntarse no es por qué el hombre no es perfectamente dichoso, sino por qué existe». El único mal real es el mal moral, fruto de la decisión libre del hombre «perfeccionado, esto es, corrompido». Este mal moral es incluso fuente de los males físicos: «Sin salirnos del tema de Lisboa, reconoceréis, por ejemplo, que no era la naturaleza la que había juntado allí veinte mil casas de seis o siete pisos y que, si los habitantes de esa ciudad hubiesen estado más dispersos y más ligeramente alojados, los daños hubiesen sido menores o nulos. Todo el mundo hubiera huido y, al día siguiente, se les habría visto a veinte leguas de allí y tan contentos. ¡Pero hay que quedarse, empeñarse en buscar entre las ruinas, exponiéndose a nuevas sacudidas, porque lo que se deja allí vale más que lo que uno puede llevarse! ¡Cuántos desdichados habrán perecido en ese desastre por querer coger el uno sus trajes, el otro sus papeles, el otro su dinero! ¿Acaso no sabemos que la persona de cada hombre se ha convertido en lo menos importante de él mismo y que no vale la pena salvarla cuando se ha perdido todo lo demás?». Nuevas paradojas, un lenguaje de Casandra al que aquellos oídos optimistas tenían que permanecer decididamente sordos.

Pero el momento decisivo de la ruptura tuvo ocasión en el enfrentamiento en torno al artículo «Ginebra» de la *Enciclopedia*. En ese artículo escrito por D'Alembert por inspiración del propio Voltaire, se deplora que en la ciudad de Ginebra se prohíba el teatro por temor al «gusto por el adorno, la disipación y el libertinaje que, según dicen, las compañías de comediantes extienden entre la juventud». La punzada tenía que alcanzar doblemente a Rousseau, por tratarse de su ciudad adorada y por el tema mismo de la «bondad» de un espectáculo artístico y social, que recala en lo antes atacado por él. Sin tardanza, compone la carta a D'Alembert de «J.-J. Rousseau, ciudadano de Ginebra, sobre su artículo "Ginebra" en la Enciclopedia y especialmente sobre el proyecto de abrir un teatro de comedia en esa ciudad». Resumiendo, Rousseau se alía a la vieja tradición filosófica, inaugurada por Platón, de expulsar a los dramaturgos de la Ciudad Ideal, por la inmoralidad y falta de civismo de sus producciones: el teatro sólo conviene a las naciones corrompidas, como Francia, pero no a las que por un benévolo azar permanecen todavía puras. En las comedias, lo que se ridiculiza es la virtud, mientras que los vicios conquistan frívolas alabanzas o, al menos, cierta tolerancia. El ginebrino elige como ejemplo un personaje de comedia que le toca en lo vivo: el «Misántropo» de Molière. Este hombre, recto, virtuoso, sin hipocresía, es puesto en la picota del ridículo porque no pacta con la convención social y no disimula su desprecio por el mundo despreciable que le rodea; no es difícil descubrir en esta apología el matiz fuertemente autobiográfico y la defensa *pro domo* de Rousseau. Pero, de pasada, este misántropo de las luces lanza flechas envenenadas contra «esas gentes de mundo tan dulces y moderadas, que siempre encuentran que todo está bien porque no les interesa que nada vaya mejor, que están siempre contentos de todo el mundo porque no se preocupan de nadie y que, en torno a una buena mesa, sostiene que no es verdad que el pueblo tenga hambre». Esto suena a declaración de guerra y como tal es tomada. Se pone en marcha la campaña contra él, en la que intervienen desde Grimm, en cuyo periódico se cita a un tal *abbé* Castel cuya opinión sobre Rousseau es: «Un incendiario que prende la antorcha de la sedición, que destruye toda sociedad: un criminal contra Dios, contra el Estado, contra el Rey», hasta Madame du

Deffand, la Enciclopedia y los salones, las autoridades y los libertinos, la iglesia y los librepensadores. Rousseau es el traidor a las Luces, el desertor de la Ilustración, un infiltrado que se introdujo en la gran empresa liberadora para hacerse un nombre y luego volverse más eficazmente contra ella. Sus paradojas sin sentido ni sustancia, más destinadas a deslumbrar que a iluminar, llevarían la sociedad al caos si fuesen tomadas en serio. Y detrás de esta campaña la sombra omnipresente de Voltaire. El 17 de junio de 1760, Rousseau escribe al instigador de su persecución la carta de ruptura definitiva, en la que le reprocha todos los males que le ha causado y muy especialmente el haber predispuesto contra él a sus compatriotas de Ginebra y a las autoridades de la ciudad; acaba con un tono de conmovida dignidad: «Os odio, señor, puesto que así lo habéis querido; pero os odio como hombre más digno de haberos amado, si lo hubierais querido. De todos los sentimientos de los que mi corazón estaba penetrado hacia vos, no me queda más que la admiración que no se puede negar a vuestro hermoso talento y el amor a vuestros escritos».

En 1762, el Parlamento de París lanza orden de arresto contra Jean-Jacques, quien debe abandonar Francia. Tampoco en Ginebra se le dejará tranquilo y la mezcla de las persecuciones reales con su proclividad natural a sentirse «diferente», llevarán a Rousseau a extremos patéticos de paranoia. Como dijo McIntire, Jean-Jacques fue el peor y más grande caso de hipocondríaco y de paranoico: el hipocondríaco enfermo y el paranoico perseguido. En la segunda etapa de su vida de escritor, Rousseau se dedicará casi exclusivamente a defenderse, a luchar contra la conspiración universal contra su nombre, a explicarse. Lanzado mitad por gusto y mitad por las circunstancias adversas al «strip-tease» pasional, inventa un género autobiográfico del cual derivará buena parte de lo que conocemos como Romanticismo. Escribe las *Confesiones*, sus *Diálogos: Rousseau juez de Jean Jacques*, sus admirables *Ensoñaciones del paseante solitario*. Ni sus partidarios pueden soportar su perpetuo delirio persecutorio: huye de la casa del generoso y plácido Hume en Inglaterra, porque de pronto le ve también como una pieza del gran complot; el príncipe de Conti le aloja en su castillo, pero tiene la mala idea de enviarle unos músicos para que le deleiten con melodías relajantes y Rousseau se cree tratado como un loco; cierta noche, en el Albergue de la Fuente Dorada, en el Delfinado, escribió en la puerta de su habitación la lista interminable de todos los enemigos juramentados para perderle... Por su parte, Voltaire no descansaba y en 1767 hizo correr la especie de que Jean-Jacques era el causante del incendio del Teatro de Ginebra, que ardió completamente en febrero de ese año. Ya de vuelta en París, Rousseau comienza a realizar en su casa lecturas públicas de sus *Confesiones*, pero es denunciado por Madame d'Epinay y se le prohíbe continuar haciéndolo. En 1776 intentó depositar en el altar mayor de Notre-Dame el manuscrito de su «Rousseau juez de Jean-Jacques», pero no logró penetrar en la iglesia cerrada; enloquecido corre a su casa, copia en grandes papeles, de los que utilizaba para realizar los trabajos de amanuense de que vivía, un llamamiento a los parisinos y corre a la calle a repartirlo entre los viandantes... Es el último arrebato, el postrer intento de vencer a la conspiración en el mundo de lo público, que es su terreno. Después viene el retiro, el apagarse poco a poco el afán exhibicionista, la entrega a la botánica, a lo sencillo, a lo callado, el retorno a lo trascendente: la serenidad.

La posteridad compartida

Cuando en 1777 la tortura fue abolida oficialmente en Francia, nadie pudo dudar de que esta medida se debía en buena medida a los esfuerzos y desvelos de Voltaire. El horror a la intolerancia, la entronización del respeto ideológico en materia religiosa o científica son a partir de su muerte un legado que los políticos no siempre respetarán en la práctica, pero que las conciencias libres y las nuevas constituciones europeas ya no olvidarán jamás. La divisa con la que concluyó su *Tratado sobre la tolerancia* sigue siendo hoy tan válida y tan subversiva como el día en que se formuló: «¡Ojalá los hombres tengan horror de la tiranía ejercida sobre las almas, tal como execran el bandidaje que les roba por la fuerza el fruto de su trabajo y de la pacífica industria!». Su lucha contra la religión católica fue, en buena medida, un combate contra el fanatismo, que él creía secuela obligada de los dogmas eclesiales. ¿Qué es el fanatismo para Voltaire? En su «Diccionario portátil» lo define así: «El fanatismo es a la superstición lo que el delirio es a la fiebre, lo que la rabia a la cólera. Quien tiene éxtasis, visiones, quien toma los sueños por realidades y sus imaginaciones por profecías, es un entusiasta; quien apoya su locura por medio del asesinato, es un fanático». La definición sigue siendo hoy perfectamente válida, aunque el terrorismo fanático ya no caza a sus víctimas según presupuestos religiosos sino políticos. ¿Es el fanatismo secuela inevitable de la religión católica y de su organización eclesial? En la época de Voltaire, la cosa no ofrecía muchas dudas y casos como el de Calas o el espantoso castigo del caballero de La Barre por una supuesta blasfemia lo prueban sobradamente. Los motivos de Voltaire para esta batalla contra la fuerza inquisitorial de la Iglesia eran más bien los humanitarios de una suavización general de la convivencia que el intento revolucionario de liberar al pueblo de todo dogma impuesto. Evidentemente, las personas ilustradas, nobles y ricas, los creadores de conocimiento y valores, debían sacudirse del todo el yugo cristiano: «*Écrasez l'infâme!*». Era un obstáculo para el pleno gozo de la vida y para el desarrollo completo del ingenio y el razonamiento. Pero la *canaille* necesita dogmas, aunque no es preciso que se los impongan de modo criminal. En una carta a Federico II, fechada en 1767, dice Voltaire: «Vuestra Majestad prestará un servicio eterno al género humano destruyendo esa infame superstición (el cristianismo), no digo que entre la canalla, que no es digna de ser ilustrada y que se merece todos los yugos, sino entre la gente honrada, entre los hombres que piensan o que quieren pensar». Ninguna religión dogmática, pues, para los *honnêtes hommes*, para la gente de bien y de bienes, y un cristianismo humanizado para la plebe: éste es el proyecto.

Pero la trascendencia subversiva del plan superó ampliamente este dócil marco. Como señaló Alexis de Tocqueville, «el descrédito universal en el cual toda creencia religiosa había caído a finales del siglo XVIII ha ejercido, sin ninguna duda, la mayor de las influencias en el curso de la Revolución». Y Chamfort señaló que «el clero fue el más sólido soporte del poder absoluto y Voltaire le derribó». Al aplastar la superstición infame y el fanatismo que dependía de ella, cayó también toda una justificación simbólica de la jerarquía social y las razones más firmes para acatar el despotismo. Es seguro que Voltaire no deseaba precisamente causar tal efecto y se hubiera escandalizado bastante si hubiera podido comprobar el alcance político que tuvo en la historia su campaña anticristiana. La teoría política de Voltaire, en cambio, salvando su énfasis en la tolerancia y su reivindicación de los injustamente perseguidos, no representó gran cosa en la formación de las ideas radicales que conformaron la Revolución francesa. En general, el pensamiento de Voltaire no deja de ser en lo filosófico sumamente corto de vuelo y no admite comparación no ya con el de Rousseau, sino tampoco con el de Diderot o Helvetius. Sus teorías suelen ser generalizaciones de sentido común, más interesantes por la desmitificadora fuerza polémica con que se burla de solemnidades tradicionalmente asentadas que por las ideas propias que avanza. Rousseau, en cambio, es el caso opuesto: mientras que sus opiniones sobre lo privado, sobre las costumbres, y su actitud ante lo tradicional son mucho más conservadoras que las de los enciclopedistas (salvo en el terreno de la educación), sus planteamientos políticos están en la raíz de todas las doctrinas revolucionarias modernas. Exaltó el sentimiento frente a la razón, desconfió de los beneficios que ciencias y artes aportan a los hombres, vio el progreso desde el ángulo del pecado original, consideró imprescindible la piedad religiosa para alcanzar una vida recta, elogió la fidelidad conyugal, la sencillez de las costumbres, etc..., pero fue quien denunció por vez primera el cúmulo de alienaciones que el poder estatal impone al hombre, las desigualdades que crea, señaló la propiedad privada como fuente de los males sociales, sentó las bases de la democracia de plena participación popular, etcétera... Voltaire representaba, en cierta manera, la inmoralidad escéptica y autofágica de las clases privilegiadas, mientras que Rousseau encarnó el moralismo austero y reivindicativo de los menos favorecidos. En la Convención encontró sus descendientes naturales. Robespierre, por ejemplo, que también estaba convencido de que la religión es imprescindible para mantener el buen orden social, atacó a los *philosophes* (y ajustició al último de ellos, Condorcet, el gran volteriano) porque habían denigrado a Dios y a la religión, pero habían conservado a los reyes, mientras que Rousseau se había atrevido a reivindicar a Dios y la inmortalidad, pero en cambio se había enfrentado a los príncipes de este mundo en nombre del pueblo. Como dijo Mallet-Dupan: «Rousseau tenía cien veces más lectores entre las clases medias que Voltaire; fue él y sólo él quien inoculó a los franceses la doctrina de la soberanía del pueblo». Y no menos cierto es lo afirmado por Gustave Lanson: «Desde entonces y durante un siglo, todos los progresos hacia la democracia, la igualdad, el sufragio universal..., todas las reivindicaciones de los partidos extremos que podrían subvertir el futuro, la guerra contra la riqueza y la opulencia, toda la agitación de las masas obreras y oprimidas, todo ha sido en cierto sentido obra de Rousseau». Para completar este balance, quizá debiéramos añadir que en él han encontrado también su base teórica los reforzamientos de la totalidad política, los argumentos para negarse a considerar al individuo concreto e irrepetible como algo más que la parte de un gran Todo, al cual debe someterse y al que debe reproducir en lo íntimo de su corazón. Si tratásemos ahora de antropología o de educación, deberíamos reconocer que la aportación de Rousseau ha sido no menos decisiva y ha determinado en gran medida no sólo nuestras ideas más generales, sino también el sentido de las investigaciones más pormenorizadas y particulares: ¡cómo olvidar el elogio a Rousseau en las últimas páginas de los *Tristes Trópicos* de Levi-Strauss! El gran traidor de la Enciclopedia, el renegado de las luces, ha sido la más activa punta de lanza de la Ilustración en la transformación histórica del mundo contemporáneo...

Voltaire fue enterrado en la abadía de Scelliers. En julio de 1791, la Asamblea Constituyente de la Revolución dio orden de que sus restos fueran exhumados y trasladados en triunfal cortejo hasta la iglesia de Santa Genoveva, que sería llamada poco después el Panteón. Por su parte Rousseau, que había sido enterrado en la isla de los Alamos, en el dominio de Ermenonville donde murió, también fue exhumado en 1794 y llevado al Panteón, junto a Voltaire. En mayo de 1814, cuando los Borbones fueron restaurados, un grupo de fanáticos penetraron de noche en el Panteón, desenterraron los restos de los dos ilustrados, los echaron a un saco y se los llevaron, probablemente para arrojarlos a cualquier vertedero de las afueras de París. Nunca volvió a saberse nada de ellos. Las cenizas de Voltaire y Rousseau, hermanos enemigos, fueron honradas juntamente por la posteridad revolucionaria y desperdigadas juntamente por el odio vengativo.

Apéndice
Vive Voltaire!

Desde que llegó a París procedente de su patriarcado de Fernay, Voltaire ha llevado una vida social impropia de sus ochenta y cuatro años y de su frágil estado de salud. En una mañana llegó a recibir a trescientas personas, entre ellas Gluck, Turgort, Talleyrand, Marmontel, la marquesa du Deffand... También le visitó Benjamín Franklin, llevándole a su nieto de diecisiete años para que se lo bendijera: «*My child, God and Liberty: remember these two words*», exclamó ceremonialmente el gran ironista, mientras ponía sus manos descarnadas sobre la cabeza del muchacho. Después de estos esfuerzos, se pasó veintitantos días escupiendo sangre y sumamente débil, incapaz de moverse de su alojamiento en el hotel de Villete. Poquito a poco fue animándose de nuevo a hacer algunas tímidas salidas: el *abbé* Gaultier, con quien había coqueteado la abjuración final de sus errores para comprar los últimos sacramentos, fue discretamente despedido por la amable Madame Denis. Por fin, hace unos pocos días, se sintió lo suficientemente bien como para salir a dar una vuelta algo más larga en coche: fue a visitar a Suzanne de Livry, marquesa de Gouvernet, que había sido su amante hace sesenta y tres años... Pero hoy, treinta de marzo, se siente de nuevo francamente bien y con un programa muy apretado por delante. Después de la comida, toma su coche para dirigirse al Louvre, donde quiere asistir a una sesión de la Academia Francesa, de la que naturalmente forma parte, pero en la que su largo exilio le ha impedido participar. Desde que salió de su alojamiento, una masa cada vez más densa de parisinos que le reconocieron al pasar fue siguiendo su coche con ovaciones entusiastas y aplausos. Todos los miembros de la Academia salieron a la puerta a recibirle; le acompañan al interior y le instalan en el sillón presidencial. D'Alembert le recibe con un discurso tan emotivo y lleno de reminiscencias de las gloriosas luchas pasadas que el viejo librepensador no puede contener las lágrimas. Y luego, el Théâtre-Français, donde esa noche representan su última obra, *Irene*. La muchedumbre impide casi avanzar a su coche: resuena sin cesar el grito «*Vive Voltaire!*». Ya en el interior del teatro, la apoteosis llega a su cima. Cuando aparece en su palco, franqueado por Madame Denis y su anfitriona, la marquesa de Villete, el público se pone en pie para tributarle una colosal ovación, mientras en el escenario es coronado de laurel un busto suyo por la primera actriz de la compañía. Grimm, que estaba presente, calculó que los aplausos y los vítores duraron más de veinte minutos. Por todas partes: «*Vive Voltaire!*» y otros, más desaforados: «¡Viva nuestro Sófocles!». Otras voces reclamaban «¡Honor para el filósofo que ha enseñado a los hombres a pensar!» y algunos pedían «¡Gloria para el defensor de Calas!». A la salida del teatro, la muchedumbre escolta con antorchas el vehículo donde va el filósofo, hasta llegar al hotel de Villete. Luis XVI está preocupado por los acontecimientos: sus escrúpulos de hombre sinceramente religioso se encrespan ante este éxito amotinador del gran burlador de la Iglesia. El rey se ha negado a recibir a Voltaire en la corte, pese a las súplicas de María Antonieta, que pierde la cabeza por el ingenio del enciclopedista... Nada bueno puede venirle al rey de Francia de semejante entusiasmo por el inventor de toda irreverencia, el impío *par excéllence*.

Un mes después de su apoteosis, agotado por el frenesí parisino, murió Voltaire. Fue el 30 de mayo de 1778, hace doscientos años. Hasta el último día, se mantuvo fiel a su pauta de vida: no quiso seguir los consejos de Tronchin, su médico, y volver a su reposo (relativo) de Ferney; prefirió el sensual bullicio de la capital, el chicoleo picante de las damas, los siempre renovados proyectos literarios, el panfleto que hace rechinar los dientes al obispo y reír a todo París; prefirió sus veinticinco tazas de café diarias, su perpetuo insomnio febril, la admiración multitudinaria de sus más distinguidos contemporáneos. Mientras le quedó un átomo de fuerza en su cuerpo enclenque y espasmódico, se negó a pagar este tributo de insipidez y bostezo con el que todos los mortales compramos nuestra supervivencia cotidiana.

No fue un ángel ni mucho menos, ni un ejemplo de filosófica virtud a la antigua: al contrario, tuvo todos los defectos. Intrigante, mentiroso, egocéntrico, caprichoso, frívolo, demasiado servil con muchos grandes, demasiado arrogante con la «canaille», intolerante y capaz de persecución a su manera (que se lo pregunten si no al pobre Rousseau, que incluso vio en peligro su vida por las asechanzas del diabólico enredador), ninguna moral progresista podría proponer su beatificación como santón laico del libre pensamiento. Su pasión por el dinero y su habilidad para conseguirlo por cualquier medio, desde la lotería a la estafa, llegaron a ser proverbiales en su tiempo. Los aspectos mágicos, sagrados, oscuros de la vida, el recogimiento en la intimidad personal, todo eso le era perfectamente ajeno: y tenía la superstición de considerar supersticiosos todos los humores o sentimientos que no compartía. Hubiera querido pasar a la historia de la literatura como un gran trágico o un poeta excepcional: hoy no le soportamos en ninguna de esas dos facetas, para destacar en las cuales son imprescindibles precisamente esos ramalazos de sombra y exceso que le eran ininteligibles o repulsivos. Quien quiera conocerle deberá recurrir a sus opúsculos, a sus artículos de combate, a sus libelos o a su admirable *Diccionario Filosófico*: nació para el estilete, no para el cañón; para el sarcasmo y no para el patetismo. Fue grande en todo lo pequeño y capaz de la máxima heroicidad compatible con el cinismo. Se ha publicado en castellano una estupenda antología de sus escritos más vivos,[1] en la que puede encontrarse la quintaesencia del volterianismo. A ella debe remitirse ante todo el lector, no a su

---

1. *Opúsculos satíricos y filosóficos*, Clásicos Alfaguara, con un inteligente prólogo de Carlos Pujol y en traducción de Carlos R. de Dampierre, Madrid, 1978.

teatro, su poesía o ni siquiera a sus «*nouvelles*», salvo *Candide* y poco más.

¿Dónde está el secreto de su profundo, innegable y perdurable *encanto*? En el júbilo permanente de su agresividad jocosa, en su no saber ser aburrido ni siquiera cuando menos interesa, y en su facilidad para ser maligno con todo lo que supone de algún modo una *desvalorización de la vida*, sea el misticismo o la lucidez pesimista, sea la tiranía o la revolucionaria regeneración social. No transigió con ningún descrédito del mundo ni se dejó aguar la fiesta por las morales cuyo paso de carrera nunca puede alcanzar el brioso galope de la vida. Fue demasiado hedonista para ser fascinante amalgama de lo más elevado y lo más bajo: sobre todo, es terrible, casi *insoportablemente*, moderno. Inventó ese papel del escritor como metomentodo, como juez y parte del universo, como faccioso descarado y juntamente redentor de la doliente humanidad, ese papel que los escritores ya hemos convertido en un *tic* o una sinecura, pero que al principio nació de un arrebato tardíamente caballeresco. Tuvo el buen gusto de preferir el éxito a la gloria y su cifra a este respecto es aquel famoso dictamen: «Daría trescientos años de mi gloria inmortal por un rápido alivio de este cólico que tengo». Sí, como dijo Nietzsche, fue «un gran señor de las letras». El último gran señor de las letras y el primer intelectual.

El arma secreta de Voltaire

Según confesión propia, W. C. Fields consideraba «borracho» a todo el que bebía más que él. Algunos intelectuales actuales denominan airadamente «mediáticos» a todos los restantes intelectuales que ocupan a su juicio más espacio que ellos en los medios de comunicación. Pero la verdad es que tachar de «mediático» a un intelectual es como señalar con desaprobación la costumbre de los peces de vivir en el agua. La figura del intelectual –es decir, del escritor, artista o científico que aprovecha su prestigio público para opinar y tratar de influir en el ámbito cívico– es inseparable de los medios de comunicación modernos. Aparece con ellos, conquista mediante ellos su audiencia no profesional ni especializada y a través del tiempo va configurando su propio perfil junto a su responsabilidad de acuerdo con la evolución de dichos traicioneros instrumentos. El intelectual cabalga un tigre que al menor descuido puede devorarle, peligro sin duda mucho mayor hoy que cuando todo empezó, allá en el siglo XVIII. Para bien o para mal –para bien y para mal– la patente de esta nueva figura entre los muchos oficios humanos corresponde a Voltaire.

Como lo de «mediático» no era todavía una descalificación al uso en su época, los censores e inquisidores de aquellos días se la ahorraron a Voltaire. Pero le tributaron con inquina vehemente (¡y con envidia mal disimulada!) casi todas las demás: falsario, frívolo, vanidoso, simplista, avaro, amigo de príncipes y poderosos, sectario, demagogo, hipócrita, ambicioso... Dijeron que era el maestro de lo obvio, el especialista en decir en voz alta lo que ya todo el mundo sabía: pero nunca aclararon por qué sus obviedades archiconocidas les irritaban tanto y resultaban a menudo tan subversivas. Lo más chocante –y los volterianos honrados, que los hay, no tenemos más remedio que admitirlo– es que tomados de uno en uno la mayoría de esos dicterios están bastante justificados. No hay cosa más fácil que encontrarle defectos a este personaje zascandil, siempre patente y ávido devorador de notoriedad. Claro que tampoco le faltaron virtudes: fue generoso, valiente, alegre, perspicaz, compasivo, cosmopolita y trepidante de curiosidad. De principio a fin, estuvo siempre abrumadora e insultantemente *vivo*. Pero sobre todo supo poner tanto sus defectos como sus virtudes al servicio de causas racionales y humanistas que hoy la mayoría de nosotros asumimos con tal naturalidad que apenas somos capaces de recordar cuánto hubo que luchar al principio para abrirles paso.

Hay escritores que fabrican literatura como los pajaritos cantan, porque es lo único que saben hacer y así celebran su existencia. Otros en cambio escriben para conseguir algo o para derrotar a sus enemigos: entre estos últimos, pocos autores han sido tan *intencionales* como Voltaire. Prácticamente nunca escribió una línea de prosa ni un verso sin proponerse un objetivo, una meta: sonriente y floral, jamás abandonó el campo de batalla. Sin embargo, nada en sus ficciones cede casi nunca a la gravedad trabajosa del doctrinario o del dómine. Sus cuentos, sus fábulas, sus apólogos breves, sus diálogos, sus poemas jocosos... todo es siempre maravillosamente ligero, aéreo, espumoso, picante: *digerible*. A diferencia de la mayoría de sus enemigos y de quienes hoy propinan sesudas reprimendas a los «mediáticos», Voltaire nunca supo ser indigesto. Su arma secreta, que utilizó permanentemente con sabia dosificación y temible contundencia, es el humor. La sonrisa irónica de Voltaire ha sido desde hace doscientos y pico años más eficaz en la demolición de sus adversarios que espadas y cañones. Es cierto que para disfrutarle plenamente hoy, los lectores tenemos que conocer un poco el contexto polémico en el que se inscribe cada una de sus páginas. De otro modo, podemos tomar por caprichoso o gratuito lo que siempre responde a una calculada malicia que busca, si es posible, convencer y cuando no, al menos seducir para el bando más justo... Aunque parece tornadizo, siempre se mantuvo fiel a unas cuantas enemistades básicas: contra los dogmas, contra las supersticiones clericales, contra los sanguinarios. ¡Qué placer hubiera sido leer alguna parábola suya sobre Al Qaeda o *Txapote*!

En este espléndido volumen ofrecido por Siruela,[1] un auténtico festín no sólo para la inteligencia sino también para los sentidos por lo elegante de la edición, se reúnen todas las ficciones más o menos didácticas en prosa y verso del autor. Es decir, lo más característico de su obra polifacética, de la que él apreciaba sobre todo las tragedias y poemas épicos que hoy nos resultan perfectamente prescindibles. La edición es excelente como no podía ser menos estando al

---

1. *Cuentos completos en prosa y verso*, de Voltaire. Edición de M. Armiño. Trad. de M. Armiño y M. Domínguez. Ed. Siruela, Madrid, 2006. 929 págs.

cuidado de Mauro Armiño, quizá el más inteligente y devoto estudioso de las letras francesas con que tenemos la suerte de contar en España. Es tópico hablar de «joya bibliográfica», pero aquí, como tantas otras veces, el tópico no hace más que sancionar la realidad.

Madame Voltaire

Si la vida de los humanos se midiera en siglos y no en raquíticas décadas, el 17 de diciembre cumpliría trescientos años Gabrielle-Émilie Le Tonnelier de Breteuil, que fue por matrimonio marquesa de Châtelet. ¡Y tantas otras cosas! Pero ante todo, por encima de todo, contra todo, se dedicó a la filosofía y no al prejuicio, a la ciencia y no a la superstición, a la pasión y no a la gazmoñería, al juego y no a la oración, a la felicidad y no al renunciamiento. No se entregó al confesor ni a la familia, sino a Voltaire. Y cuando años después comprobó que el enciclopedista, además de descuidarla por otras, ya flaqueaba a la hora sagrada del empuje erótico, se buscó un amante joven y vigoroso, incluso demasiado vigoroso quizá. Hizo bien, qué caramba: *chapeau*!

Han pasado tres siglos y hoy abundan las mujeres –no tantas como podría suponerse, desde luego, pero hay bastantes– que llevan sin especial alharaca vidas razonablemente semejantes a la de Madame de Châtelet. Seguramente no traducen la *Eneida* ni comentan a Newton, no discuten de física con los mayores sabios de la época mientras se codean con príncipes y se acuestan con duques, pero se las apañan bastante bien para ser cultas y libres. En los días de la divina Émilie, estos comportamientos eran mucho más insólitos e improbables. Ella fue pionera. Además de a su talento y su coraje intelectual, se lo debió a su padre: el barón de Breteuil, un viejo diplomático que la educó como a un varón en cuanto se dio cuenta de que era más lista que casi todos los varones que conocía. La misma Émilie reivindicó años más tarde ese derecho a la educación: «Si yo fuera el rey, reformaría un abuso que condena por así decir a la mitad del género humano... Haría participar a las mujeres en todos los derechos de la humanidad y sobre todo en los del intelecto... Estoy persuadida de que muchas mujeres o ignoran sus talentos, por el vicio de su educación, o los esconden por prejuicio y falta de coraje en su espíritu». De modo que Émilie aprendió latín, italiano e inglés. Todo le interesaba, desde los estudios bíblicos hasta las matemáticas o el teatro. Y también por supuesto la música, para la que estaba bien dotada: en las reuniones sociales, a la menor provocación, cantaba las arias de «Issé» con indudable excelencia.

A los diecinueve años la casaron con Florent Claude, marqués de Châtelet, y tuvo suerte otra vez. El marqués era un militar simple pero tolerante, que admiraba sinceramente a su mujer y pronto le concedió toda la libertad que en la época era compatible con el buen tono. Además era gallardo y apasionado, cosa que su mujer apreció al principio en todo su valor. Émilie hablaba de ciencia o filosofía con los hombres sabios, pero con otros que no lo eran tanto también encontraba formas placenteras de relación. Al marqués le dio un heredero y una hija, en rápida sucesión, de los que se ocupó sin entusiasmos maternales desbordantes pero sin descuido: la marquesa se esforzó siempre por compaginar deber y placer, con mejor o peor fortuna. ¿No he dicho ya que era sabia? Pues lo fue, sin duda, no sólo cultivada o lista. En sus aposentos nunca faltaban cuatro o cinco mesas cubiertas de libros abiertos, infolios, apuntes, cálculos..., cada una de ellas dedicada a uno de los estudios que tenía en marcha. En todos sus retratos famosos (el de Choisel, el de Marianne Loir...) aparece con el compás en la mano. Tradujo *La fábula de las abejas* de Mandeville y escribió un libro de divulgación, *Instituciones de física*, para su hijo de doce años, en el que combina la metafísica de Leibniz con las nuevas ideas de Newton. ¡Ah, cómo se resistían a las ideas de Newton los académicos franceses! Oponían los torbellinos de Descartes a la acción a distancia y malentendían el resto. La marquesa, defensora elocuente de las novedades newtonianas, polemizó sobre las «fuerzas vivas» con el secretario de la Academia de Ciencias, un soberbio pelmazo llamado Dortous de Mairan. ¡Ella, una simple mujer, que por tanto no podía entrar en la docta casa! El doctor Dortous trató de apabullarla con mucho desdén y pocos argumentos desde su elevado cargo, recibiendo el inequívoco revolcón por parte de su adversaria, que le pulverizó tras advertirle, memorablemente, al comenzar su respuesta: «Yo no soy secretario de la Academia, pero tengo razón, que es algo que vale más que todos los títulos...».

Entonces, llegó Voltaire. Ella le admiraba desde tiempo atrás, disfrutaba con su teatro (por difícil que hoy pueda parecernos) y veía desde lejos el fulgor de su encanto social, nimbado por el escándalo de los devotos y el desdén de la nobleza chapada a la antigua. Después se encontraron en la Ópera, una amiga servicial preparó una cena íntima y a partir de ahí, el uno para el otro... sin dejar de ser cada cual para sí mismo, desde luego. Émilie tenía veintiocho años, Voltaire cuarenta. En el castillo familiar de Cirey se prepara ron un refugio de estudios y amores, con la benévola comprensión del tolerante marqués. ¡Compartían tantas cosas! Ambos apenas comían, les bastaba con dormir tres horas, pero no paraban de charlar (a menudo en inglés, para guardar sus secretos), disfrazarse para hacer teatro, leer a los clásicos y sobre todo a los modernos, hacer experimentos de física y química, criticar a los pedantes y coquetear con todo el mundo. Voltaire la admiraba, de eso no cabe duda: nunca tuvo un amigo más inteligente ni mayor complicidad con nadie. También sentía algo así como una rara ternura (¡él, tan seco, tan cáustico!) por su lado convencionalmente femenino, aficionada con exageración a las joyas, perifollos y potingues de maquillaje. La llamaba «Madame Newton-Ponpón», a la vez la más erudita de la clase y la que soñaba con que todos los chicos la sacasen a bailar. Cuarenta años más tarde, en su dormitorio de Ferney, a la cabecera de su cama, el gran iconoclasta sólo tenía como estampa que velase su sueño el retrato de la marquesa de Châtelet.

En dos cosas, empero, diferían sustancialmente y ambas eran pasiones de Émilie no compartidas por Voltaire. Primero, la afición al juego de naipes, que estuvo a punto de arruinarla más de una vez y que a él le parecía una pérdida de tiempo pero sobre todo de dinero (Voltaire tenía muy desarrollado el instinto comercial). Y desde luego la entrega al arrebato erótico, que en ella era una vocación desbocada y en él sólo una serie de amables pasatiempos. En su *Discurso sobre la felicidad*, Émilie defiende ambos arrebatos precisamente por su carácter de desbordamiento emocional: «Pasiones tendríamos que pedirle a Dios si nos atreviéramos a pedirle alguna cosa... Supongamos, por un momento, que las pasiones hagan a más personas desgraciadas que felices; digo que, aun así, seguirían siendo deseables, porque es la condición sin la cual no se pueden gozar grandes placeres; y no merece la pena vivir si no es para tener sensaciones y sentimientos agradables; y cuanto más vivos son los sentimientos agradables, más felices somos». De modo que cuando se convenció de que Voltaire, pese a su tierno afecto, la hacía menos caso que a Federico de Prusia (que cuando invitaba al filósofo especificaba que fuera solo: en Sans-Souci no entraban ni curas ni mujeres) o a su lasciva sobrina Madame Denis, comprendió que había que buscar la pasión en otro lado. Y así llega a su vida Saint-Lambert, diez años más joven que ella, un pisaverde bonito al que se entrega con un entusiasmo amoroso que primero le halaga y luego le asusta. Para colmo, el muy torpe la deja embarazada. A su edad, en aquella época, es mal asunto. Sin embargo guarda para ella sus peores presagios y se apresura a acabar su magna traducción comentada de los *Principia* de Newton. En septiembre de 1749 da a luz una niña perfectamente sana, pero ella muere de fiebre puerperal dos días después, a punto de cumplir los cuarenta y tres años.

El lector que se interese por esta mujer valerosa y genial debe leer su *Discurso sobre la felicidad*. La edición en castellano de Isabel Morant Deusa (ed. Cátedra, col. Feminismos, 1996) cuenta con una excelente introducción y va seguida de una selección de su correspondencia. Este año, la editorial Nivola ha publicado una breve biografía con simpáticas ilustraciones, pensada para un público adolescente como cualquiera de nosotros, escrita por Élisabeth Badinter y Jacqueline Duhéme: *La pasiones de Émilie*. Yo he tomado prestado el título –llamativo pero algo reduccionista– de este artículo a Gilbert Mercier, autor de la biografía (ligeramente) novelada *Madame Voltaire*, Ed. de Fallois, París, 2001. Por lo demás, la recuerdo –es decir, imagino que la recuerdo–

cualquier noche en sus aposentos de Cirey, trabajando compás en mano y pluma de oca en ristre a la luz temblona de los candelabros. En su dedo anular lleva la sortija de cornalina cuya piedra cede a una pequeña presión para descubrir el minúsculo retrato secreto, que primero fue el del marqués de Châtelet, luego el del conde de Guébriand (por cuyo abandono estuvo a punto de suicidarse), más tarde el del sabio Maupertuis, y el del duque de Richelieu, y sin duda el de Voltaire, desplazado luego por la efigie del fatal Saint-Lambert... Lances del corazón, que nos hacen a la par felices y desdichados. Pero frente a ella, esta madrugada, se abren los volúmenes del amor que no traiciona, el de sir Isaac Newton. Y por el abierto ventanal vemos brillar las estrellas, aparentemente ingrávidas pero racionalmente graves, muy graves... ¡Chiss, salgamos sin hacer ruido, la marquesa estudia! Buenas noches, Émilie.

Boswell, el curioso impertinente

Con notable ingratitud, los suplementos culturales de los periódicos hispanos no se ocuparon nada o muy poco -seré cauteloso- del centenario de James Boswell (1740-1795). Olvido injusto, porque Boswell fue algo así como el padre del periodismo cultural y desde luego el inventor de ese género literario tan apasionante, superfluo o inexacto: la entrevista. No fueron estos sus únicos pecados. Como otros protagonistas del siglo XVIII (Voltaire a la cabeza), lo estupendo de Boswell es el contraste entre sus indudables vicios y sus irrefutables logros. Según señala con tino malicioso Lytton Strachey, la biografía de Boswell es un rotundo mentís a las pautas del moralismo barato: «Uno de los éxitos más notables de la historia de la civilización lo consiguió una persona que era un vago, un lascivo, un borracho y un esnob» (lo dice en sus *Retratos en miniatura*).[1] Nada más edificante que comprobar cómo personas indecentes fueron capaces de algo mejor que la decencia.

---

1. Magníficamente traducidos por Dámaso López García para Valdemar (Madrid, 1996).

Además de las características señaladas por Strachey, de un confuso anhelo de sobresalir a toda costa quizá derivado de su pertenencia a la pequeña nobleza escocesa y del gusto por los viajes educativos, Boswell poseyó otros dos rasgos afortunados de carácter: la curiosidad y la impertinencia. Con tales mimbres se fabricó el primer reportero. Y el gran reportaje que le ha ganado fama mientras no desaparezcan por completo los aficionados a la literatura se titula *La vida del doctor Samuel Johnson*. Recuerdo que hace años, paseando por Cérisy cuando asistíamos a un seminario sobre Diderot, me instó a que lo leyera Félix de Azúa (¡qué delicia mordaz y profunda su *Diccionario de las artes*!). Como casi siempre le hice caso, recurriendo a la edición abreviada de la obra que preparó Antonio Dorta para la insustituible colección Austral. He vuelto frecuentemente a ella desde entonces y nunca sin gozo.

A los veintidós años Boswell conoció al doctor Johnson, ya reputado filólogo, autor de un excelente diccionario de la lengua inglesa, de algunas biografías de poetas y de divagaciones moralizantes que en su día tuvieron éxito. También fue crítico literario, el mejor de todos los tiempos en lengua inglesa si hemos de creer (pero no hemos de creer) a Harold Bloom. Durante otros veintidós años se convirtió en su sombra y en el cronista de su círculo de amigos: Oliver Goldsmith, Sheridan, Wilkes, el actor David Garrick, etc. Tras la muerte de Johnson y poco antes de la suya propia, publicó su *Vida de Johnson*, escrita a partir de las anotaciones minuciosas de su diario y de su portentosa memoria.

Lo más admirable de este libro admirable es la notable insignificancia de casi todo lo que Johnson dijo o hizo en su vida, fuera de sus trabajos estrictamente filológicos.

En una época de ingenios libertinos y subversivos, los comentarios del bueno de Johnson sobre casi todo lo humano y parte de lo divino son los de un cascarrabias conservador y xenófobo, monógamo, infaliblemente filisteo (entre los nuevos valores sólo detesta a los mejores: Lawrence Sterne, Adam Smith, David Hume, los revolucionarios americanos...), aunque a veces capaz de sentido común: «No hay nada de lo ideado hasta ahora por los hombres que produzca tanta felicidad como una taberna»; «el patriotismo es el último refugio de los bribones», etcétera.

Pero Boswell consigue el arrobo del lector a base de una imperturbable acumulación de minucias. Nada escapa a su recensión detallista, ni la dieta de Johnson, ni la apariencia y calidad de su peluca, ni sus momentos joviales o enfurruñados, ni la cháchara venial con sus amigos, ni el trayecto de sus paseos, ni sus relaciones con la servidumbre, ni sus indigestiones, ni... Pegado a los talones del insoportable erudito, Boswell todo lo ve, todo lo oye y todo lo cuenta en su prosa cristalinamente exacta, como un omnisciente dios cotilla. Cuando le falta material, azuza a su vigilado con preguntas triviales o desconcertantes («si le encerraran a usted en un castillo con un recién nacido ¿qué haría?») a las que hoy sus herederos nos tienen ya acostumbrados. El resultado es tal apoteosis de la indiscreción irrelevante que el lector se sume en una especie de éxtasis, como cuando lees de cabo a rabo cinco periódicos seguidos y se te va toda la mañana sin notarlo.

Pero Johnson no fue el único paciente al que dedicó sus pesquisas el insaciable escocés. En Môtiers entrevistó a Rousseau, tras preparar un memorándum con las cuestiones que pensaba plantearle («Suicidio. Hipocondría. ¿Es hoy practicable el *Emilio*? ¿Podría vivir en nuestro mundo actual? ¿Qué piensa de Mahoma?», etc.). Le espetó al ginebrino la definición de los innovadores dada por Johnson:

«Son esos que, cuando se le acaba la leche a la vaca, se empeñan en ordeñar al toro». Con melancolía, Rousseau admitió: «Pues si me conociese a mí me tendría por un corruptor, porque soy de los que han intentado ordeñar al toro». También entrevistó a Voltaire y jugó al ajedrez con él, anotando sin escrúpulo todas las procacidades joviales que profirió en inglés el gran hombre al perder la partida. A ninguno de ellos le regateó Boswell su admiración, que quizá fue aún mayor por otro de sus interrogados, el general Paoli, héroe del independentismo corso, de quien obtuvo el siguiente comentario: «Si lograse hacer feliz a este pueblo, no me importaría ser olvidado. Soy de un orgullo indecible: me basta con la aprobación de mi corazón». También mosconeó en torno al moribundo Hume, acosándole con preguntas sobre la inmortalidad y sorprendido por la imperturbable serenidad con que el filósofo afrontó la nada de la que estaba cierto. «Pero –insistió el reportero– ¿no le gustaría a usted hallar a Fulano y a Zutano, sus buenos amigos, en una vida futura?» Y Hume repuso tranquilamente: «Me sorprendería hallarlos allí, porque ninguno creía en ella».

Algunos, entre los que no me cuento, han llegado a la conclusión de que el secreto de Boswell estriba en que era imbécil. De ahí su impudicia y la extraña diafanidad de su trato con grandes y pequeños. En cambio, nadie duda de que fue toda la vida un auténtico salido. Sus diarios suelen repetir con variantes la misma peripecia: en casa de amigos respetables Boswell se extralimita con el oporto; sale a la calle enardecido («no puedo contener mi ardor», anota el pobrecillo) y dando tumbos para liarse con una o varias putas; días después se descubre poseedor de una hermosa blenorragia. Eso le aleja por un tiempo del *female sport*, como él lo llama. Acude entonces a Child's, se sienta junto a Johnson y otros caballeros, anota cuanto dicen y les cuestiona para que digan más. Un dibujo humorístico publicado en un periódico británico con motivo de su centenario recoge la escena: los caballeros empelucados pontificando en torno a la mesa y el camarero que grita «¡más cerveza para el doctor Johnson y más tinta para Boswell!». Así marchan ambos, caricaturescos y sublimes, rumbo a la eternidad.

Madame du Deffand: frivolidad y agonía

Para Luis Antonio

> El que no escribe libros, piensa mucho y vive en una sociedad que no le satisface será, por lo común, buen epistolario.
>
> F. NIETZSCHE, *Humano, demasiado humano*

Refiriéndose al siglo XVIII, período en el que se escribió quizá el francés más equilibrado e impecable de toda la historia, comenta con rotundidad el exigente Sainte-Beuve: «Madame du Deffand es con Voltaire, en la prosa, el clásico más puro de esta época». Sabemos que la insaciable vitalidad literaria de Voltaire cultivó todos los géneros, de la tragedia al estudio histórico, del poema épico a la fábula, sin olvidar el tratado filosófico, el panfleto y la coplilla maliciosa. Pero ¿qué escribió ese otro clásico de la lengua francesa a quien Sainte-Beuve no vacila en colocar a la misma altura estilística que el patriarca de Ferney? Sencillamente un puñado de cartas. Madame du Deffand no fue una escritora «profesional», ni tampoco una intelectual en el sentido corporativo y por tanto algo ridículo del término. Por decirlo con la expresión posterior de Kierkegaard, fue una simple *particular*, un *pensador privado* como Job o Abraham. Cierto que alcanzó una importancia casi institucional en el París y aun en la Europa de su tiempo, pero no fue debido a sus méritos literarios –que sólo unos cuantos afortunados corresponsales conocían y ninguno, como es lógico, de forma completa–, sino por razones digamos que mucho más *mundanas*: un ingenio vivísimo que producía chispazos verbales repetidos con delectación en todas partes, un salón cultivado y frívolo sin cuya visita quedaba incompleta cualquier estancia distinguida en la capital de Francia: una personalidad irresistible, forjada con aristocracia de sangre, talento natural, gusto certero y una cultura ni ostentosa ni ligera. Para sus contemporáneos, Madame du Deffand fue ante todo una gran señora y un excepcional personaje, de quien podía decirse lo que ella misma comentaba a Fontenelle: «Habría que tratarnos con cuidado para no rompernos, pues ya no hacen gente como nosotros». Para quienes hoy nos interesamos por ella es además una maravillosa escritora, una cronista excepcional de su época y un exponente secreto pero trágico del reverso sombrío que da espesor al optimismo progresista del llamado Siglo de las Luces.

Cuando hablamos de correspondencia en nuestro siglo, telecomunicado por teléfonos, telégrafos, televisiones, etc., nos referimos a una tarea tan nimia y subsidiaria que apenas merece el mismo nombre de aquel arte perdido del dieciocho. Si ahora abrimos el buzón de nuestra casa apenas tropezamos más que con postales de dos líneas, avisos comerciales, circulares o impresos del ayuntamiento: el género se ha estereotipado de forma tan irreversible que las máquinas de escribir guardan ya en su memoria las quince o veinte líneas permanentes del mensaje epistolar, al que sólo se añade en cada ocasión el nombre del destinatario o una fórmula salutatoria algo más personalizada. Pero el auténtico fervor epistolar se ha perdido y sólo queda un cierto latido ya algo rebuscado de ultradeterminación identificadora en las misivas amorosas y en la sección de cartas al director de los grandes periódicos. En la época de Madame du Deffand las cosas eran muy distintas, como nos cuenta Benedetta Graveri –nieta de Benedetto Croce– en su excelente libro sobre nuestra gran dama: «Durante todo el siglo XVIII, la carta parece efectivamente gozar de una fortuna múltiple y contradictoria, pudiendo asumir una función esencialmente práctica o nacer de una intención mistificadora; es un método de poner en contacto dos individuos reales, separados por una distancia mayor o menor, pero también se presta más adecuadamente que cualquier otra fórmula a intenciones metafóricas o fantásticas. Si las verdaderas correspondencias son una fuente irreemplazable de conocimiento del siglo XVIII, las correspondencias imaginarias –de las *Cartas Persas* a las *Relaciones peligrosas*– forman su corazón. Pero las cartas alimentan igualmente el sistema complejo de la vida de sociedad, ya estén firmadas o sean anónimas, con o sin destinatario preciso, verdaderas o apócrifas; encargadas de divertir, de comunicar indirectamente, pueden también denigrar y adular, divertir u ofender» (*Madame du Deffand y su mundo*). En el Siglo de las Luces, escribir una carta era algo más elegante, menos jactancioso y más inteligente –cuando no más *intelectual*– que escribir un libro; por ello los mejores libros adoptaban prudentemente la forma epistolar. Por medio de cartas se hablaba de sociología y de reformas gubernamentales, de matemáticas y de teología, de crítica literaria y de las costumbres exóticas de pueblos recién descubiertos. Una carta debía saber informar y razonar, pero sin fárrago, sin notas a pie de página y sin dejar de mantener por medio del estilo una relación directa con el lector: se toleraba la erudición o la metafísica, pero tamizadas por una cortesía alzada a género literario.

Sin embargo, con todo su encanto y su interés, las cartas no pueden conservar para nosotros más que un leve perfume del otro gran arte de la época: la conversación. Los salones, fuesen literarios o simplemente mundanos, giraban en torno a esta habilidad aún más evanescente y aún más necesitada de discreción que la correspondencia. No nos resulta hoy fácil imaginar lo que significaba una buena conversación en las épocas en que la gente no estaba todavía acostumbrada a guardar silencio en torno a un aparato automáticamente charlatán. Poder disfrutar de un Voltaire o de un Montesquieu en una reunión era algo más preciado que el estreno ansiosamente esperado de nuestros días o el teleserial que nadie quiere perderse; por mucho que ahora pongamos culturalmente los ojos en blanco pensando en la suerte sublime de quienes podían disfrutar de tales contertulios, es casi seguro que nosotros a los diez minutos les haríamos callar para ver un buen vídeo. En el fondo, todas las sociedades se han enfrentado a los mismos problemas básicos: en las clases bajas, matar el hambre; en las clases altas, matar el tedio. Sabe uno cuándo ha ascendido socialmente en cuanto nota que ha cambiado un problema por el otro... Escuchar o leer a Voltaire no es nada sustancialmente distinto ni responde a una urgencia incomparablemente más noble que ver otro capítulo de *Dallas* o *Los ricos también lloran*. El secreto de la duquesa de Maine en su corte de Sceaux o de Madame du Deffand en su salón es el mismo que cualquiera de nosotros conoce dos de cada tres fines de semana: se aburrían. Fue mérito de Madame du Deffand no ignorarlo y dejar en diversas ocasiones testimonio reflexivo de ello; luego volveremos sobre esta cuestión.

Pero la conversación, para funcionar como entretenimiento y servir de paliativo al hastío, debía cumplir ciertos requisitos, exigía cierto tipo de *entrenamiento*. No sólo en el hablar, claro, sino sobre todo en el escuchar y apreciar lo dicho. La gente se escuchaba una a otra no por altruismo cortés, sino por la misma razón que el jugador de ajedrez no mueve cuatro piezas seguidas, esperando tras cada jugada la respuesta del adversario: para poder seguir jugando y divertirse mejor. La sutileza de los resortes ya casi olvidados o incomprensibles del arte de hablar en sociedad (aunque hoy no faltan buenos conversadores o placenteros contertulios, la competencia con otros medios de diversión los hace irremediablemente menos preciosos y a sus oyentes menos exigentes) tuvieron sus más o menos satisfactorios teóricos, como aquel delicioso Paradis de Moncrif autor de unos *Essais sur la necessité et sur les moyens de plaire,* cuyo sólo título bastaría para recomendarlo vehementemente a la mayoría de nuestros contemporáneos si por exceso de optimismo les considerásemos capaces de sacarle provecho. Arte de matices, encaje verbal, rechazo de la grosería, la conferencia y la reiteración, podría condensarse en la intraducible expresión francesa: *parler sans s'appesantir.* De vez en cuando, *le bon mot,* el rasgo de ingenio que como un cintarazo perfecto queda acuñado para degustación de los mejores paladares. Así la duquesa de La Vallière, de legendaria belleza, respondiendo a un antiguo adorador que nunca se había atrevido a confesarle sus sentimientos: «¡Ay, Dios mío! ¿Pero por qué no habló usted? Me habría tenido como todos los otros». O la propia Du Deffand, replicando al cardenal de Polignac cuando éste insistía edificantemente en el milagro de san Dionisio, que anduvo más de dos leguas –¡dos leguas, imagínense, señoras mías!– con la cabeza bajo el brazo tras su martirio: «¡Ah, monseñor, lo que más cuesta es el primer paso!». Sin embargo la mejor definición resumida del arte conversatorio de los salones se la debemos a uno de los habituales contertulios de la marquesa Du Deffand, el discreto Formont, que presintiendo una suculenta velada se regodeaba así por anticipado: «Hablaremos de todo y no trataremos de nada».

¿Ejercicios demasiado frívolos de un momento histórico y de una clase social tan exquisita como *descorazonada* –en el doble sentido de la palabra, es decir, primero sin corazón y luego sin ánimo–? Es muy posible, siempre que admitamos que no dicen menos sobre la condición humana que la retórica encendida y fatigosa de la revolución posterior; en cuanto a los problemas *resueltos* por unos y otra, el balance ocuparía demasiado espacio aun como esbozo y debería forzosamente permanecer abierto a incansables revisiones. En todo caso, se trata de un juego de sutileza casi mágica dentro de su aparente intrascendencia en el que descollaron fundamentalmente algunas mujeres. Cada uno de los salones tiene como centro, como animación y como guía una señora, normalmente de mediana edad y a menudo de pasado cargado de galantería nada inocente, la cual «en el declive de su belleza hace brillar la aurora de su ingenio», según la fórmula reverente de Voltaire. Probablemente nunca la mujer –por supuesto de clase alta, por supuesto dotada de ingenio– alcanzó papel tan social e intelectualmente predominante como a mediados del siglo XVIII. Incluso puede considerarse que tuvieron una influencia determinante en el estilo ensayístico de su época, si acierta Diderot cuando explica la gracia de la prosa de Rousseau por haberse criado siempre entre mujeres y haber aprendido a hablar para ellas. El interés sobresaliente de la correspondencia de Madame du Deffand –quizá la más insigne de todas esas damas– es el de revelarnos juntamente el lado externo y el interno de esos salones. En sus momentos de crónica, descriptivos, recoge aquel ambiente preciosista y refinado con enorme agudeza; pero en sus toques reflexivos, lo más personal de las cartas y lo que la marquesa –a la que no gustaba narrar aunque lo hiciera demasiado bien– apreciaba por encima de todo en cuanto escritora, se nos revela el envés desesperado de la frivolidad brillante, su íntima zozobra, su incesante cuestionamiento y su secreto terror. En las cartas se nos brinda a la par lo que la marquesa *oía* en sus reuniones, las más distinguidas de su momento, y lo que ella *pensaba* sobre quienes hablaban y lo que decían; también lo que nunca alcanzó entre todo lo que se le ofrecía. Lo más público y lo más privado de una compañía irrepetible...

Marie de Vichy-Champrond nació en 1697 de una noble familia borgoñona. Quedó huérfana a una edad muy temprana y se educó en el convento de la Madeleine de Traisnel, en la parisina *rue* de Charonne. Esa santa institución estaba más dedicada a surtir los placeres puerófagos del influyente marqués de Argenson que a educar a las pupilas en el necesario temor de Dios. El precoz desparpajo de Marie le valió una entrevista-sermón con el gran predicador Massillon, que quedó encantado de la vivacidad polémica de la niña y la recomendó leer más el catecismo. A los veintidós años la casaron con el marqués Du Deffand de la Lande, que tenía treinta y gustos de un feudalismo marcadamente rural. De ese matrimonio de conveniencia no obtuvo más que una primera dosis masiva de lo que habría de ser la pócima habitual de su vida –el hastío– y el apellido que la inmortalizaría. Tras una separación amistosa, Madame du Deffand comenzó a frecuentar la sociedad más desprejuiciada en la corte del regente Felipe de Orleans, al que Cioran bautizó en una ocasión como «un Calígula amable». Era atractiva, era muy inteligente, quería divertirse y no afectaba ningún pudor ni falso ni verdadero, todo lo contrario. Se cuentan de ella algunas reuniones orgiásticas en *cabarets* propicios con tres o cuatro señoras de sus mismos gustos, en las que nadie acababa con la cabeza sobria ni la ropa en su sitio. Durante una cena en el Palais-Royal atrajo la atención del Regente, de quien fue amante durante quince días, plazo que –considerando los gustos de éste– no es demasiado breve. Después tuvo otros amantes y destacó en algunos bailes suntuosos y desvergonzados a los que las damas más pudibundas o más hipócritas negaban prudentemente su asistencia. Comenzó a hablarse de ella más de la cuenta y su situación se aproximó peligrosamente a la exclusión social. Entonces apareció con oportunidad en su vida el presidente Hénault y establecieron una relación honorable y equilibrada que la rescató para el mundo de lo *comme-il-faut*. Hénault, presidente de la primera Cámara de Encuestas e historiador aficionado, era un hombre respetado, razonable y de excelente compañía. La marquesa no enloqueció obviamente de amor por él –según escribió en una ocasión, a lo largo de toda su vida Du Deffand no tuvo «*ni tempérament ni roman*»–, pero ambos entablaron una complicidad mutuamente satisfactoria que debía durar varias décadas.

Durante algunos años, Madame du Deffand, ya célebre por su ingenio y buena compañía, asiste como animadora a la corte de Sceaux, donde la duquesa de Maine mantenía su propio reinado egocéntrico y refinado. Allí conoció a Madame Staal-Delaunay, dama de compañía de la duquesa cuyas admirables *Memorias* son otro gran monumento literario e histórico de la época: allí trabó también relación con Voltaire, centro obligado del mundo de la cultura, de la galantería y de la ironía mundana. Por fin, en 1747, rondando los cincuenta años, se instala en el convento de Saint-Joseph (donde después tendría su sede el Ministerio de la Guerra) y en esas magníficas habitaciones que antes fueron de Madame de Montespan comienza la andadura su salón. Los más grandes serán asiduos de él: Montesquieu, Marmontel, Beaumarchais, Voltaire, D'Alembert y los viajeros ilustres como Gibbon, Hume, Grimm... Por la parte de *ellas*, no faltarán ni la exótica Mademoiselle Aïssé, ni la duquesa de Choiseul (la llamada «abuelita» en la correspondencia de la marquesa, pese a ser mucho más joven que ésta), ni la duquesa de La Vallière, ni la fiel mariscala de Luxembourg... El salón de Madame du Deffand pronto no tendrá más competencia en París que el de Madame Geoffrin, musa de los enciclopedistas. Pero Madame du Deffand no les echa de menos: para ella, salvando a Voltaire y en un principio a D'Alembert, esta ralea de agitadores intelectuales son sólo una variante de los curas, aún más faltos de gusto que éstos y más peligrosamente perturbadores. Diderot asiste un día a la *rue* Saint-Joseph, pero no vuelve. La marquesa comenta irónicamente su defección: «No hemos podido retenerle porque no tenemos átomos ganchudos». Detesta a Rousseau, cuyo estilo le parece más paradójicamente deslumbrante que iluminador («hay que alumbrar a los hombres, no cegarlos») y dotado de una malsana calidez febril. A Voltaire, considerado por los demás y finalmente por sí mismo como *chef de file* de los enciclopedistas, le reprocha con suavidad este malquisto liderazgo: «Querido contemporáneo, no olvide nunca que usted pertenece al siglo de Luis XIV». En el fondo, ella no se considera ligada al destino demasiado pedagógico y finalmente optimista del Siglo de las Luces: sus gustos aristocráticos la avecinan al régimen anterior, mientras que su atroz pesimismo y su *weltschemerz* preludian el romanticismo venidero. Como bien ha señalado André Bellessort «ella es muy de su siglo y nadie parece haberlo sido más; pero las más sólidas cualidades de su espíritu provienen del siglo precedente, y llevaba dentro de sí la melancolía áspera y sombría del siglo siguiente» (*Dix-Huitième Siècle et Romantisme*).

Pero en los mismos años en que comenzaba a ascender irrefrenablemente el prestigio de su salón, la zarpa de la fatalidad araña sin clemencia a la marquesa. Una enfermedad debilita sus ojos hasta, tras una agonía demasiado larga de sucesivas esperanzas y desánimos, dejarla completamente ciega. El visceral pesimismo de Du Deffand obtiene así un implacable refrendo. Para ella, que tantas veces ha repetido que el mayor mal de los humanos es haber nacido (aunque ni siquiera constatando tal mal dejamos de temer a la muerte), para ella, que considera «*toutes les conditions, toutes les espéces également malhereuses, depuis l'ange jusqu'a l'huître*», esta aflicción atroz ostenta el rango de verificación metafísica. Viene además a agravar el más característico de sus achaques: el hastío. Como Schopenhauer, como Baudelaire, como los existencialistas, Madame du Deffand padece ese *tedium vitae* que corroe como un mucílago derogatorio todo lo que toca: «Lo que se opone a mi felicidad es un hastío que se asemeja a la tenia solitaria, que consume todo lo que podría hacerme feliz». Es un mal que ella considera prácticamente universal y en el que ve, perspicazmente, uno de los motores de la activa desazón humana: «... todo el mundo se aburre, nadie se basta a sí mismo y es este detestable hastío que persigue a cada cual y que cada cual quiere evitar lo que lo pone todo en movimiento». El efecto primordial de esta dolencia trascendental es una absoluta e irremediable *indiferencia*, que ningún acontecimiento ni honor logran franquear: «Gobernar un Estado o jugar al trompo me parecen lo mismo», dice la marquesa; y en otra ocasión: «Quisiera ser una autómata o una santa, pues las dos cosas se equivalen». Si esta indiferencia hastiada ha formado siempre el sustrato anímico de la señora, la ceguera añade un elemento de urgencia desgarradora a la habitual monotonía del mal.

De todas formas, esa capacidad del hastío para estimular a quien lo padece a cometer cualquier cosa con tal de salir de él, no deja de tener sus ventajas. Gabriel Matzneff reivindicaba hace poco a este incesante calumniado: «Hay que rehabilitar el tedio, que es una virtud apacible, inocente y silenciosa; también una virtud fecunda, pues sin el tedio no tendríamos las obras de Marco Aurelio, de Leopardi o de Flaubert. Si, en lugar de perecer de hastío en el castillo del Dux, el envejecido Casanova hubiera dispuesto de un televisor, de una universidad para la tercera edad y de un ministro del tiempo libre, jamás hubiera escrito sus *Memorias*» («*Le taureau de Phalaris*»). En el caso de Madame du Deffand, sin el hastío reforzado por la ceguera no tendríamos la mayor parte de su correspondencia; sobre todo, no tendríamos probablemente el asombroso cruce de misivas con Voltaire. De todos sus posibles corresponsales digamos «no afectivos», Voltaire es con mucho el predilecto de la marquesa: las cartas que recibe de él son entretenidas, sabias, picantes y prestigiosas; ella puede escribirle dando discreta rienda suelta a su vocación reflexiva y a su musa nihilista. Este intercambio, por supuesto, no es rigurosamente simétrico, pero se complementa bien por ambas partes. Madame du Deffand, ciega e inmovilizada en su salón, se las ingenia para darle a Voltaire la suficiente crónica mundana de París y de sus intrigas como para asegurar las respuestas del escritor más cotizado y del hombre más ocupado de Europa. También le muestra su gusto seguro y la suficiente polémica filosófica como para que el patriarca de Ferney se esfuerce por no trivializar demasiado y por profundizar en su concepción del mundo. Ambos corresponsales exhiben un decidido pesimismo, pero de calidad muy diferente. El pesimismo de Voltaire es activo, emprendedor, humanitario; no cree en nada y en abstracto lo deplora todo, pero su curiosidad y su vitalidad son inagotables y es evidente que se divierte prodigiosamente en este valle de lágrimas, aun sin dejar de verlo como tal. En cierta ocasión responde a una declaración particularmente aniquiladora de la marquesa: «No es que la nada no tenga cosas buenas; pero creo que es imposible amar verdaderamente la nada, a pesar de sus buenas cualidades». Madame du Deffand no ama precisamente la nada, pero desdeña sin ambages todo lo existente. Es rabiosamente inmovilista en lo político y en lo metafísico, no por conformidad con el mundo, sino por desesperada certeza de que no tiene enmienda posible y que sólo es susceptible de empeoramiento. Ni siquiera la tarea demoledora de supersticiones y tolerante de Voltaire merecen su apoyo entusiasta: «Pero, señor Voltaire, amante declarado de la verdad, decidme de buena fe: ¿acaso la habéis encontrado? Combatís y destruís todos los errores, pero ¿qué ponéis en su lugar? ¿Existe algo real? ¿No es todo ilusión?». Quizá la misma ignorancia sea un bien muy superior a la ilustración que los debeladores del oscurantismo quieren promocionar: «Todas mis observaciones me hacen opinar que cuanto menos se piensa, cuanto menos se reflexiona, más feliz se es; lo sé incluso por experiencia». En resumen, sólo los extremos de la alternativa son aceptables, la estupidez absoluta o la recompensa autoindulgente de la genialidad: «*Il faut être Voltaire ou végéter*». Para quien oscila desdichadamente entre ambos extremos, la correspondencia con el gran hombre es un bien demasiado precioso, un consuelo nada desdeñable al que Madame du Deffand se aferra durante muchos años, dando lugar así a uno de los intercambios epistolares más interesantes de todo ese siglo eminentemente epistolar.

Esta mujer ostentosamente desdeñosa del exhibicionismo sentimental, considerada fría y hasta despiadadamente egoísta por quienes la trataron, tirana educada y frívola que proscribía de su reino tanto el aburrimiento de lo pseudoelevado como el apasionamiento lacrimoso y falto de gusto, tuvo en su vida al menos dos relaciones fuertemente afectivas y, cada cual en su estilo, igualmente desventuradas. La primera fue con Mademoiselle Julie de Lespinasse, cuyas cartas –casi tan memorables como las de la marquesa– forman un sugestivo contrapunto lírico al cerebralismo inmisericorde y secretamente convulso de ésta. Mademoiselle de Lespinasse vivía en el sometimiento producido por su condición de bastardía con unos parientes de la marquesa, en Champrond. Se conocieron en uno de los retornos de Du Deffand a su tierra de origen e inmediatamente se estableció entre ellas una fuerte relación de atracción mutua. Encantada por el talento natural y la discreción de la joven, la marquesa pensó convertirla en una útil lugarteniente de su generalato en el salón; para Julie, la gran dama de París era la posibilidad de huir de su vida humillante y sometida en la aburrida provincia. Durante varios años, esta simbiosis funcionó excelentemente y Julie de Lespinasse se convirtió en otro atractivo –y no el menor– del famoso salón de Du Deffand. Pero su encanto era tan grande que llegó un momento, quizá no intencionadamente buscado, en que se encontró volando con sus propias alas. Aprovechando que tenía sus habitaciones en otro piso del convento que las de la marquesa tomó la costumbre de reunir a una selecta representación de los contertulios del salón en su cuarto y crear su propia reunión durante más o menos una hora, antes del inicio de la recepción oficial en el piso de abajo. Cuando se enteró accidentalmente de lo que tomó como una abominable traición, Madame du Deffand montó en la más tonante de las cóleras. ¡Aquella advenediza que había sacado del arroyo, cuarenta años más joven que ella, quería robarle a sus invitados y sabotear su salón, que era lo único que apreciaba en el mundo! La expulsó fulminantemente de su lado, pero Julie no se fue sola: algunos de los contertulios la siguieron y formaron en torno a ella un nuevo salón, que llegó también a gozar de importante prestigio. El cabecilla de estos secesionistas era D'Alembert, antiguo protegido de Du Deffand, a quien ésta había conseguido su plaza en la Academia pese a sus reservas contra los enciclopedistas. A partir de ese momento, hubo guerra a muerte entre ambas damas y también entre sus mutuos fieles. Cuando años más tarde murió consumida de ardores insatisfechos la pobre Julie –a la edad de cuarenta y cuatro años– Madame du Deffand sólo comentó: «Ojalá hubiera muerto quince años antes. Así no hubiera yo perdido a D'Alembert...».

El otro encuentro, empero, fue aún más decisivo y aún más decepcionante para la reclusa de Saint-Joseph. Todos los viajeros ingleses distinguidos que pasaban por París visitaban antes o después el salón de Madame du Deffand. Hume fue durante una temporada uno de los personajes mimados de la tertulia y también se dieron graciosos incidentes, como el que motivó la mofletuda rotundidad del rostro de Edward Gibbon. Madame du Deffand tenía la costumbre de pasar sus manos por el rostro de sus visitantes más notables, como una forma de trabar mejor conocimiento con ellos. Cuando el autor de *Decline and Fall* le fue presentado, quiso someterle a la misma exploración, que el interesado aceptó como un honor; la señora paseó sus dedos por las carnosas redondeces de la carota enorme y casi sin protuberancias reconocibles y de pronto enrojeció: «Pero ¿qué significa esta broma indecente...?».

Había confundido la extremidad que acariciaba, quizá porque el gran historiador era algo capicúa... Pues bien uno de los días oyó una voz de acento inequívocamente ultramarino y timbre gratísimo; acarició el rostro invisible que se le ofrecía y Horace Walpole entró para siempre en su vida. La señora tenía sesenta y ocho años, casi treinta más que su invitado. Miembro de la Cámara de los Lores por nacimiento, riquísimo, neurótico y escritor *amateur* (su obra más conocida, *El castillo de Otranto*, se anticipó a las fúnebres extravagancias de los prerrománticos como Ann Radcliffe y *Monk* Lewis), Horace Walpole estaba de paso por la entonces y quizá siempre capital de Europa como remedio curativo contra un desengaño político. En un principio se sintió sumamente halagado por la apasionada atención de Madame du Deffand, que se portaba con él como una novicia arrebolada. Contestó a sus tórridas cartas en un registro más templado pero no muy diferente. Fue más adelante, ya en Inglaterra, cuando cayó presa de una muy británica afección: el miedo al ridículo. ¿Qué dirían sus irónicos conocidos o sus feroces enemigos políticos si llegasen a enterarse de que recibía cartas demasiado afectuosas de una notoria libertina jubilada de setenta años? Sus respuestas comenzaron a ser más y más distantes, abundando en reconvenciones para la inoportunamente fogosa señora. Madame du Deffand se debatió contra la evidencia del desamor –«*je suis refroidi*», le escribió Walpole–; aún más, de que nunca hubo ni pudo haber amor. Liquidó y reanudó su intercambio con el inglés media docena de veces, mordiéndose el orgullo, aferrándose a esta última ocasión de romper el cerco implacable de la indiferencia hastiada. La correspondencia se mantuvo hasta el final de su vida, pero ya más amargamente sosegada, como quien ha *visto* definitivamente y no tiene más remedio que aceptar.

Madame du Deffand fue convirtiéndose poco a poco en una supervivencia del régimen condenado a la extinción, aquel régimen frívolo, sutil y lleno de gusto en el que Talleyrand –que alcanzó durante su juventud a visitar el salón de la marquesa– centró la inasible *douceur de vivre*. En 1778, cuando Du Deffand anda por los ochenta y un años, muere su contemporáneo Voltaire, el más deslumbrante de sus cómplices epistolares. Dos años más tarde es ella quien debe afrontar la última y sin embargo más temida incomodidad de la vida. Como nunca ha sido fanática de la batalla antioscurantista y siempre ha cultivado el respeto a las formas, recibe en el lecho del que no va a levantarse al cura de Saint-Sulpice, a quien previene así: «Señor cura, vais a quedar muy contento de mí; pero hacedme el favor de ahorrarme tres cosas: ni preguntas, ni razones, ni sermones». Dicta luego su última carta al ingrato Walpole. Al releérsela para recibir la aprobación final, el discretísimo Wiart, su secretario durante cuarenta años, no puede contener los sollozos. La atención siempre puesta en el estilo de la misiva se desvía por un momento hacia las lágrimas imprevistas y la marquesa pregunta como para sí misma, con incrédula dulzura: «*Vous m'aimez donc?*». La respuesta imposible, ya superflua, tropieza con el definitivo silencio.

Kant y el reino de la libertad

No es fácil sobrevivir a dos siglos y medio de exégesis académica, sobre todo cuando se ha convertido uno en el prototipo mismo de «filósofo para profesionales de la filosofía» y nadie acude al rescate desde ámbitos menos asfixiantes que las aulas universitarias. Los poetas leen a Platón; los políticos, a Aristóteles; los científicos, a Epicuro y Lucrecio; los curiosos, a Montaigne; los matemáticos, a Descartes y Leibniz; los revolucionarios, a Spinoza... Pero ¿quién lee a Kant? Sólo los profesores de filosofía, absurda caterva tan incapaz del riesgo del pensamiento como fascinada por el *mecanismo* del pensar. Kant lo tiene todo para encandilar a los doctores: una jerga especializada, una estructuración altamente compleja y ambigua, que se presta a la paráfrasis, una pretensión sistemática, pequeñas oscilaciones de opinión –dentro de una fundamental coherencia– que permiten hablar de un «primer Kant» y un «segundo Kant», una cierta impenetrabilidad para el profano, notas moderadamente edificantes y una crítica «seria» de la tradición que posibilita la inacabable disputa entre los «tradicionalistas» y los «modernos» en el seno tibio de la Academia. Es el filósofo soñado para un curso, el autor que mejor encaja en el plan de estudios. Además, el destino de Kant es tan profundo y secreto que, visto desde fuera, parece una ausencia de destino: no tiene biografía que atraiga sobre él la atención, sólo un escaso repertorio de anécdotas –su silueta corcovada, su puntualidad, su criado con el paraguas, su terca radicación en Koenigsberg...– que más bien contribuyen a propinarle cierto airecillo ridículo, un rancio aroma a alcanfor. Y, sin embargo...

Sin embargo, *además* de dar cumplido pie a todo lo dicho, Kant fue el filósofo que se atrevió a pensar en toda su radicalidad los supuestos dispersos de la Ilustración y su cumplimiento en la Revolución francesa; el más encarnizado defensor de la razón como definitiva guía y fundamento de la vida humana, contra la superioridad de cualquier otra instancia, instintiva, religiosa o política; y Kant fue, por encima de todo, el filósofo de la libertad, suprema exigencia del hombre para dar sentido a su paso por la tierra, que se manifiesta en la opción ética por la que cada individuo contribuye a la implantación de la comunidad pacífica y justa. Que la frondosidad de un razonamiento exigente consigo mismo hasta lo moroso no nos oculte el auténtico designio del pensamiento kantiano: la explicitación teórica de todas las consecuencias que conlleva la respuesta más rigurosa a este interrogante: ¿qué significa ser libre?

Fue el mismo Kant quien dijo: «En filosofía, no hay autores clásicos». Quiso decir que ningún conocimiento exhaustivo de un sistema ni la veneración por la tradición más acreditada dispensan de pensar; las soluciones de la filosofía no son definitivas, como las de la fe, ni progresivamente acumulativas, como las de la ciencia: cada filósofo cuenta su historia *desde* las de los otros, tomando el cuento del otro como alusión o contrapunto, tal como en *Las mil y una noches* cada narración se engarza con la precedente o se incrusta dentro de ella como el desvarío de un argumento más vasto. Empero, Kant ha adquirido la categoría de clásico del racionalismo e incluso hay quien saluda en él el acabamiento de la metafísica especulativa, con el hondo alivio de quien se quita de encima una tarea arriesgada y gravosa: «Ya no será preciso pensar, de ahora en adelante bastará con calcular». Pues pensar no significa describir o utilizar lo real, sino *agotar teóricamente sus contradicciones*. Utilizado como clásico, Kant es un escudo contra el pensamiento, un policía de la especulación que cierra el camino a los desarrollos espirituales más ambiciosos y, por tanto, subversivos; así puede ser entendido el Kant del final de la *Crítica de la razón pura,* cuando afirma que la mera especulación, es decir, la metafísica, «en nada desmerece por el hecho de que sirva más para impedir errores que para ampliar el conocimiento, antes bien le da dignidad y prestigio por la censura que ejerce, la cual garantiza el orden universal y armonía –y aun bienestar– de la república de la ciencia, evitando que sus animosas y fecundas elaboraciones se aparten del fin principal: la felicidad universal». De aquí puede derivarse una raquítica, conformista y biempensante filosofía instrumental, dedicada a perseguir abusos «metafísicos» y a pergeñar marcos para las ciencias, que reclamará para sí y gozará su carácter de Institución. No seguiremos aquí este uso complaciente con lo dado, de tanto predicamento en la academia hoy, y buscaremos aquello de Kant más urgente porque es menos vigente o radicalmente olvidado.

La Ilustración fue una exaltación a todos los niveles de la Razón, diosa semidesnuda y provocativa que los revolucionarios franceses acabaron entronizando en el desierto altar del viejo Dios. Frente a la Revelación, la razón prestigia una religión natural; frente al despotismo monárquico, un gobierno más y más igualitario y popular; frente a las limitativas vinculaciones de la tradición, una jubilosa realización individual; frente a la intolerancia y la persecución ideológica, la libertad de conciencia y la amplia discusión de los principios; frente al misticismo inmovilista, la creatividad científica que acaba por dominar a la naturaleza... Kant respondió a la pregunta «¿Qué es la Ilustración?» con un vibrante párrafo que alcanzó merecidamente la celebridad: *«La ilustración consiste en el hecho por el cual el hombre sale de la minoría de edad. Él mismo es culpable de ella.* La minoría de edad estriba en la incapacidad de servirse del propio entendimiento, sin la dirección de otro. Uno mismo es culpable de esta minoría de edad, cuando la causa de ella no yace en un defecto del entendimiento, sino en la falta de decisión y ánimo para servirse con independencia de él, sin la conducción de otro. *Sapere aude!* ¡Ten valor de servirte de tu propio entendimiento! He aquí la divisa de la Ilustración». Toda la obra filosófica de Kant no es más que el proyecto de un racionalismo sistemático, una exploración radical de los propósitos, las capacidades y los límites de esa ambigua diosa, nacida en Grecia, que no había dejado ni un instante de ampliarse y depurarse en la abstracta desnudez de la conciencia pecadora del cristiano. El filósofo ilustrado constata la enemistad universal de los estamentos asentados en la fuerza de lo indiscutible contra la libertad de razonamiento: «Oigo exclamar por doquier: ¡no razones! El oficial dice: ¡no razones, adiéstrate! El financiero: ¡no razones y paga! El pastor: ¡no razones, ten fe!». Pero, a continuación, vislumbra en la silueta del déspota ilustrado de su época la futura alianza del poder de la razón con la razón del poder: «Un único señor dice en el mundo: ¡razonad todo lo que queráis y sobre lo que queráis, pero obedeced!». El déspota ilustrado «no teme a las sombras», pero se apoya en un fuerte y disciplinado ejército interior para mantener una paz que no es, en último término, más que el retumbar de su palabra de mando. En este punto de inflexión llega la Ilustración a lo que Nietzsche llamaría «su mediodía»: entre un autoritarismo intolerantemente dogmático y el naciente Estado que se va configurando para poder asimilar dosis de controversia que antaño hubiesen sido fatales para el Orden.

Según Mendelssohn, Kant era «el destructor de todo». Lo primero que destruyó fue la unidad misma del espíritu, que fragmentó en tres facultades: razón, entendimiento e imaginación. En el entendimiento residen los mecanismos del conocimiento, la compleja fábrica de nuestra catalogación del mundo: de aquí la ciencia y la regulación de lo científico. Es una facultad instrumental con respecto a la razón, cuyo mundo es el de los fines que dan sentido último a la vida del hombre en la tierra: de ella depende la moral. La imaginación se encarga, de algún modo, de conciliar y armonizar las otras dos facultades. En el ámbito del conocer prima el entendimiento y Kant formuló ciertas importantes restricciones al uso teórico puro de la razón, que fueron consideradas como una estocada definitiva a la posibilidad de la metafísica: puesto que el entendimiento sólo funciona sobre los fenómenos que le proporciona la experiencia sensible, y la razón, a su vez, sólo generaliza apoyada en los materiales organizados por el entendimiento, es claro que la razón no puede alcanzar a determinar objetos como Dios o el alma, de los que carecemos de toda intuición experimental. Sin embargo, estos complejos razonamientos de la *Crítica de la razón pura* sólo sirvieron para clarificar que el tipo de conocimiento que pretende la metafísica es distinto del saber instrumental que se propone la ciencia empírico-matemática, cuyo modelo en época de Kant seguía siendo la física newtoniana. El logro esencial de la *Crítica...* es separar radicalmente la razón instrumental de la razón especulativa o dialéctica, no quedando esta última condenada a la ilegalidad sino referida a una legalidad diferente. Quizá esta escisión fundamental no es más que la interiorización definitiva de la división del trabajo, que hiende el espíritu para mejor dominar al hombre. En todo caso, desde un punto de vista histórico, Kant no sólo no acaba con la metafísica especulativa, sino que acelera su más alto cumplimiento, al destacar el definitivo papel del sujeto en la constitución del objeto. Libre, por obra del mismo Kant, del modelo de la ciencia experimental, la especulación metafísica, es decir, el ejercicio de la razón pura, levanta sus más audaces construcciones: los sistemas de Fichte, Schelling y Hegel. Con este último, el racionalismo de la Ilustración alcanza su completa realización o, si se quiere, su Thermidor: todavía hoy seguimos prisioneros en el refulgente círculo de sombra trazado por el Sabio Absoluto. Quienes –¡aún hoy!– crean haber encontrado en Kant una inapelable condena de la especulación metafísica, como reino de vagas abstracciones opuestas a la sólida experiencia de la útil ciencia, recuerden estas palabras del mismo pensador de Koenigsberg: «Para escándalo de la filosofía se ha alegado, con no poca frecuencia, que lo que puede ser cierto en ella sea, sin embargo, nulo en la práctica. Y por cierto que se ha dicho en un tono excesivamente desdeñoso y pleno de arrogancia; pues se pretendió reformar a la razón misma por medio de la experiencia y, justamente, en aquello en que ella pone su honor supremo. La sabiduría se oscurece si cree que con ojos de topo, apegados a lo empírico, se puede ver más y con mayor precisión que con los ojos propios de un ser constituido para estar erguido y contemplar el cielo». Y esto no es en modo alguno una hipócrita declaración beata, contraria a lo practicado por el mismo Kant, sino la más honda convicción que subyace a su pensamiento; para entenderlo así, basta con preguntarse qué es aquello en que la razón pone su honor supremo, según Kant.

El entendimiento se ejerce en el ámbito de lo sensible; pero el mundo de la razón es suprasensible: no es el reino necesario de la Naturaleza, sino el de la libertad. La libertad es la categoría racional por excelencia, su materia propia, el oxígeno que respira. Al aplicarse a la Naturaleza, el entendimiento descubre por todas partes el funcionamiento inexorable de la casualidad, categoría fundamental del conocimiento a la que, en último término, se reducen todas las otras, como demostró Schopenhauer siguiendo la traza de Kant. Pero hay un ámbito en el que las causas y los efectos dejan de engarzarse necesariamente: es el mundo de la opción abierta, el reino de la libertad, en el que la razón puede finalmente entregarse al juego que le da sentido: *elegir.* Ya no se trata de descubrir y acatar implacables leyes naturales, sino de dictar y respetar una ley propia, libre, específicamente humana: *Obra de tal modo que tu conducta pueda llegar a convertirse en norma general.* La voluntad acepta esta ley de la razón por un acto de libertad completamente autónomo, no mediatizado por consideraciones de premios o castigos: según Kant, no hay nada tan valioso que pueda recompensar al hombre por el ejercicio de su libertad moral, pues este ejercicio es lo más valioso, ni tan terrible que pueda disuadirle de practicar su libertad contra la ley, pues carecer de libertad de elección es lo más terrible. Quien actúa moralmente para conseguir el cielo o por temor al infierno no ha entendido cuán grande es el valor de la libertad; sigue siendo un niño, al que rigen criterios ajenos, pero no el ejercicio de su propia razón. Lo mismo puede decirse de quienes pretenden oponer al cumplimiento de la ley moral criterios de placeres o beneficios terrenales o quieren justificar el acatamiento a la ley considerándola fuente del placer más alto: pues nada, ni siquiera la felicidad puede medirse, con oponerse o reforzar a la virtud. Son magnitudes incomparables: «La felicidad contiene todo (y también nada más que) lo que la Naturaleza nos ha procurado; la virtud, en cambio, lo que sólo el hombre se puede dar o quitar a sí mismo». Austeridad plenaria la de este intento de devolver a la voluntad toda su autonomía e instalar la razón en total libertad. La apuesta ilustrada por las luces se juega aquí en su terreno más importante y nunca como en Kant se acepta hasta sus últimas consecuencias la altiva y despojada soledad de la razón como guía del hombre.

Pero ¿qué nos puede inclinar a aceptar la formulada ley moral? ¿No seremos igualmente libres actuando de cualquier otro modo, haciendo daño a los más débiles y ejerciendo la rapiña en nuestro provecho, por ejemplo? También para Kant, como para Sócrates, el malo es quien no entiende, quien permanece incapaz del ejercicio ilustrado de la propia razón. Porque la tarea más alta de la razón, el triunfo más radiante del espíritu, lo más precioso para quien ha logrado pensar, es el establecimiento de una comunidad justa y libre. Sólo respetando la ley moral, que dicta su universalidad imparcial al mundo infinito y contradictorio en que vivimos, podemos propiciar la llegada de la Ciudad ideal. ¿Con qué menos va a conformarse el hombre libre? La prioridad de la razón sobre el entendimiento tiene su adecuado reflejo en la del reino de la libertad sobre el de la naturaleza. El mundo sensible es el campo de juego del espíritu, que lo va organizando a su imagen y semejanza hasta conseguir la paz perpetua. Si esta concepción parece escandaloso idealismo abstracto a nuestros impíos oídos, intentemos recordar que es el último planteamiento de actuación política desde la moral, es decir, *la última vez que se considera la actuación moral más razonable comportarnos como si fuésemos realmente libres, para merecerlo y llegar a serlo.* Después, ya vendrá Hegel a enseñarnos que sólo el Estado es libre, que no hay más libertad que la interiorización del acatamiento del Estado, que el juego político no es libre, sino histórico, es decir, necesario, que al espíritu finito no le queda más razón que la razón de Estado y que la aparente libertad negativa de su «*non serviam!*» no es sino el cumplimiento de su necesidad más íntima, la de su muerte. A fin de cuentas, salvadas todas las distancias, el «tú debes» de Kant está más cerca del «yo quiero» de Nietzsche de lo que parece, pues a ambos les aproxima su rebelión contra el «yo soy» de Hegel. ¿Acaso no emociona la protesta del hombre moral contra el político que conoce «de verdad» a los hombres y recomienda mano dura?: «Nuestros políticos dicen que es necesario tomar a los hombres como son y no como los pedantes, que ignoran el mundo, y los delirantes bienintencionados sueñan que deberían ser. Pero ese "tal como son" tendría que significar: lo que hemos hecho de ellos por injusta coacción, por pérfidas intrigas llevadas al gobierno, o sea, seres tercos e inclinados a las revueltas». Es la voz de Rousseau, la voz de los ilustrados. Hay una suprema confianza en que el individuo, asediado por las limitaciones de la materia y corrompido por los manejos de los déspotas, guarda en lo más hondo de sí un irreductible foco de energía que no renuncia a la tarea libertaria de crear una comunidad perfecta. Como hoy estamos acostumbrados a juzgar toda actitud política por un baremo de éxito o fracaso, que ya de por sí lo condena todo a un radical fracaso, nos cuesta aceptar el proyecto ético de Kant: «No se trata de ser felices, sino de ser dignos de la felicidad».

Nietzsche criticó ferozmente, según su manera, a quien llamaba «el gran chino de Koenigsberg». En un primer término, le parecía elogiable que Kant hubiese probado la subjetividad del espacio y el tiempo, de la casualidad, en una palabra, del mundo sensible, disipando así la ilusión cientificista de objetivismo. Pero la filosofía kantiana le parecía morosa, falta de estilo, doctoral, más digna de funcionarios que de creadores; además, en el conformismo de la vida privada de Kant se advertía un fiel reflejo de los compromisos de su pensamiento: «Kant estaba apegado a la Universidad, sometido a los poderes públicos; guardaba las apariencias de una fe religiosa, soportaba vivir entre colegas y estudiantes; es, pues, natural que su ejemplo haya producido profesores de filosofía y una filosofía de profesores» (*Consideraciones intempestivas*). La posteridad de Kant le dio en buena parte la razón, pero la figura misma de Kant no fue tan indiscutiblemente filistea como Nietzsche la pinta. Respecto a su sometimiento al Estado, recordemos que el mismo rey Federico Guillermo II le prohibió escribir o hablar de religión, a raíz de su libro *La religión en los límites de la razón*; no fue ésta la única campaña oficial contra las enseñanzas del «destructor de todo». Por otra parte, en su interesante opúsculo *El conflicto de las facultades*, Kant define el papel de la filosofía como crítica de todas las restantes disciplinas (Teología, Derecho, Medicina), «lo que en verdad les resultará muy molesto, pues sin estos críticos hubiesen podido reposar tranquilamente en su posición». La filosofía «sólo se ocupa de doctrinas que no son aceptadas como normas por orden de un superior» y debe considerársela como «libre y dependiente exclusivamente de la legislación de la razón y no de la del gobierno». Éstas no son declamaciones hueras, pues toda la obra de Kant confirma con su práctica la honradez de estas convicciones. Evidentemente, lo que Nietzsche le reprocha es no haber puesto en tela de juicio la noción misma de *razón*, pese a haber iniciado efectivamente su crítica, y haber basado su moral en el deber, tan fácil de convertir en consigna esclavizadora. Respecto a la ética kantiana, ya hemos dicho algo antes y hemos intentado mostrar que hay en ella una profunda exaltación de la libertad que, en su calidad de opción radical, quizá no difiera tanto como parece de la «transvaloración de los valores» nietzscheana. Con el tema de la razón entramos en la crítica de la gloria y miseria de la Ilustración toda; quizá hasta que ésta no llegó a su punto máximo de esplendor, con Hegel, no fue posible la reacción de Nietzsche. En todo caso, a Kant no se le ocultaron las dificultades ni las paradojas de la ambigua diosa revolucionaria. En un momento advierte que el hombre sueña con un paraíso de ignorancia y holganza, del que la arrolladora actividad de la razón le saca y cuyo retorno le prohíbe: «La razón le impulsa a soportar con paciencia fatigas que odia, a perseguir el brillante oropel de trabajos que detesta e inclusive a olvidar la muerte que le horroriza: todo ello para evitar la pérdida de pequeñeces, cuyo despojo le espantaría aún más».

Los últimos meses de la vida de Kant fueron particularmente dramáticos, según nos cuenta Thomas de Quincey. Sus facultades intelectuales mermaron hasta la imbecilidad; por una muestra de lo que Borges llamaría «la espléndida ironía de Dios», perdió la noción del tiempo y del espacio. En el pequeño cuaderno que le servía de *vademecum* tuvo que apuntar los meses del año, que olvidaba, y los temas de conversación que ya había discutido en la sobremesa con sus amigos, pues temía repetirse y aburrirlos. Frecuentes pesadillas acosaron su sueño, habitualmente sereno. Voluntarioso, escribió en su cuaderno: «No entregarse a los pánicos de las tinieblas». Esta postrera resolución del racionalista moribundo sirve de divisa a su vida toda y de lema animoso a quienes aún nos debatimos en la oscuridad.

La nueva máscara del demonio

Para Luli, compañera de horrores

> Hay veces en que a nadie vemos, y oímos, sin embargo, el ajetreo de la faena diabólica, y es como si alguien cantase en voz alta un cantar. Y se nos acercan los demonios como si vinieran de lejos y empiezan a pronunciar palabras destinadas a debilitar el entendimiento del pusilánime: «Sobre la Creación impera hoy la ley de que amemos la desolación, pero fuimos incapaces por la voluntad de Dios de entrar en nuestras casas cuando llegamos para hacer lo justo». Debemos, por eso, estar alerta y no dar oídos a sus palabras, aunque sean las suyas palabras de verdad. Pues sería una vergüenza que llegasen a ser nuestros maestros precisamente los que se rebelaron contra Dios.
>
> San Antonio Ermitaño

Reconozco que soy un entusiasta incurable de las películas de terror. Más o menos disfruto con todas, desde las fantasías de Murnau, Whale o Jack Arnold hasta las envaradas caracterizaciones de nuestro Paul Naschy, pasando por los estremecimientos infinitamente inteligentes de Hitchcock. Esta afición me ha propinado últimamente unas cuantas películas de posesión diabólica y exorcismos que, sin ser de lo más sutil del género por el momento, no carecen de encanto. Quizá el tema, cuando caiga en manos de un talento superior, dé para más. Debo admitir que la película que ha desencadenado esta serie, *El exorcista*, es francamente mala; mala desde el punto de vista –que es el mío– de un aficionado al género que prefiere *La novia de Frankenstein* a todo Antonioni y a todo Godard juntos. Es un producto mediocre, aburrido y nulamente ingenioso; pero indudablemente ha aportado a la mitología del terror filmado una serie de mitemas que no van a desaparecer de la noche a la mañana. Junto a la capa y el ataúd del Conde o la luna de Talbot, perdurará la jovencita que habla con voz cavernosa, sufre una escalofriante degradación física y vomita abominables jugos verduzcos. La fuerza de esta creación no reside en el escaso talento del guionista o del director del filme, sino en la del Maligno que accede finalmente a hacerse presente a través de ellos. Olvidado su nombre y su silueta, pero más presente que nunca por su influjo, Satán preparaba su *rentrée*. Desacreditada la misa negra (por la paralela decadencia de la blanca), es en los cines donde se celebra el culto sacrílego y el antiguo enfrentamiento maniqueo. El retorno del infernal exiliado se ha parecido un poco al de esos viejos desterrados españoles que vuelven ahora a la patria: todo el mundo se alegra de que sigan vivos, pero todo el mundo se siente un poco defraudado: «¿Así que éste era el terrible...?». El demonio vuelve: ¡algo tendrá que decirnos! Incapaz de desentrañar los aspectos teológicos del asunto, campo que cedo a la erudición de mi amigo Miret Magdalena, me gustaría señalar algunos de los rasgos diferentes que he advertido en esta nueva máscara del demonio, parcialmente distinta a las advocaciones tradicionales de Satán. Me baso para ello en las tres películas que conozco personalmente de este género: *El exorcista*, de Friedkin; *Poder maléfico* y *El Anticristo*, de Alberto de Martino. *La semilla del diablo*, de Polanski, pudiera servir de lejano punto de referencia. Naturalmente, dejo de lado los aspectos estrictamente cinematográficos –si es que existe tal cosa– para las personas competentes en la materia. Vamos directamente al mito, que es lo interesante.

Lo primero y más digno de subrayar de la vigente imagen del diablo es que su ataque se produce sin que nada en la conducta previa de su víctima lo justifique. No hay por ninguna parte ni tentación, ni culpa: el nuevo demonio es amoral. Lo que hace víctima de él no es el pecado, sino la debilidad: se apodera de una niña inocente, de una mujer embarazada, de una paralítica... El mismo hecho de que elija siempre mujeres subraya este carácter de fragilidad que provoca la venida del Malo; un hombre parece que exigiría enfrentamiento, lucha, elección: cuando el demonio deja a la niña y se hace con la mente del cura, en *El exorcista*, éste logra arrojarse por una ventana y librarse de él. Toda la sutileza del diablo clásico le venía de su radicación en el campo moral: el demonio era inteligente porque tenía que seducir a una voluntad libre... Ahora le basta con ser brutal o tenaz, pues su tarea es aprovechar las fisuras de un ánimo débil. Ya no es el Gran Tentador, sino el Gran Invasor: se desencadena como el pedrisco y arrasa todo aquello que no está sólidamente protegido o no tiene raíces fuertes. Acabó el diablo conversador, razonador, sofista, que dedicaba su tiempo y su paciencia infinitos a convencer al orgulloso de que le convenía dar rienda suelta a su orgullo o al casto de que había cosas más preciosas que su castidad. Uno añora aquel

Lucifer, propenso a los torneos dialécticos, que amenizó las horas santas de Antonio en el desierto o al Belzebú impuesto en patrística que razonaba teológicamente con Lutero. El diablo siempre supo ser refinado psicólogo, como exigía la inmortal complejidad de la presa que codiciaba: caballeroso y calculadamente vulgar con Fausto, podía adoptar formas horripilantes si era el coraje la virtud que había decidido asediar. Pero el juego siempre estaba planteado a nivel moral: se trataba de hacer pecar, no de dar náuseas. Desentendido de la ética, el demonio actual parece especialista en dispepsia y forzado del retortijón.

Una vez que ha logrado apoderarse de su víctima, el demonio se entrega a actividades no menos carentes de sutileza que lo que fue su invasión brutal de un inocente. Lleva a cabo, en primer término, una radical demolición del cuerpo que le hospeda; pero una demolición de los aspectos, digamos, *apolíneos* de dicho cuerpo: lo deforma, lo retuerce, lo mancha, le pone la cabeza al revés, le convierte en fuente de vómitos y fetidez... En una palabra, le impone todo aquello que alarma al concepto acabado, bien formado y estable que el ciudadano de la civilización altamente técnica tiene de su cuerpo. El cuerpo siempre está amenazado por la descomposición, por la deformación: hay que conservarlo joven, terso, sin grasa ni arrugas, bronceado, con cabello, limpio, inodoro, ágil, duro... Esto es lo sano, lo que Dios manda; pero luego llega Lucifer y abre ese cuerpo cerrado, lo hincha, lo despedaza... En una palabra, lo transforma en un cuerpo *dionisíaco*. Naturalmente, la mujer está más amenazada por esta transformación que el hombre. El cuerpo femenino es ya de por sí mucho menos apolíneo que el varonil, peligrosamente propenso al abultamiento, a la ondulación, a los flujos malolientes y, horror de los horrores, al embarazo. Por ello la propaganda civilizada trata de conjurar especialmente los espantos que acechan en el cuerpo femenino, a fuerza de fajas represivas, desodorantes, maquillaje, cirugía plástica y demás exorcismos. Las mujeres procuran que no se les note mucho el parentesco con la bacante; aspiran a un cuerpo tan bruñido, acorazado y *funcional* como el del hombre. Sueñan con un cuerpo de *negocios,* con un cuerpo con cartera de ejecutivo, aunque con «chic» femenino y perfume francés. Muchas de las proclamas austeras de la menos inteligente –y más extendida- liberación (?) femenina contribuyen a reforzar esta aspiración de la mujer a la funcionalidad de la que, más mal que bien, algo la rescataba su tradicional carácter de «objeto lujoso». He leído incluso defensas del aborto por motivos estéticos, refrendo del espanto que produce ese barrigón dionisíaco que es, mientras no se invente otra cosa, lo más amenazador y subversivo que la mujer puede aportar a la liberación de ambos sexos. Pero ya Huxley previó en su *Mundo feliz* la generalización del horror apolíneo a parir y la glorificación del amor «libre» de adultos «sanos», que hace del cuerpo un elemento definitivamente abstracto. De modo que Satán es el gran liberador de la mujer, en cierto sentido, el que de verdad acaba con el rígido cuerpo apolíneo de la mujer-objeto y con el cuerpo militante y funcional de la mujer-sujeto; él la posee, la hace trepidar y la lleva, preñada y jadeante, hasta su oscura cúspide. Como era de esperar, a la mujer no la puede liberar la mujer, ni mucho menos el hombre, sino el Espíritu...

Como siguiente paso, el demonio se entrega con entusiasmo a, literalmente, todos los excesos, *a los peores excesos.* Rompe mobiliario, provoca tormentas, aúlla obscenidades en varias lenguas, da brincos, levita, hace prodigiosas demostraciones de fuerza: ¡es una verdadera exhibición de indomable energía! El demonio no oculta su parentesco con el derroche, con la dilapidación; todo lo tira, nunca ahorra: para él, todo es desperdicio. Gasta sin mesura el aliento de los pulmones, la comida, los objetos de uso, las modestas o suntuosas riquezas con las que los hombres amueblan su vida. Antes, cuando se dedicaba a tentar, cumplía al menos un papel en la burocracia celestial; ahora se pasa el día en la cama, sin pegar golpe o, mejor, pegando golpe donde no debe, desordenadamente, destructivamente. Los endemoniados se definen fundamentalmente porque son improductivos, pero no pasivos; no hacen nada, en el sentido en que «hacer» equivale a fabricar algo, pero despliegan una actividad prodigiosa: son... ¡como niños! Son juguetes en garras del demonio, que se pasa los días jugando con ellos a juegos indescifrables. Todos los intentos curativos de los endemoniados comienzan por atarlos, por intentar inmovilizarlos, para que dejen de romper y dilapidar; luego se intenta hablar con ellos de modo ordenado, según el método encorsetador de preguntas y respuestas, que excluye el alarido y la divagación, manifestaciones típicas del poseso. Pero de este modo se entra, ciertamente, en el juego del demonio, que quiere exhibirse, tener público ante el que practicar sus emponzoñadas habilidades. Las endemoniadas disfrutan sorprendiendo, horrorizando, escandalizando: la posesión diabólica tiene vocación extrovertida. Cuando los aterrados familiares y los baqueteados curas abandonan la habitación del endemoniado, le dejan solo y aburrido, medio letárgico; en cuanto vuelven, el Maldito revive jubilosamente. Esta vocación exhibicionista de Lucifer es otra faceta de su carácter derrochador y lujoso.

Llegamos a la figura que logrará derrotar a Satán y hacerle devolver su presa: el exorcista. Obviamente, tiene que ser alguien vinculado con el ámbito numinoso al que el propio demonio pertenece; médicos, policías, psicoanalistas, etc., fracasarán de modo rotundo ante una entidad que pertenece a otro mundo, a un mundo que les está vedado. Esta vinculación con el más allá puede venirle al exorcista de su profesión sacerdotal o –caso de *Poder maléfico*– por un pacto faustiano con el diablo. Analizaré el primer tipo solamente, por ser el más frecuente y significativo. Para luchar contra el demonio, no sirve cualquier sacerdote; en casi todas estas películas aparece la figura del cura de fe vacilante, reblandecido por la molicie pecaminosa de la vida moderna y por el relajamiento posconciliar, que no logra ser contrincante digno de Satán. Por el contrario, la figura del exorcista se nos presenta austera e inconsútil, sin concesiones ni dudas: es el cura de una sola pieza, el perfecto maniqueo que considera el Mal como lo absolutamente otro. Los curas modernos van aceptando en cierto grado la necesidad del Mal, piensan –como Orígenes y Papini– que el diablo se salvará también al final de los tiempos, pues en lo más hondo nunca ha sido *la faceta más inexcrutable de Dios*... Por eso Cristo enseñó a rogar a Dios: «No nos induzcas en tentación», indicándonos que Dios no puede tener Enemigos y que Satán no es sino la forma más oscura de su misterio. El exorcista, en cambio, opone inexorablemente la Luz a la Tiniebla y no tiene fisuras en su coraza por donde pueda penetrarle el humo de Lucifer. Está más allá de toda duda o flaqueza: es, en una palabra, *fanático*. Sólo el fanático no se deja contaminar por la orgiástica seducción, mezcla de horror y atractivo, que se desprende de las contorsiones de la endemoniada: sólo él no cede a la debilidad de reconocerse cierto *parentesco íntimo* con la posesa... Pues por aquí es por donde fallan los otros, que no logran ver la posesión diabólica como un estado absolutamente diferente, sino como la radicalización de cierta tendencia reprimida, quizá incluso más necesaria e irrefutable que el llamado Bien.

No sé hasta qué punto mi discreto lector considerará relevante la precedente meditación luciferina. Yo, sin embargo, vislumbro algunas conclusiones significativas sobre el estadio mítico de la sociedad en que sufrimos. No ha faltado quien haya achacado este retorno del demonio al «irracionalismo creciente», que tiene anchas espaldas. Mi opinión es exactamente opuesta. Estas películas materializan los monstruos engendrados por el sueño de la razón, no los desvaríos de la sinrazón. Aquí podríamos enunciar algo así como «el principio de razón insuficiente», según cuya fórmula la razón que ha excluido de su ámbito todo lo inverificable o informalizable produce una cantidad de sinrazón incontrolable directamente proporcional a la rigidez de sus exigencias de verificalidad y formalismo. O, para decir lo mismo de otra manera: el retoño más indeseable del obtuso materialismo contemporáneo es el delirante y supersticioso espiritualismo contemporáneo. Ya nadie puede dar cuenta del mal: perdido el campo ético, en el que la transgresión se inscribía como necesaria en términos absolutos, pero combatible a nivel individual, el mal se ha convertido en el puro absurdo que llega nadie sabe cómo de nadie sabe dónde. El Enemigo es malo y hace el mal, pero como no tenemos moral ninguna según la cual juzgarle y juzgarnos, cualquier actitud que tomemos frente a su ataque *colabora* con él: ésta es una descripción abreviada y sin ilusiones de la política actual en el mundo.

El demonio es sucio, retorcido, derrochador y juguetón; no para de hacer cosas, pero jamás trabaja. En el fondo de nuestro horrorizado corazón, descubrimos agazapada nuestra simpatía por tan censurable comportamiento. No podemos negarlo: en cierto modo, ya estamos poseídos por él... Su aspecto nos horroriza, sin duda: ¡qué terrible degeneración han sufrido nuestros deseos reprimidos durante su encarcelamiento! ¡Qué poco se parece el espeluznante Ángel Caído al hermoso Luzbel! Sólo su perentoria energía prueba que son el mismo. Pero pese a estar convencidos de nuestro parentesco con la mueca del diablo, seguimos luchando frontalmente contra él. Cuanto más adopta el rostro de nuestra utopía o nuestra necesidad, más decididos estamos a eliminarlo definitivamente. Nosotros estamos demasiado infectados de duda y nostalgia para poder vencerle; será preciso que recurramos al fanático de hierro, inasequible al desaliento y a la seducción de la decadencia, para que formule convenientemente el exorcismo que nos deje purificados y sometidos. *Satán*, en hebreo, significa «el perseguido»: ¿acaso no es ése el nombre secreto de cada uno de nosotros?

Amor a Stevenson

-¿Serías capaz de sacar las consecuencias de una
parábola? No es lo mismo que un razonamiento, pero
por regla general es más convincente.
Will inclinó su cabeza un poco, pero luego volvió a
levantarla hacia los cielos. Parecía como si las estrellas
se dilatasen y proyectasen una luz más vívida,
y conforme el muchacho alzaba más y más sus ojos,
la multitud de aquéllas parecía crecer bajo su mirada.
Entonces se volvió hacia el joven y le dijo:
-Comprendo. Vivimos en una trampa, ¿no es eso?

R. L. S.

Qué verde era mi valle. El bondadoso y paternal Walter Pidgeon reconforta al niño Roddy McDowall, quien acaba de escuchar al médico que quizá pierda para siempre el uso de sus piernas; le recuerda la fe evangélica en el Salvador que hizo andar a los paralíticos y ver a los ciegos, le señala a través de la ventana el lugar donde verá florecer los narcisos en primavera y le regala *La isla del tesoro*, diciéndole: «A mí no me importaría leerla otra vez». El milagro, la primavera, la aventura..., es el mundo de Stevenson. Pero no todo su mundo. En el prólogo de sus preciosos ensayos *Virginibus Puerisque* nos dice que empezó a escribirlos con un propósito bien determinado: «Iba a ser el *advocatus*, esperaba que no *diaboli*, sino *iuventutis*». Y, sin embargo, señala un poco más adelante, «aún con la mejor voluntad, nadie puede tener para siempre veinticinco años». Habrá que cambiar, pero hasta qué punto y en qué precisamente? Por que «los tiempos cambian, las opiniones van variando hasta convertirse en sus opuestas, y todavía el mundo aparece como un magnífico gimnasio, lleno de baños en el mar, ejercicios hípicos y pesas, varoniles virtudes, ¿hay algo más estimulante que encontrar todavía con agrado ahora al amigo al que recibíamos con agrado antaño? Pero no mucho después de haber publicado esa página, como el crítico William Archer le reprochase una concepción excesivamente «física» de la felicidad, Stevenson le recordó en una carta que «aquel que consideró el mundo como un magnífico gimnasio, es hoy poco más que un inválido, que hace mucho no se acerca a una canoa ni coge unas pesas, ni siquiera puede darse un paseo largo, y se ve privado de los placeres más comunes». Y, sin embargo, se reafirma en esa misma carta en su decisión de no decir una palabra en sus obras contra el esplendor de la vida. *Advocatus iuventutis*, siempre; no *advocatus diaboli*. Y ya en sus últimos años, cuando su médico le escribe para recomendarle reposo en su tarea creadora pues si no corre el peligro de morir joven, Stevenson le responderá: «Sepa usted, doctor, que un hombre, muera cuando muera, siempre muere joven...». Porque ser *advocatus iuventutis* no sólo consiste en hacer el elogio de los ejercicios al aire libre, sino también de las virtudes del aire libre: coraje, alegría, veracidad, piedad, camaradería, lealtad... ¿Cómo se puede hacer buena literatura con tan buenos sentimientos? Se impone rescatar a Stevenson de sí mismo, dirán algunos, frente a los escépticos que menosprecian sus obras por ser en exceso «juveniles», «inmaduras», y lo afirman con risible cabeceo de zorras ante las uvas demasiado altas... De modo que ahora, para justificar este retorno «adulto» a R. L. S.,[1] sería preciso añadir las sombras sin las que ningún cuadro alcanza profundidad. No sólo las sombras de Jekyll y Hyde –que es más que un relato, es la acuñación definitiva de un mito–, sino también el oscuro mensaje de *El amo de Ballantrae*, una de las más grandes y angustiosas novelas del siglo, de increíble sutileza en su planteamiento ético-pasional, la tenebrosa meditación sobre la justicia que dejó inacabada en *Weir of Herminston*, el espanto de *Olalla*, el vampiro femenino más *creíble* de todos los recensionados en la literatura, o el análisis netamente conradiano que hace en *Bajamar* del fracaso y el fanatismo. Pero cómo, si en la misma *Isla del tesoro* el edificante triunfo de la Ley va acompañado de un elo-

---

1. Entre las diversas ediciones o reediciones de R. L. S. destaquemos: *Virginibus Puerisque*, el primer libro de ensayos del autor traducido al castellano (Editorial Taurus); *Bajamar*, su última novela concluida, de las más desconocidas y de las más hermosas (Editorial Hiperión); *Secuestrado*, la primera parte de las aventuras de David Balfour, en Alfaguara-Einaudi; *El extraño caso del Doctor Jekill y Mister Hyde* y *La botella diabólica* en Alianza; *Una aventura de François Villon* en Moby Dick, etc... Esperemos que estas versiones no incurran en los horrores de algunas otras también recientes. Por ejemplo la traducción que publicó Barral de *La isla del tesoro*, con las hermosas ilustraciones de Junceda, tenía supresiones y abreviaturas del traductor además de haber cambiado de lugar un par de capítulos (!!). La colección de novelas de intriga de «El libro de bolsillo» sacó una cosa titulada «El muerto vivo», obviamente traducida del francés, la osadía del traductor había llegado hasta inventarse un «título original» en inglés –*The Dead Alive*– correspondiente a *Le mort vivant*, sin duda, que es el título que la obra llevó en la edición francesa que le sirve de fuente, pero poco parecido a *The Wrong Box*, que es el nombre que recibió esta graciosa historia al salir de las manos de su autor.

gio francamente atractivo del menos escrupuloso bandidaje... Sí, todo esto puede decirse. Pero eso sería como reconocer que es más grande artísticamente ser *advocatus diaboli* que *advocatus iuventutis*: sería traicionar la raíz misma del ánimo literario de R. L. S. Más vale atreverse a aceptarle abiertamente como lo que él quiso ser: ese buen amigo de antaño al que volvemos a recibir con agrado muchos años después.

Un escritor con encanto

Una noche de junio, en Edimburgo, Stevenson tiene entonces veinticinco años –nadie, ni con la menor voluntad, puede conservarlos para siempre– y escribe una carta a la señora Sitwell, en la que habla de un hombre que se aleja con él, el honorable Sr. J. Steed: «... y nos contaba cosas sobre los Mares del Sur, hasta que ardí en deseos de ir allí... La isla del Navegante se llama aquel sitio, el cual es seguro bálsamo contra la tristeza». Por entonces, R. L. S. es sólo un muy pobre escritor que vive en una bohemia miserable aunque, señala orgullosamente, «voluntaria»: de momento, no parece un candidato probable a un crucero por el Pacífico. Trece años más tarde sus éxitos literarios le permitirán fletar una goleta en San Francisco, el *Casco*, y poner proa hacia su viejo sueño. Le acucia algo más que el recuerdo de un anhelo de juventud: el estado cada vez peor de su salud, para el cual ya no ve más solución que el suave clima de las islas. Seguro bálsamo contra la tristeza, dijo el honorable Steed, el hombre que volvió de la isla del Navegante; o un lugar para morir joven, demasiado joven, como todos los hombres. El 28 de julio de 1889 llega a las Marquesas: «La primera sensación no puede nunca repetirse. El primer amor, la primera aurora, la primera isla de los Mares del Sur, pertenecen a memorias aparte, que tienen en sí algo de virginidad». Desde que oye el chapoteo del ancla de la goleta frente a los arrecifes de Nuka-Iva, como Jim Hawkins oyó caer el ancla de la *Hispaniola* mientras se comía con los ojos la isla del tesoro, sabe que en aquel paisaje ha de concluir su jornada: «Mi alma bajó con el ancla a una profundidad de la que ningún buzo podría haberla extraído, y, al igual que algunos de mis compañeros de a bordo, fui desde aquel instante un esclavo de las islas [...]. Si me son concedidos más días de estancia en la tierra, los pasaré donde he encontrado la vida más agradable y más interesantes los hombres. Las hachas de mis criados negros desbrozan ya el terreno para construir mi futura casa y tendré que acostumbrarme a comunicarme con mis lectores desde el más remoto rincón del mar». Esa isla de Nuka-Iva, la primera que pisa, tiene ya prosapia literaria: cincuenta años antes que Stevenson, desembarcó en ella, huyendo de la vida en un ballenero americano, el joven Hermann Melville. Allí vivió su aventura de unos pocos meses entre los caníbales taipi, cuyo célebre relato conocía muy bien R. L. S. En ese medio siglo, las Marquesas han cambiado mucho. Stevenson levantará acta del aniquilamiento racial de los polinesios, su resignada y poética obsesión por la muerte, la decadencia irreversible de su forma de vida. Las Marquesas, las Tuamotú, las Gilbert, un paraíso, pero un paraíso envenenado, un jardín desertado por la inocencia y amenazado por fatales espadas de fuego. R. L. S. luchará en la medida de sus fuerzas y del breve tiempo de que va a disponer contra la palpable degradación y el expolio, hasta el punto de hallarse en el corazón de más de un conflicto político con las autoridades inglesas y francesas. El narrador se instaló en Samoa, la isla del Navegante de la lejana conversación en Edimburgo, y allí, en Upolu, murió apenas cinco años después de su desembarco en Nuka-Iva. Aquellos mismos indígenas que desbrozaron el terreno donde debía edificarse su casa, abrieron con sus machetes el camino hasta lo alto de la colina donde fue enterrado Tusi-Tala, el que cuenta historias. En sus últimos días escribió poemas con temas escoceses y también en Escocia transcurre la novela que dejó inacabada. Así, poco a poco, desde su exilio, volvió a las rocas y brezos de Skerryvore.

La principal característica de Stevenson como escritor es su inconfundible *encanto*. Ya sé que ésta no es una categoría científica de crítica literaria, ni permite formalizaciones o crucigramas semióticos; ni siquiera puede conceptualizarse de modo inequívoco. Y sin embargo, cualquier verdadero lector sabe a lo que me refiero y sólo para buenos lectores escribo esta página. ¿Qué es el encanto en literatura? Una propiedad más fácil de describir negativa que positivamente, un algo que no es genio, ni profundidad, ni brío, ni perfección formal, ni vocación innovadora o clásica, un toque que puede poseer un autor menor y estar sin embargo ausente de una alta cima de las letras universales. Podemos reconocer encanto a escritores que, de cualquier modo, no nos gustan o no nos interesan; debemos admitir que algunos de nuestros autores favoritos carecen de este atributo. Y empero, el encanto despierta auténtica *adicción* cuando se combina con otras cualidades que nos son queridas: sólo un escritor con encanto es capaz de arrastrar tras de sí auténticos viciosos, de convertir la afición literaria en manía. A lo que más se parece el encanto es a la *simpatía* que despiertan a primera vista ciertas personas afortunadas y que nos permite admirar sus virtudes sin envidioso recelo y disculpar graciosamente sus defectos. Esa simpatía literaria es lo que poseen Voltaire, De Quincey o Borges, pero no Anatole France, Goethe, Pérez Galdós o Máximo Gorki: es algo que acompaña el intenso dramatismo de Kafka, pero no el de Melville o Dostoiewski; Flaubert lo demuestra en *Salambó,* pero no en *Madame Bovary.* Hay algo en el encanto de inequívocamente juvenil, algo que no pueden conservar los autores que alcanzan demasiado pronto su plena madurez; aunque los grandes *charmeurs* de las letras suelen ser los escritores más deliberados que hay, se las arreglan para que sus textos parezcan siempre fruto de una afortunada improvisación, de una inspiración casual e irrepetible, mientras que los autores «a lo Thomas Mann» dan la impresión de llevar toda su vida ensayando cómo conseguir el más retumbante do de pecho. Stevenson es uno de los afortunados sobre cuya obra aletea casi siempre este diosecillo singular. Incluso cuando más defrauda, nos sentimos frente a él como la esposa enamorada ante el marido pícaro y mujeriego con el que nunca sabe estar enfadada mucho tiempo, pues hasta en sus pecados conserva esa gracia que tantos virtuosos nunca conocen. Pues esa gracia no es un aditamento de la virtud, sino la virtud misma. Abrir un libro de Stevenson es como recuperar los sábados por la tarde de nuestros años colegiales: algo prometedor, incitante, nostálgico, misterioso, nieve nunca pisada y, sin embargo, algo familiar, recurrente, confirmador, íntimamente exaltante de lo que en nuestros mejores momentos creemos que somos. Las cosas que sabe, las sabe de la manera que nosotros queremos pensar que deben ser sabidas; lo mucho que ignora, nunca lo echamos en falta hasta después de haber dejado de leerle. Quizá la mejor descripción de su estilo pueda hacerse acudiendo a las palabras con las que Kafka habló de cierto mágico silbido a cuyo son reposaba de sus luchas y cobraba nuevas fuerzas todo un pueblo: «Hay en él algo de la pobre y breve infancia, algo de la felicidad perdida que nunca se puede volver a encontrar; pero también algo de la vida activa de hoy, de su limitada, incomprensible y sin embargo persistente e inextinguible animación. Y todo esto no está dicho en modo solemne, sino ligeramente, susurrando, en confianza...».

Una humilde protesta

En una ocasión escribió C. G. Jung, con gran tino: «Fácil, muy fácilmente, envenena la autocrítica el manjar sabroso de la ingenuidad, que es don imprescindible para todo hombre creativo». También a Stevenson le llegó la hora de reflexionar a fondo sobre su arte y lo hizo sin escrúpulo ni torpeza. A fin de cuentas, siempre fue un elaborador refinado de sus obras, concienzudo y puntilloso hasta el borde mismo del decadentismo. Es natural que acogiese con agrado la posibilidad de exponer sus principios literarios. Pero cabe sospechar que ese sutil envenenamiento de la fruta ingenua de sus primeras obras no dejó de pesar sobre su producción final, cada vez más inclinada a la interiorización deliberada de los conflictos (basta comparar la primera parte de las aventuras de David Balfour, *Kidnapped*, aparecida en 1886, con la segunda, *Catriona*, de 1893), a un refinamiento intelectual de los planteamientos éticos, a la creación muy deliberada de personajes «densos» y cada vez tropezando con mayores obstáculos para concluir los libros: esta serie de obras incompletas o terminadas por otros no creo que se deban tanto a las debilidades del cuerpo enfermo de R. L. S. como a las perplejidades de su conciencia estética. En cualquier caso, el personaje decisivo en este autoanálisis fue nada menos que Henry James. En 1884, James escribió una exposición teórica sobre la función de la literatura. Allí sostenía que es misión de ésta «competir con la vida»; refiriéndose a Stevenson, al que manifestaba abiertamente admirar, se decía incapaz de polemizar con él o de compartir su fórmula literaria, porque «yo he sido niño, pero nunca he ido a buscar un tesoro enterrado». R. L. S. respondió con un artículo titulado «Una humilde protesta», en la que discrepa abiertamente de que el arte pueda o deba competir con la vida, opinión que ya había discutido con ocasión de su «Nota sobre el realismo». Si la narrativa imita algo, cosa en sí dudosa, no será la vida «sino el habla: No los hechos del destino humano, sino los énfasis y supresiones con que el actor humano habla de ellos». El novelista proviene en línea directa del cuentista que distrae a sus camaradas en torno al fuego del campamento y este último no es «imitador de la vida», sino fundamentalmente creador, inventivo. Esa reinvención oral es la que el narrador transcribe a su modo. En resumen: «La novela, que es una obra de arte, existe, no por sus parecidos con la vida, que son forzados y materiales, tal como un zapato debe estar hecho de cuero, sino por su inconmensurable diferencia de la vida, que es deliberada y significativa, y que es juntamente el método y sentido de la obra». Tras esta lúcida profesión de fe, R. L. S. afronta el problema que le supone la extraña infancia de Henry James, quien fue niño pero nunca buscó un tesoro: «Aquí hay ciertamente una paradoja; porque si nunca ha buscado un tesoro escondido, queda suficientemente demostrado que nunca ha sido niño. Pues nunca ha habido un niño (a excepción de Maese James) que no haya buscado oro, y haya sido pirata, y comandante militar, y bandido de las montañas; que no haya peleado, y sufrido naufragios y prisiones, y empapado sus manitas en sangre, y que no se haya desquitado gallardamente de una batalla perdida y haya protegido triunfalmente la inocencia y la belleza». Éste es el momento de recordar la definición que daba Bertrand Russell de Henry James: «Un señor que saluda a los niños dándoles la mano». A raíz de esta escaramuza, Stevenson y James iniciaron una extensa y sumamente interesante correspondencia que no se interrumpió hasta la muerte del escocés en Samoa. Ambos se admiraban mutuamente y reconocían sin vacilar la elevada maestría artística de su oponente, pero se trataba de dos temperamentos literarios perfectamente opuestos. Fascinado cada cual por la obra de su contrario, trataba con variable laboriosidad y agudeza de explicarle (y explicarse) por qué era incapaz de escribir *así*. La última palabra de Stevenson sobre el tema podría ser ésta: «La ficción es para el adulto como el juego para el niño».

A fin de cuentas, creo que se trata de la oposición que denominé en *La infancia recuperada* como *narración-novela*. Quisiera decir una palabra a ese respecto, pues yo tampoco traté más que de formular una humilde protesta en nombre de la narración, pero en modo alguno de acuñar una nueva preceptiva literaria. Temo que se han dado interpretaciones abusivas o ridículas de mi planteamiento. Una cosa es defender el derecho de Salgari a escribir sobre los piratas de la Malasia y otra muy distinta sostener que el único tema decente para el escritor son los piratas malayos; no es lo mismo señalar que la narración puede cumplir su función incluso manejando muy pobres recursos literarios que proclamar que el más estrecho tradicionalismo formal es el mejor vehículo expresivo para una buena historia. Ningún incidente argumental hace por sí solo divertida a una novela, ni tampoco la innovación estilística es sinónimo de aburrimiento: por ejemplo, el *Tristram Shandy* de Sterne –uno de los más desconcertantes revulsivos formales de la literatura– es infinitamente más divertido que los soporíferos *Misterios de París* de Eugenio Sue, ricos en crímenes y pasajes subterráneos. ¡Qué espantosamente aburrido sería un mundo en el que sólo cupiesen Raymond Chandler, Isaac Asimov y Alejandro Dumas! En ese infierno yo haría peregrinaciones de rodillas para solicitar un Samuel Beckett o un Nabokov. El enfrentamiento entre Henry James y R. L. S. ilustra bien las ambigüedades que enmarañan este tema. James, que es la negación viva del exotismo y lo pintoresco, alcanza a crear un clima de extrañeza y misterio que hacen su mundo más asombroso que cualquier relato ambientado en un escenario insólito; Stevenson, que no renunció a las islas remotas, los piratas o las sectas criminales, logró hacer que estos elementos manifestasen una discreta y verosímil cotidianidad. El admirativo respeto que se profesaron no fue componenda, sino trasunto de su profunda comprensión de la complejidad que embellece la magia literaria. Ninguna justa indignación contra el aburrimiento como premisa de «seriedad» literaria, ningún rechazo de la reclamación que la vaciedad salpimentada con alteración de la puntuación presenta a la gloria novelesca, justificaría la hemiplejía estética de renunciar a James frente a Stevenson. En cualquier caso, la irreductible y gozosa preferencia del gusto no debe degradarse a norma, ni siquiera irónica, de buen hacer.

La ética y el romance

Los problemas éticos fascinaron a Stevenson: es algo sobre lo que Borges ha hecho con razón hincapié más de una vez. Llegó incluso hasta pergeñar un tratado de ética (*Lay Morals*) que no pudo concluir. Se trata quizá del rasgo más inequívocamente decimonónico de su fisonomía literaria. Decir que se apasionaba por la ética no equivale a resumir que enfrentaba buenos y malos, sino que sus tramas se juegan entre personajes muy conscientes de la oposición entre el Bien y el Mal. La pérdida de la comunidad religiosa nos impide esencialmente comprender el sentido de la tragedia griega; la volatilización de la comunidad ética nos mutila de la posibilidad más rica de la novela clásica burguesa. ¡La amoralidad es tan insustancial desde el punto de vista *dramático*! Por supuesto, ni siquiera menciono el caso del teatro, en el que esta carencia es mucho más patente a partir de Schiller y Victor Hugo, con el posible y estéticamente discutible oasis de las piezas existencialistas. Stevenson es el maestro de la *ambigüedad* ética, que es algo contra lo que pudiera suponerse, que sólo tiene sentido cuando los principios morales mismos no son nada ambiguos. Conrad, por ejemplo, es mucho más neto en el plano ético que Stevenson, precisamente porque sus personajes ya no admiten valores absolutos, sino que se ven obligados a imponerlos para escapar a la derrota y la delicuescencia. R. L. S., por el contrario, todavía considera que los pilares del Templo están en pie y sus héroes se debaten sin estar nunca seguros de hacia qué altar se inclina el humo de sus sacrificios. La vertiginosa recreación del tema de Caín y Abel que lleva a cabo en *Master of Ballantrae* es el juego de espejos más refinado y ambivalente de la segunda mitad de un siglo que consintió *Benito Cereno, Crimen y castigo* y *La comedia humana*. A este respecto –aunque en un plano literariamente inferior– sólo *Catriona*, que trataba de la plasmación política de la ética, puede comparársele entre todas las obras de su autor. Quizá en esta preocupación moral reside la inolvidable fascinación de tantos personajes de R. L. S.: cuando el Bien y el Mal ya son más que dogmas periclitados, superestructuras o nostálgicas formas de hablar... ¡cómo entender a Alan Breck, a Florizel de Bohemia o al mismísimo John Silver! Y, sobre todo, cómo crear figuras de una fuerza imaginativa semejante...

Pero el conflicto ético no es, ni mucho menos, el motor exclusivo de la narrativa stevensoniana. Hay otro nervio no menos peculiar en ella, aunque casi nunca se den por separado. El mismo R. L. S. habló de él así: «Hay un vasto campo tanto en las letras como en la vida misma que no es inmoral, sino sencillamente amoral; que no se refiere en absoluto al querer humano, o lo resuelve de modo obvio y sano; donde el interés se dirige, no hacia lo que un hombre elige hacer, sino hacia cómo se las arregla para hacerlo; no hacia los apasionados resbalones y dudas de la conciencia, sino hacia los problemas del cuerpo y la inteligencia práctica, a la aventura al aire limpio y abierto, el choque de armas de la diplomacia de la vida». No hace falta resaltar que esa resolución «obvia y sana» de las perplejidades morales confirma la certeza con la que Stevenson se movía entre los pilares de la ética establecida, de cuyas contradictorias repercusiones individuales era perfectamente consciente. Pero lo más importante aquí es resaltar la existencia de esa otra problemática muscular, hábil, que trata de los obstáculos que la realidad opone al cumplimiento de cualquier voluntad, buena o mala, y de los expedientes que el hombre inventa para superarlos. La crónica de estas peripecias es poco más o menos lo que Stevenson llamaba «romance», por oposición a la novela psicológica o al drama pasional. En el *romance*, influye decisivamente la construcción de ambientes, detalles de *atrezzo*, paisajes... Aquí sí influyen los datos exóticos, así como los elementos misteriosos y la exacerbación de la influencia de la naturaleza con sus voces más roncas: tempestades, desiertos, el océano... Estas variables, en efecto, contribuyen a problematizar el *cómo* de todo hacer y disponer para la voluntad un gimnasio magnífico a la medida de su esfuerzo; en circunstancias más normales y familiares, por el contrario, es la búsqueda del moralmente preferible *qué* hacer lo que prevalece. A fin de cuentas el problema del aburrimiento de cierto tipo de literatura y la diversión que otra produce, salvadas las cualidades estéticas, quizá sea un trasunto del hastío o estímulos exaltantes que la propia vida nos proporciona. Nadie se aburre en un naufragio o al ser atacado por tres hombres armados, por ejemplo, pero darle vueltas a nuestra incapacidad de ser realmente buenos o malos puede desembocar muy bien en cierto hastío, mientras que los intrincados *quidproquo* de la relación amorosa acaban con frecuencia en el bostezo... El romance puede ser tan aburrido como una novela de Claude Simon, de eso no hay duda, pero cuando está bien logrado –y tal fue la maestría de Stevenson– nos proporciona un trasunto de esos momentos elementales en que los dioses nos aman y por tanto zarandean nuestros músculos, convocan la máxima alerta de nuestros reflejos o suscitan el poderoso tónico de la curiosidad y del miedo.

En resumen, amor a Stevenson, que cuando se da suele ser un amor a primera vista o, en caso contrario, ninguna exégesis lo podrá granjear. En cierta ocasión escribió, con atinada cursilería, Jean Dutourd: «De vez en cuando, un ángel cae en la literatura. Es el caso de Stevenson». ¿Un ángel? Quizá a fin de cuentas sea una imagen demasiado desencarnada y blanda. R. L. S. era hijo y nieto de constructores de faros. Esa estampa es más hermosa: un faro. Stevenson como un faro en las rompientes de tierras generosas y aventureras, secretas en la noche. Iluminando con largos guiños a los navegantes perdidos en el Mar de los Sargazos del hastío novelado.

La *Hispaniola* zarpa de nuevo

En los álbumes que recogen las aventuras de Tintín y Milú se asegura –y no seré yo desde luego quien lo ponga en duda– que están destinados a lectores «entre los ocho y los ochenta y ocho años». Algo semejante puede decirse de *La isla del tesoro*. El relato de Stevenson será sin duda disfrutado en la niñez y en la adolescencia, pero también luego en la madurez y yo espero firmemente que alegre las tardes ya más tibias de nuestra senectud. Cada edad leerá el cuento a su modo, desde su propia ilusión o desde su experiencia, pero siempre con deleite. Primero lo disfrutaremos (¡cómo envidio a quienes vayan a conocer la historia por primera vez!) con el gozo intacto del descubrimiento y después iremos encontrando en él nuevas lecciones, matices diferentes, pequeños milagros que se revelan poco a poco como despiertan gradualmente las luces de una ciudad al llegar el crepúsculo. Un viejo poeta inglés escribió que Dios nos concedió la memoria para que pudiésemos tener rosas en invierno: cuando llegue el invierno a nuestra vida, releer *La isla del tesoro* y recordar lo que sentimos antaño al leerla de niños volverá a traernos rosas frescas y fragantes, como recién cortadas, de aventura, de coraje, de misterio y de ese misterio mayor que todos: la amistad.

Sin duda Stevenson conoció el estado de gracia de la gran literatura cuando compuso este libro. Su prosa es sencilla pero nunca simple: hay un afán de exactitud en los matices y una intensidad nada enfática que convierte todas las peripecias en visualmente nítidas y narrativamente irrefutables. Nada sobra ni falta en la trama argumental, desarrollada con un pulso certero que nos embarca –nunca mejor dicho– en lo contado de una manera gradual, pero a la que nadie con vocación de lector puede ofrecer resistencia. Como si estuviésemos sentados junto a un fuego acogedor a los pies del narrador en una alfombra con cuyo dibujo juega caprichosamente el reflejo de las llamas, bebemos cada palabra y cada incidente sin soñar siquiera en la hora de irnos a dormir. Y vienen a nuestros labios las palabras rituales que acompañan el decurso de todas las buenas historias cuando se cuentan como es debido: «¿Y luego? ¿Qué pasó después?».

Así debieron de oír cada noche la lectura del capítulo que había sido escrito ese día Fanny Osbourne, el pequeño Lloyd y el padre de Stevenson, el primer público privilegiado que conoció la travesía de la goleta *Hispaniola* según su autor se la fue dando a conocer a lo largo de un mágico verano en su *cottage* de Escocia. Probablemente colaboró cada uno con algo también, un detalle o un nombre (el del barco de Flint, el *Walrus*, es por ejemplo una aportación de papá Stevenson). Porque a pesar del estilo literariamente impecable y sin duda muy trabajado de la narración, hay en ella claramente un tono vivido, *compartido*, que sólo puede comprenderse plenamente pensando en el juego oral, en la voz del que encanta mientras cuenta y a veces es interrumpido con exclamaciones de temor o de entusiasmo, sin olvidar las contribuciones espontáneas. Este cuento no sólo es familiar porque puede ser leído por toda la familia sino también porque brota de una familia entera, unida en la imaginación como forma de cariño a la vida. Por eso este libro no tiene edad o, mejor, tiene todas las edades...

Es relativamente fácil resumir el argumento de *La isla del tesoro* (hoy ya tan popular y mil veces imitado que lo conocen incluso quienes nunca han tenido la suerte de leer el original), pero es muy improbable que ninguno de esos resúmenes haga realmente justicia a su seducción minuciosa y a sus implicaciones enigmáticas. Es una historia con malos y buenos que acaba con el triunfo de lo debido sobre lo ilegal, como está mandado, pero... Pero incluso los personajes más oscuros saben llamarnos y seducirnos desde su tiniebla, mientras que los hijos de la luz nos dejan en más de una ocasión un cierto poso amargo e inquietante. Por encima de todo lo demás está Jim Hawkins, el portavoz de la eterna adolescencia sin padre que debe buscárselo por su cuenta y riesgo. Porque de la madre surgimos y a ella habremos de volver, pero al padre hay que buscarlo y, una vez encontrado, hay que luchar contra él y después hay que saber comprenderle e incluso quizá perdonarle. Entre los padres convenientes que se le ofrecen (el doctor Livesey, Trelawney o el capitán Smollett) y el progenitor pirata que le tienta y le seduce, Long John Silver, Jim vacila, se debate, se va haciendo mayor. Al final adivinamos que todos esos progenitores incidentales formarán parte de su vida y contribuirán a la riqueza de su alma, tan liviana en lo azaroso como cualquiera de las nuestras. Tal es la parte del tesoro que realmente corresponde al joven Jim.

En Bristol, desde el puerto eterno de la literatura, la *Hispaniola* está dispuesta otra vez como siempre a levar anclas.

Ya nos llaman de nuevo para embarcar y no debemos hacernos esperar demasiado. Que leas o releas bien este cuento, amigo lector. Y que llegues a merecer el riesgo y la aventura de su hermosa lección.

El narrador de emociones

En el cuento *¡Cosas de niños!*, una chiquilla precozmente orgullosa de su nacimiento y su prosapia informa a sus compañeritos de juegos que «aquellos cuyo apellido acaba en *sen* no llegarán nunca a nada en la vida. Lo mejor es ponerse con los brazos en jarras y mantenerlos alejados de una». En este consejo altanero y cruel se condensa gran parte de lo que constituyó la desventura primordial de la vida de Andersen... y también sin duda el acicate que le impulsó a perseguir con obstinación casi desesperada la gloria literaria. Hans Christian tuvo un apellido terminado en «sen», borroso y olvidable: uno de esos nombres más aptos para cerrar puertas que para abrírselas a nadie. Y muchas personas a lo largo de su existencia se pusieron ante él con los brazos en jarras para cerrarle el camino y decirle que por ahí no encontraría paso: sobre todo le ocurrió con mujeres a las que adoraba y que le rechazaron con una constancia verdaderamente desalentadora. De modo que...

El niño pobre, sin estudios, enfermizo y desnutrido, ávido de encontrar en alguna parte el cariño familiar que le faltó, en una palabra, el tópico patito feo por excelencia (tópico que le debemos a él mismo, claro está) no tuvo más remedio que luchar con toda la potencia de su inteligencia y de su sensibilidad para llegar a convertirse en el cisne salvador, aceptado y admirado universalmente. El patito feo del cuento llega a cisne por el simple paso del tiempo, pero Andersen tuvo que ganarse una a una y sin concesiones cada pluma de su estatuto finalmente glorioso. Quizá si hubiese tenido un apellido más rimbombante o unos padres más abnegados no hubiera logrado sacar fuerzas de flaqueza para conseguir su redención literaria...

Ya el seudónimo con el que firmó alguna de sus primeras y poco apreciadas obras revela que, aunque sus orígenes fueron modestísimos, sus objetivos no podían ser más ambiciosos. Porque eligió como primer *nom de plume* el de «William Christian Walter», poniéndose así nada menos que entre Shakespeare y Scott, como si estos dos genios reverenciados debieran ser sus verdaderos padres, los que no le rechazarían ni maltratarían como los carnales que le cupieron en (mala) suerte y cuidarían de velar tutelarmente sobre su incipiente destino de escritor. Aunque su vinculación posterior con ambos autores pueda no resultar obvia a una mirada superficial, ambos demonios benévolos estaban bien escogidos y, como suelen hacer las hadas de los cuentos, vertieron sus dones sobre la cuna literaria de Andersen.

En cuanto al primero de ellos, Eugenio d'Ors acertó a señalar con perspicacia su forma de parentesco: «Andersen se asemeja mucho a Shakespeare; es decir, al evocador de almas». Sus personajes palpitan con una cualidad eminentemente espiritual, o sea que buscan no sólo actuar sino también y quizá ante todo comunicar sus porqués, la perplejidad y el arrobo en que la necesidad de participar en el mundo les sume. Se dan cuenta y dan cuenta por encima de todo de sus emociones. Pero, a diferencia del dramaturgo inglés, las almas evocadas por Andersen no pertenecen solamente a personas, sino también a animales, a plantas e incluso a utensilios domésticos o material de escritorio, como tinteros y plumas. Para el narrador danés, como para el clásico griego, todo está lleno de almas, sean humildes como la mariposa o arrolladoras como el alud de la montaña. Y cada una de esas almas viene a nosotros para interpelarnos, para servirnos de ejemplo o de advertencia, quizá solamente para hacernos sonreír. El universo literario de Andersen es populoso y minuciosamente significativo, lo mismo que el del bardo que repartió mil voces entre asesinos, niñas enamoradas y bufones para mejor ocultarnos la suya.

También hay bastante de Walter Scott en él, como en tantos otros: ahora que el aprecio por sus novelas ha disminuido hasta casi lo imperceptible, no nos resulta fácil imaginar la enorme admiración que despertó la obra del autor escocés en la primera mitad del siglo xix y sobre todo la honda huella que dejó en los autores más variados. En Andersen encontramos trazos del romanticismo borrascoso y lleno de claroscuros del llamado «Mago del Norte», su vocación por convertir la naturaleza en un estado de ánimo... o viceversa, y algo de su trascendentalismo moral en el que los contornos piadosos o impíos de los personajes quedan a menudo demasiado definidos, como una antigua fotografía retocada con pluma para que se columbren mejor las figuras. Pero hay en Andersen mucho más humor que en Scott y también una suerte de bonhomía caritativa que le hace favorecer las existencias pequeñas, frustradas, desdeñadas y aun pisoteadas por la cabalgata de los triunfadores y así le salva de cualquier trémolo épico o de los excesos de la hinchazón retórica. Para comprobarlo basta considerar lo fácil que resulta sacar óperas de los argumentos de Walter Scott mientras que los cuentos de Andersen se prestan mucho mejor a la ligereza del ballet. Ante todo, los relatos de Andersen se han hecho inolvidables y quizá insuperables en su género por el pulso sobrio, leve, ingenuo y a la vez lleno de melancólica sabiduría con que están contados. Toman motivos y leyendas populares, pero no para elevarlos a ninguna excelsitud culterana, sino sencillamente para tamizarlos a través de una subjetividad moderna que los aprecia en su plena valía, aunque pese a todo sin creer ciegamente en ellos. Se ha resaltado en más de una ocasión la ausencia de truculencia y fantasía macabra en estos cuentos que siempre parecen contenerse pensando en el público infantil al que conscientemente se dirigen. No estoy tan seguro de que carezcan completamente de momentos que resultan por lo menos inquietantes: por ejemplo, la hija del rey de la ciénaga tiene la alarmante facultad de transformarse por las noches en un sapo de tamaño monstruoso («su boca blanda y verde se agrandó en su rostro, sus brazos se hicieron más largos y viscosos, una ancha mano palmípeda se abrió en abanico...») que recuerda a algunas criaturas de Lovecraft, mientras que en *La doncella de los hielos* –una de sus historias más hermosas, a mi parecer– el protagonista sufre la persecución implacable de un espíritu de la naturaleza cuya perversa obstinación no deja de resultar más bien desasosegante. Pero en cualquier caso nada que pueda compararse a la morbosidad de Poe, desde luego. La delicadeza humana y la compasión celestial siempre están presentes como última instancia para que lo peor no prevalezca y Andersen nunca fija la mirada en el horror, aunque sea evidente que no lo ignora ni tampoco lo descarta.

Por encima de todo, aunque estos cuentos son siempre morales nunca se regodean en la condenación de los malvados, principal entretenimiento de los moralistas más puritanos e insoportables. Rara vez los perversos resultan castigados por Andersen, casi siempre prefiere ridiculizarlos o, aún mejor, olvidarlos sencillamente mientras los buenos ascienden al lugar que merecen. ¡Un moralista carente de la pasión de *castigar* es algo digno y realmente precioso! Pero el buen y triste Hans Christian no fue en modo alguno un iluso. Como un pespunte rojo corre por todas sus narraciones la sorda protesta de una vida que no cumple las expectativas soñadas y de una dureza de corazón entre quienes deberían ser hermanos o al menos cómplices que no tiene remedio ni apenas alivio en este bajo mundo. Es una rebelión dulce pero no carente de angustia, que no busca la revancha, pero siente perpetua nostalgia de la imposible reconciliación y de todo lo sin ella perdido. En este sentido podemos ciertamente conceder a Hans Christian Andersen el título de educador, en el más noble y menos arrogante sentido de esta noble pero algo arrogante palabra.

Sin pecado concebida
(La moral según J. M. Guyau)

Entre los inevitablemente numerosos centenarios ofrecidos este año de 1988 al posible fervor conmemorativo de la gente de letras, ninguno parece haber despertado menos eco que el de Jean Marie Guyau, poeta y filósofo francés nacido en 1854 y muerto treinta y cuatro años más tarde en Menton. Pese a la brevedad de su vida y a que la enfermedad que habría de matarle le afligió desde su adolescencia, Guyau escribió mucho en verso y en prosa. Hoy es sumamente difícil encontrar ediciones de sus obras en francés, por no hablar de las casi inexistentes traducciones, pero en su día fue un pensador influyente. Los anarquistas españoles de finales del pasado siglo le conocían bien y su concepción moral aparece explícitamente mencionada por los más informados de ellos. Es lícito señalar que Guyau no fue esa cosa impresionante y un poco antipática: un gran pensador. Algo panteísta, bastante evolucionista, vitalista convencido, epicúreo por convicción y estoico por mala salud, Jean Marie Guyau representa bien lo más amable de su época y de su país. La finura nítida de su estilo no desmerece junto al de Bergson, al que según algunos críticos supera en calidad. Sorprende en él cierta patética ausencia de malicia y cierta necesidad de amor eterno, algo así como un candor intacto pero firme. Como Spinoza, ese otro pudoroso creyente en la religión sin superstición –es decir, en la armonía *impersonal*–, Guyau padeció mientras fue recordado la inquina de los clérigos en cuanto supuesto representante de la más desenfrenada impiedad.

A pesar de haber escrito acerca de diversas cuestiones, notablemente en torno a estética, y ser autor de un extenso poema en prosa sobre antropología religiosa (*Vers l'irreligion de l'avenir*) que algunos consideran su obra más importante y que constituye sin duda una especie de testamento espiritualista, más que espiritual, lo más perdurable de Guyau es su teoría ética, contenida en un libro de título poco eufónico: *Bosquejo de una moral sin obligación, ni sanción*, que fue publicado en 1885. El dato a partir del cual inicia su reflexión no es el deber, ni tampoco ninguna otra inspiración articulada, provenga de lo sobrenatural o de la razón, sino la voluntad: «Existe el mundo desconocido y existe el yo conocido. Ignoro de lo que soy capaz en el exterior y no tengo ninguna revelación, no oigo ninguna "palabra" que resuene en el silencio de las cosas, pero sé que interiormente quiero y es mi voluntad lo que fundará mi poder. Sólo por medio de la acción se adquiere confianza en uno mismo, en los otros, en el mundo. La pura meditación, el pensamiento solitario termina por hurtarnos fuerzas vivas». Esta profundización hacia la voluntad trasciende el nivel consciente al que normalmente se atiene la consideración ética tradicional: «La mayoría de los moralistas no ven más que el dominio de la consciencia; pero es sin embargo en el inconsciente o en el subconsciente donde está el verdadero fondo de la actividad». El moralista científico, desprovisto de prejuicios religiosos o sociales, deberá buscar el asentamiento ético en aquello en lo que confluyen los impulsos inconscientes y la deliberación racional. Tal *cantus firmus* es precisamente la *vida*, en tanto instintos y razón coinciden en querer asegurarla, intensificarla y diversificarla. Así pues, «la parte de la moral fundada única y sistemáticamente sobre hechos positivos puede definirse como sigue: la ciencia que tiene por objeto todos los medios de *conservar* y *acrecentar* la vida, material e intelectual».

En el anhelo vitalista se confunden y superan las posiciones tradicionalmente llamadas «egoísmo» y «altruismo». Lo fundamental es que la vida nunca se repliega sobre sí misma: como el fuego, sólo se conserva comunicándose. El altruista es quien ama la vida que hay en él hasta el punto de defenderla y protegerla en sus semejantes. Por apego a la vida, se pone en el lugar del otro: el altruista es un egoísta con imaginación y viva sensibilidad. Los impulsos sociales brotan de esta exigencia vital de intensificar y propagar la vida, reforzados por el mecanismo *sexual* de reproducción que tanto ha hecho por la socialización humana a juicio de Guyau. En el mismo sentido, la vida gusta de la experiencia y de aumentar su complejidad, es decir: ama el *riesgo*. La frigidez timorata de los moralistas no ha concedido su papel ético fundamental al gusto por el atrevimiento y la aventura, que son las dos formas no penitenciales del *desprendimiento*: «Exponerse al peligro es algo normal en un individuo bien constituido moralmente; exponerse por otro no es más que un paso más en la misma dirección. *La abnegación se incorpora así a las leyes generales de la vida*, a las que parecería en principio escapar completamente. El peligro afrontado por sí mismo o por otro –intrepidez o abnegación– no es *una pura negación del yo y de la vida personal*: es esa misma vida llevada hasta lo sublime».

Puesto que brota de la propia vida, encarnada como un mismo afán en cada uno de los seres humanos, esta moral no conoce el pecado ni la obligación en el sentido kantiano del término. Todas las voluntades buscan la felicidad, es decir, la intensificación y extensión de la vida: el «malo» cree que su bienestar es incompatible con el de los otros, el «bueno» sabe que la vida más intensa pide la complicidad más amplia y la comunicación más completa. No hay otra diferencia entre ambas posturas. Precisamente lo que asegura que una disposición es realmente moral es el no necesitar de las sanciones y coacciones que habitualmente refuerzan las leyes religiosas o civiles: «Cuanto más sagrada sea una ley, más desarmada debe estar, de suerte que, en lo absoluto y fuera de las convenciones sociales, la verdadera sanción debe ser la completa *impunidad* de la cosa cumplida. Así veremos que toda justicia propiamente *penal* es injusta; aún más, toda justicia *distributiva* tiene un carácter exclusivamente social y no puede justificarse más que desde el punto de vista de la sociedad: de una manera general, lo que llamamos *justicia* es una noción puramente humana y relativa; sólo la *caridad* o la piedad (sin el sentido pesimista que da a esta palabra Schopenhauer) son ideas verdaderamente universales, que nada puede limitar ni restringir». Esta concepción tan abierta subyace a su explícita falta de simpatía por los representantes más cualificados de las antiguas formas de sanción represiva en este mundo o en el otro: «Los reyes se van; los curas se irán también. Es inútil que la teocracia se esfuerce por trabar compromisos con el orden nuevo, concordatos de algún otro tipo: la teocracia constitucional no tiene más posibilidad de satisfacer definitivamente a la razón que la monarquía constitucional». Y su visión de la justicia no como simple institución defensiva de la sociedad vigente sino como tarea ética colectiva alcanza las más altas cotas de valiente generosidad: «A la justicia estrecha y demasiado humana, que niega el bien a quien ya bastante desgracia tiene con ser culpable, hay que sustituirla por otra justicia más amplia, que da el bien a todos, no sólo ignorando con qué mano lo da, sino no queriendo saber tampoco qué mano lo recibe».

La suavidad mediterránea del clima de Menton lo había convertido en uno de los asilos predilectos de los *poitrinaires*: años atrás por allá pasó también Stevenson, que en las mismas fechas en que se editaba el *Bosquejo de una moral* moría en las remotas orillas del Pacífico sur. Allí pasó sus últimos años Jean Marie Guyau, en compañía de su esposa, hija del también filósofo Ernest Fouillée, su maestro y amigo. El joven agonizante escribió: «Tanto en lo moral como en lo físico, el ser superior es el que une la sensibilidad más delicada con la voluntad más fuerte; en él, el sufrimiento es sin duda muy vivo, pero provoca una reacción aún más viva de la voluntad; sufre mucho, pero actúa más, y como la acción es siempre gozo, su gozo desborda generalmente a sus penas». Son palabras que podría suscribir Nietzsche, quien por esos mismos días y no muy lejos de allí, en la colina de Eze, ante idénticos paisajes, escribe su *Así habló Zaratustra*. Nietzsche leyó y anotó a Guyau, al que dedica alguna puya pero que sin duda dejó huella en su pensamiento. Muchos rasgos no tanto de pensamiento como de temperamento intelectual les distanciaban: la melancolía y la dulzura de Guyau, su anhelo laicamente religioso de final armonía universal, su ceguera ante la perennidad del conflicto en la entraña de la vida misma, todo ello no podía encontrar simpatía en Nietzsche. Ambos se parecen en el coraje con que sobrellevaron sus dolores, en la condensación casi mágica de su destino creador en pocos años, en su fidelidad al lado tónico, soleado, mediterráneo de una existencia que no les mimaba. También Nietzsche hubiera podido suscribir el propósito autofundante con el que Guyau cierra su libro: «Quizá nuestra tierra, quizá la humanidad lleguen también a una meta ignorada que se habrán creado para sí mismas. Ninguna mano nos dirige, ningún ojo ve en nuestro lugar; el timón se ha roto hace ya mucho tiempo o, mejor, nunca ha existido: está aún por hacer. Es una gran tarea y es nuestra tarea».

La ciencia como aventura y como poesía

Nantes, en Bretaña, cerca de la desembocadura del río Loira. Un puerto fluvial, lleno de barcos pequeños y medianos que sueñan con el mar abierto, aún lejano. El niño tiene once años y también anhela las grandes travesías. Pasea por los muelles, oliendo el alquitrán y buscando lo que no conoce, las Indias remotas. Esa mañana encuentra un velero amarrado en cuya cubierta no se ve a nadie. Se cuela a bordo, lo recorre, sube a lo más alto, hasta la cofa del mástil. Desde allí, a lo lejos, avizora por fin la inmensidad del mar. Queda tan arrobado arriba que hasta el último momento no advierte que el barco se dispone a zarpar. ¡Estupendo, la aventura comienza! Sin embargo, la tripulación pronto descubre al pequeño polizón y lo desembarca en cuanto puede para que vuelva con su familia. Al padre indignado que suelta su bronca, el niño le confiesa que pretendía conseguir un collar de perlas y coral para su primita Carolina, a la que ama con secreto fervor infantil. Después, para tranquilizarle, añade: «No te preocupes, no lo volveré a hacer. Desde ahora todos mis viajes serán imaginarios». El niño se llamaba, se llama para siempre, Julio Verne.

¿Es legendaria esta anécdota? Probablemente. O mejor, es una mezcla de realidad y ficción, como las que escribió toda su vida Verne hasta la misma víspera de su muerte, en marzo de 1905. Para frustración de quienes abominan de los *best sellers* y necesitan saberlos efímeros y literariamente despreciables, Julio Verne vendió más que nadie en su día, pero sigue lozano y siempre disfrutó del aprecio de admiradores de elite. Tolstoy (que detestaba al mismísimo Shakespeare) lo leía con fruición, lo mismo que Turgeniev. El ingeniero del Canal de Suez, Ferdinand de Lesseps, no paró hasta conseguir para él la Legión de Honor. Nadar, el pionero de la fotografía, era tan devoto suyo que el novelista jugó con su nombre para inventar el Ardan al que envió haciendo bromas en su proyectil hacia la Luna. Y otra de sus lectoras, George Sand, le escribió agradecida tras devorar *Viaje al centro de la tierra* y *De la tierra a la luna*: «Espero que pronto nos conduzca usted a las profundidades del mar». Para complacer su demanda llegó después *Veinte mil leguas de viaje submarino*. En nuestros días ha seguido teniendo lectores envidiables, desde Ray Bradbury al exquisito Julien Gracq. Por no ofender su modestia no le menciono a usted, amigo lector, y yo me pongo a la cola...

A Verne se le ha admirado tradicionalmente por magias más bien accidentales: se le tiene por un precursor de descubrimientos científicos, oficio que envejece pronto y mal. Pero hoy nos interesa mucho más que sus obras nos recuerden la poesía que encerraron una vez los sueños de la ciencia que la prosa (a veces destructiva o frustrante) de sus logros efectivos. Por ejemplo, en *Los quinientos millones de la Begun* –una de sus novelas más notables– lo de menos es que profetice el primer satélite artificial con casi un siglo de anticipación: son sus especulaciones sobre urbanismo y acerca de en qué consiste vivir en paz las que hoy nos resultan más estimulantes. Si yo me atreviese a dar consejos al lector neófito, le recomendaría que buscase los libros de Verne menos celebrados porque quizá en ellos se esconden sus prodigios más deliciosos: el invisible y despechado amante de *El secreto de Wilhelm Storitz*, los fantasmas precinematográficos de *El castillo de los Cárpatos*, el desenlace de un relato de Poe en *La esfinge de los hielos*, el mundo como tablero del juego de la Oca en *El testamento de un excéntrico*, el absurdo casi kafkiano de *Frritt-Flacc*, las navegaciones amazónicas de *La Jangada*... Por supuesto, tras estas exploraciones, deberá acudir a sus novelas más conocidas. Julio Verne no tiene libros malos, sino buenos de diferentes modos...

Y no olvidemos que su primera pasión fue el teatro. Verne es un contemporáneo de Offenbach y el humor veloz de sus diálogos proviene del vodevil (como muestra, los torneos dialécticos del periodista inglés y el francés en *Miguel Strogoff*). Supo aunar los trucos de la comedia de enredo con la pedagogía y se dedicó al género fantástico sin hacer jamás concesiones a lo sobrenatural: su imaginación brota de la precisión informada, no del capricho perezoso que toma el atajo de lo inverosímil. Su última y valerosa recomendación está en uno de sus primeros libros, *Viaje al centro de la tierra*: «¡Hay que tomar lecciones de abismo!». Por ahí se entra en la ciencia, en la aventura y en la poesía.

Julio Verne, educador

En 1893, a los sesenta y cinco años de edad, ya publicada la mayor y mejor parte de su obra, Julio Verne concedió en su casa de Amiens una entrevista al periodista norteamericano Robert Sherard. Apareció al año siguiente en el *McClure's Magazine* y en sí misma es una prueba fehaciente de la popularidad mundial alcanzada en vida por el autor francés. Contrasta con la confidencia que hizo Verne al periodista americano: «El gran pesar de mi vida es que yo no cuento para la literatura francesa». Se refería sin duda a la reiterada negativa que había recibido su candidatura a la Academia, reflejo del menosprecio que su obra merecía entre los mandarines de la crítica literaria de la época. Y probablemente también entre los de la nuestra...

No sé si hubiera consolado a Verne saber que hoy, cien años después de su muerte, muy pocas personas en Francia y ninguna fuera de Francia conocen los nombres de la inmensa mayoría de los académicos que por entonces «contaban» en la literatura oficial de su país. Nadie los recuerda, mientras que aún millones de lectores saben quién fue el capitán Nemo o Phileas Fogg. Las obras de esos supuestos inmortales perecieron incluso antes de morir sus autores, pero muchas de las historias narradas por Verne continúan alimentando la imaginación humana todavía hoy, no sólo en su formato original de novelas, sino también como películas, cómics o videojuegos. No faltará quien opine (porque nunca hubo escasez de pedantes) que precisamente tanta y tan versátil persistencia en lo popular es un argumento contra la calidad artística del autor de los *Viajes extraordinarios*. Se repite que lo que hace duraderas pero triviales las ficciones de Julio Verne es precisamente su carácter incurablemente *pueril*. En defensa de tal supuesta «puerilidad» –compartida ayer y hoy por otros escritores no menos denostados por ciertos exquisitos– quisiera yo decir aquí una palabra de elogio.

Cualquier lector algo minucioso de Verne sabe que sus relatos abundan en rasgos nada convencionalmente pueriles: no es difícil encontrar en ellos aspectos sombríos y aun siniestros, moralidades ambiguas de implicaciones subversivas, incluso cierta poética atónita y angustiada del fracaso envuelta como almendra amarga en ropaje de loores al progreso científico (recuérdese, por ejemplo, esa parábola terrible que son *Las aventuras del capitán Hatteras*). Pero es su puerilidad misma, cuando la hay, lo que yo quisiera reivindicar porque proviene de una de sus convicciones más íntimas y quizá de las menos aceptadas por los altos tribunales que establecen las jerarquías literarias: su vocación pedagógica. La época en que comenzó a escribir Verne se parecía a la nuestra al menos en el importante aspecto de la pugna que mantenían los partidarios de la enseñanza general obligatoria, laica y racionalista, con los de una educación más elitista o de signo religioso. Incluso con quienes abogaban sin tapujos por mantener al proletariado lejos de cualquier instrucción: en torno a finales de los años sesenta del siglo XIX se había formado en Bretaña una agrupación de propietarios que se comprometían a no contratar sino a trabajadores que no supieran leer ni escribir...

Como es sabido, los *Viajes extraordinarios* son obra de dos Julios, Verne en primer lugar –claro–, pero también Julio Hetzel, su editor, a la vez mentor, tirano y segundo padre del escritor. Pues bien, Hetzel estaba sumamente interesado en cuestiones educativas y se asoció con un auténtico agitador universitario, militante de la causa a favor de la enseñanza laica y obligatoria: Jean Macé. En 1864 ambos fundaron *Le magasin d'education et de recreation*, cuyo propósito, según escribió Hetzel en el primer número, era «constituir una enseñanza familiar en el verdadero sentido de la palabra, una enseñanza seria y atractiva a la vez, que agrade a los padres y aproveche a los niños». La imaginación de Verne era perfecta para este propósito y pronto se incorporó al proyecto como codirector artístico. Un par de años después, Jean Macé fundó la Liga de la Enseñanza, cuyo propósito democrático tenía muy claro: «Nunca he tenido otra meta que la educación del sufragio universal». También a esta asociación se incorporó Julio Verne, cuya capacidad creadora de emoción e intriga era el complemento necesario al severo moralismo de Hetzel y al pedagogismo combativo pero algo seco de Macé.

Probablemente hoy estos bienintencionados esfuerzos decimonónicos hagan sonreír a muchos. Dirán que ese lastre informativo y formativo nada tiene que ver con el arte literario y se vuelve definitivamente contra el escritor que lo practicó (una censura semejante se le hará también a Herbert George Wells, aunque la pedagogía de éste fue más doctrinaria y explícitamente política que la de Verne). Sin embargo, se plantea aquí un tema de fondo importante:

¿puede existir una verdadera literatura destinada a niños y adolescentes? Si admitimos que el arte literario de los más grandes nos acerca a una mejor y más honda comprensión de la realidad en que vivimos (¿negaremos tal propósito a Cervantes, a Shakespeare, a Dostoiewski, a Flaubert o a Thomas Mann?), cómo excluir razonablemente que pueda servir también para transmitir mensajes que ayuden a los más jóvenes a conocer mejor el mundo en que viven... Y, sin embargo, este empeño es considerado incurablemente «menor» y decididamente antiartístico.

Sin duda muchas de las lecciones más explícitamente educativas de Verne nos resultan hoy ingenuas, erróneas y hasta indigestas. Pero al menos hay una pedagogía en su obra cuyo valor nadie niega: haber servido para despertar el amor a la lectura y el libre juego de la imaginación en millones de neófitos. Por eso nos emociona y nos rebela escucharle diciendo compungido a su entrevistador yanqui: «Ya ve, yo no cuento en la literatura francesa».

Un entrañable fanático

El registro histórico está lleno de excelsos artistas cuya obra admiramos pero cuya personalidad adivinamos detestable (en algunos casos no es ni siquiera una adivinanza, si hemos tenido la desdicha de tratarlos). Y el ser humano es tan complejo que con algunos grandes hombres compartimos los principios y las ideas, pero no quisiéramos tener que compartir una comida o una jornada de viaje. Por el contrario, también puede uno tropezar con personas excelentes, amigos por los que se siente el más vivo afecto y con quienes se cuenta en la adversidad hasta la muerte, cuyas creencias nos parecen absurdas o cuyas fidelidades políticas nos resultan odiosas o incomprensibles. Si no entienden de qué les hablo, por favor: dejen de leerme, vayan a vivir unos cuantos años más y después regresen si les apetece, pero ya con más experiencia.

De acuerdo, podemos sentir simpatía por un amable bribón o admiración por una persona compasiva, aunque su fe nos resulte demasiado estrecha. Pero vayamos al «más difícil todavía», como se proclamaba en los circos de antaño: ¿es factible sentir aprecio, humano y hasta intelectual, por un *fanático*? Ante tan grande reto, se queda uno –si ese uno es un escéptico metódico e incurable, claro- en suspenso. Finalmente me atrevo a responder con la afirmativa... ¡mal que mañana me pese!

El 3 de noviembre de 2006 se cumplieron los ciento cincuenta años del nacimiento de Marcelino Menéndez y Pelayo, el destacado erudito santanderino. De que fue no sólo un católico a machamartillo y lo que ahora llamamos un «integrista», sino un verdadero fanático en la defensa de la ortodoxia, caben pocas dudas. Cuando se refiere a la Constitución de 1876, que introduce tímidamente en la intransigente España algo parecido a la tolerancia religiosa, don Marcelino fulmina que fue una decisión tomada «por voluntad de los legisladores y contra la voluntad del país». Probablemente tenía razón, ay. Su obra principal, en tres volúmenes voluminosos (perdón por el énfasis) se llama intimidatoriamente: *Historia de los heterodoxos españoles*. Y es el minucioso catálogo de cuantos en nuestras tierras osaron alzar su voz o sus objeciones contra alguna doctrina de la Santa Madre Iglesia. ¿Puede imaginarse proyecto más feroz y exterminatorio?

Sin embargo... Don Marcelino amaba los libros. Y amar los libros y la lectura es apostar –¡también fanáticamente!– por la comunicación convulsa del alma humana. En su obra, inmensamente erudita y elocuente, tiene la suprema honradez de tratar con delicada precisión a cada hereje, a cada disidente: gran parte de ellos yacerían hoy en el olvido si no hubiera sido por su esfuerzo. Si los hubiera cogido vivos, puede que los hubiese llevado a la hoguera; pero los encontró convertidos en libros y referencias bibliográficas, así que prefirió salvarlos para siempre en su libro de libros. En el fondo, quizá sentía hacia ellos cierta debilidad culpable: el placer que le había causado su lectura y que él pretendió purgar combatiéndolos ideológicamente..., pero después de paladearlos. Dicen que las últimas palabras del estudioso fueron éstas: «¡Qué lástima morirse, cuando aún queda tanto por leer!».

A juicio del propio Menéndez y Pelayo, su obra más importante fue precisamente su biblioteca. Aún puede visitarse y utilizarse en la vieja casona familiar de Santander, admirablemente conservada y amorosamente guardada: merece la visita. En cuanto a la estatua del gran hombre, inolvidable para quien la ha visto una sola vez, está a la entrada de la Biblioteca Nacional, en Madrid. Por obtuso sectarismo ideológico, se ha pensado en retirarla de su lugar privilegiado y relegarla a algún foro menos ostensible. ¡Que nadie se atreva a tocarla! No es de derechas ni de izquierdas, sino una aparición casi sobrenatural y digna de todos los miramientos: la efigie de un español captado no a caballo, no arengando a las masas, sino en el trance insólito y feliz de leer un libro.

George Santayana, pensador errante

> La razón es una armonía de pasiones.
>
> G. S.

Si el viajero que llega a Roma quiere acercarse hasta el Cementerio de Campo Verano, allí, en el Panteón de Españoles, podrá leer unas palabras escritas en castellano que presiden la entrada del recinto funerario: «Cristo ha hecho posible para nosotros la gloriosa libertad del alma en el cielo». El autor de esa jaculatoria está enterrado a pocos pasos, bajo una sobria lápida en la que sólo pone «Jorge Ruiz de Santayana, 16-XII-1863, 26-IX-1952». Este marco sereno, esa frase, ese nombre en la piedra delimitan un secreto y una paradoja: la de un madrileño educado en Boston, profesor en Harvard y conferenciante en Cambridge o Alemania, muerto en Roma; la de un elegante escritor en inglés que espera la resurrección bajo una cita traducida al castellano de uno de sus libros; la de un «George» ya célebre en las Academias de dos continentes que volvió en la lápida a su nativo «Jorge Ruiz»; por último –y éste es el secreto, tras la paradoja– allí reposa un irreductible materialista bajo una postrera evocación a Cristo, al cielo y a su trascendente libertad.

A poco que se miren las cosas de cerca, las existencias plácidas suelen ser más misteriosas que las evidentemente turbulentas: la de George Santayana puede servir de ejemplo en esto. Una vida trashumante pero sin sobresaltos espectaculares; un pensamiento sin estridencia, de corrección estilística casi excesivamente bien lograda; un poeta que canta la pasión en versos nada inflamados, un cosmopolita culto, erudito y penetrante: nada *alarma* al parecer en esa vida, y sin embargo ciertos encrespamientos imprevistos en su prosa pulida o un terrible y maravilloso poema –«*Cape Cod*»– nos revelan un algo profundamente inquietante donde ya nada parecía destinado a inquietarnos. Desde luego no hay que buscar ningún dramatismo histórico en el origen del exilio de Santayana: se debe a circunstancias familiares que quizá originaron tensiones pero ciertamente no cataclismos en la vida del pensador. La madre de Santayana conoció a D. Agustín, padre de éste, en Manila, cuando todavía estaba casada con su primer marido, un americano de Boston. Poco después ella enviudó y se casó en Madrid con su pretendiente español, que había abandonado ya su puesto de representante consular en Filipinas. Pese a lo que a veces se lee en resúmenes biográficos del pensador, Santayana fue hijo de padre y madre españoles: nació en Madrid, en diciembre de 1863. La madre tenía hijos de su esposo americano, a los que había prometido educar en Boston, de modo que al poco de nacer Jorge partió para América. El niño permaneció con su padre en Ávila hasta los nueve años y, tras cierto tira y afloja entre sus progenitores, fue enviado a Boston con su madre. Aún no sabía ni una palabra de inglés. Santayana se educó en Harvard y después amplió sus estudios en Alemania, donde se dedicó a la filología con Paulsen. En Harvard fue discípulo de Josiah Royce y de

William James; este último le miraba con decidida hostilidad y condenó su tesis doctoral como «la perfección de la putrefacción». Pero esto no fue obstáculo para que se convirtiese en profesor de filosofía en esa universidad, puesto que ejerció con éxito hasta que, en 1912, una herencia familiar le permitió abandonar la docencia y trasladarse a Europa. Vivió todavía cuarenta años más, pero nunca volvió a pisar Norteamérica: ¿no habla esto bastante claramente del aprecio que sentía por su patria adoptiva?

Durante la primera guerra mundial y hasta la segunda, vivió principalmente en Inglaterra. Entre 1905 y 1906, todavía en Harvard, había publicado la obra que le concedió prestigio en los medios especializados, su *La vida de la razón*, en cinco volúmenes. Ya en Inglaterra fueron apareciendo sus restantes obras: *Winds of doctrine* (1913), *Escepticismo y fe animal* (1923), y su obra principal, *Los reinos del ser*, editada por primera vez y en su primera versión en 1927. Sus libros de poesía son anteriores a toda su producción filosófica, pues *Sonnets and other verses* había aparecido en 1894 y sus *Other poems* en 1901: tanto es así, que durante sus años de Harvard que precedieron a la aparición de *La vida de la razón*, no se le tenía tanto por filósofo como por «un joven poeta español, algo extravagante». En 1935 publicó su única incursión en el género novelesco, *The last puritan*, retrato costumbrista y moral de la sociedad bostoniana con abundantes digresiones filosóficas. Su materialismo no le cegó ante los valores éticos y estéticos del cristianismo, como prueba su obra *La idea de Cristo en los evangelios*, de la que está tomada la cita que se lee en el cementerio de Campo Verano. Pero quizá lo más influyente de su producción en el ámbito anglosajón fuese la línea iniciada precisamente con su primer y temprano libro teórico sobre estética: *El sentido de la belleza*, aparecido en 1896, línea que se prolonga en sus estudios sobre literatura tales como sus «Interpretaciones de poesía y religión», aparecidas en 1900, o sus espléndidos ensayos dedicados a Dante, Lucrecio y Goethe agrupados como *Tres poetas filósofos* (1910). También escribió artículos y conferencias sobre Whitman, Shakespeare, Proust y Browning. Mientras que la doctrina ontológica de Santayana quedó bastante aislada en el ámbito del pensamiento anglosajón, sus escritos sobre estética y crítica literaria fueron celebrados inmediatamente como una auténtica revelación en dichos campos.

El núcleo del pensamiento de Santayana estriba en la confrontación de lo que él llama *escepticismo* y lo que denomina *fe animal*, confrontación que se resuelve en interdependencia y complementariedad. El ámbito del escepticismo, en el que nadan la ciencia, la religión o la filosofía, incluso la poesía o el arte, es el mundo de las esencias. «Una esencia es sencillamente el carácter reconocible de cualquier objeto o sentimiento, todo lo que de él cabe efectivamente poseer en la sensación, o recuperar en la memoria, o transcribir en el arte o comunicar a otro espíritu.» Ahora bien, mi examen crítico de las esencias y de sus relaciones me lleva a considerarlas como algo aleatorio, artificioso, fruto de una capacidad inventiva humana que se contradice cien veces en disputas intersubjetivas o fantasías dogmáticas. Las esencias no son algo dado, inamovible e inapelable: «Nada está jamás presente ante mí excepto alguna esencia; de modo que nada de lo que yo poseo en la intuición o veo realmente, está jamás *allí*; nunca puede existir corporalmente, yacer en ese lugar ni ejercer ese poder que pertenece a los objetos que se encuentran en acción». En último término, si consideramos que una auténtica naturaleza *real* subyace a las esencias, éstas, adecuadas o inadecuadas, serán siempre algo superfetatorio, superfluo: «A los ojos de la naturaleza, toda apariencia es vanidad y mero ensueño, puesto que añade a la sustancia algo que la sustancia no es; y no es menos ocioso pensar lo que es verdad que pensar lo que es falso». Junto a este escepticismo, la fe animal, sin embargo, me pone constantemente en disposición admirativa, boquiabierto ante las esencias, dispuesto a creer. La fe animal hipostatiza las esencias, las convierte en hechos, las dota de una inapelable realidad. Para el escepticismo, toda esencia es sueño e ilusión; para la fe animal, toda esencia es efectiva y dogmáticamente real. Ahora bien, la fe animal nos revela una gran verdad sobre las esencias, nos descubre lo que es verdad en la esencia aunque la esencia no sea verdad: la necesidad humana de creer, *la exigencia biológica y utilitaria de poesía -creación de esencias- que define al hombre*. «Sin esperarlo, la naturaleza nos prestó la existencia y, si lo hizo con la condición de que fuésemos poetas, es claro que no nos ha prohibido disfrutar de este arte e incluso estar orgullosos de él.» Lo falso de la esencia es su tendencia a absolutizarse, a convertirse en agobiante punto de vista único que nos abruma con una realidad exterior a nosotros y que nos aplasta con su necesidad. Pero cuando sabemos que la esencia es por un lado ilusoria pero por otro imprescindible para la vida, volvemos a relacionarnos con ella de modo poético y libre. «La sabiduría es una locura que se disipa cuando el sueño aún continúa pero ya no engaña.» La complementariedad entre escepticismo y fe animal nos precave del vicio dogmático por excelencia, la persecución de una Verdad Única, total y absolutamente válida para cualquier momento y ocasión: «La posesión de la verdad absoluta no se halla tan sólo por accidente más allá del alcance de las mentes particulares; es incompatible con el estar vivo, porque excluye toda situación, órgano, interés o fecha de investigación particulares: la verdad absoluta no puede descubrirse, precisamente porque no es una perspectiva. Las perspectivas son esenciales a la aprehensión animal; un observador que forma parte del mundo, que observa, debe tener una particular situación en él; no puede estar igualmente cerca de todo ni ser interior a nada, salvo a sí mismo; del resto sólo puede tomar vistas, abstraídas de acuerdo con su sensibilidad y escorzadas según sus intereses». Y más adelante añade: «Las ideas que tenemos de las cosas no son retratos que les hagan justicia: son caricaturas políticas, hechas con interés humano; pero en su índole parcial pueden ser obras maestras de caracterización y de visión».

Esto es precisamente lo más interesante del escepticismo, su capacidad de librarnos del fantasma unilateral del dogma. Pero también la fe animal es imprescindible, al revelarnos el íntimo vínculo entre poesía y vida o, si se prefiere, entre ilusión y vida. En todo caso, el carácter ilusorio de las esencias no las devalúa en modo alguno ante el aprecio ilustrado del sabio –es decir, del que ha despertado del fanatismo hipostasiador–, sino que antes bien las realza: «Las formas de las cosas son más nobles que su sustancia y más dignas de estudio: y los tipos que el discurso o la estimación distingue en las cosas son más importantes que las cosas mismas». Santayana es un decidido materialista o, si se prefiere, un *naturalista*: cree en la existencia de un mundo objetivo, exterior a nuestra conciencia, real y efectivamente material. Opina que las más altas conquistas espirituales, el llamado pensamiento, no son sino funciones corporales altamente desarrolladas, cuyo origen es el de un instrumento específico, como las garras o las alas de otros animales. Pero este instrumento corporal se ha independizado y ha rebasado con mucho sus funciones primigenias, hasta convertirse en algo infinitamente más *interesante* que la existencia misma a cuya conservación en un principio fue destinado. La materia de Santayana no es un principio único, omnicomprensivo, una de esas «verdades absolutas» de las que el escepticismo nos resguarda, sino una especie de referencia final, polivalente y diversa, a la que en último término se refieren las distintas perspectivas y cuya única función aunadora es posibilitar el mínimo de intersubjetividad y comunicabilidad de las esencias. El descubrimiento técnico de la materia, sus posibilidades de manejo, quedan a cargo de la ciencia, cuya autoridad el filósofo acata. «Pero en este vasto, despiadado, vibrante reino de la materia, soy como un extranjero de viaje. La aventura es divertida y puede ser provechosa, pero es interminable y, en un sentido, me defrauda: me aleja de mi casa.» El retorno al hogar es la vuelta al ámbito del espíritu, al campo de lo libre, del juego, de lo no instrumental. «La fantasía poética y creadora, original, no es ciertamente una forma secundaria de sensibilidad, sino, por el contrario, su forma prístina y única. La misma inquietud y disposición manual que hace del hombre un fabricante de juguetes, hace de él un fabricante de utensilios cuando sus juguetes resultan casualmente útiles. Así, las bellas artes son anteriores al trabajo servil y la calidad poética de la experiencia es más fundamental que su valor científico. En todo momento puede la existencia tornarse juego o tornarse en holganza; pero es imposible que ningún descubrimiento o trabajo acaezca sin que, a poca conciencia que haya, venga acompañado de pura contemplación. En suma, la libertad inherente al espíritu no podrá ser borrada mientras el espíritu perdure.» Esta es la clave de la preeminencia del *arte*, reino del juego y de la libertad con base en la materia, al que Santayana considera «placer objetivado». A fin de cuentas, lo importante de lo existente es aquello que ha escapado a la necesidad estrictamente material, aunque su constitución última y su más íntima fibra sean puramente materiales. La misión que el pensador Santayana se reservó a sí mismo no es la de un destripador de enigmas ni la de un formulador de conocimientos indiscutibles. Dice en un apunte autobiográfico: «Por mí, los problemas del cosmos y las teorías técnicas pueden resolverse solos o como quisieran, o como acordasen resolverlos en cada momento las autoridades en la materia. Mi gozo se halla más bien en la expresión, en la reflexión, en la ironía; mi espíritu gusta de internarse en cualquier mundo en el cual pudiera hallarse, con objeto de desenmarañar los íntimos ecos morales e intelectuales que resuenan en el universo». Para Santayana, la vida de la razón es una novela, el reino de la esencia una fábula que la decisión del pensador decide vivir como narrador y protagonista.

Viajero por Europa, Inglaterra, Italia, Alemania, George Santayana nunca pierde su relación directa y medular con España, una España mitificada incluso por su alejamiento y convertida en un paraíso voluntariamente perdido para conservar su aura paradisíaca. En Inglaterra, Santayana fue muy amigo del hermano mayor de Bertrand Russell, de quien sólo discrepó al estallar la guerra civil: mientras el inglés fue decididamente prorrepublicano, Santayana no ocultó sus simpatías por los nacionalistas... ¡Le debían parecer más *típicamente* españoles! Bertrand Russell, que le dedica unas páginas más bien hostiles en sus *Retratos de memoria*, dice que «en todo aquello en lo que estaba interesado su patriotismo español, desaparecía su usual apariencia de imparcialidad». De este aire plácido y sereno, voluntariamente cultivado por Santayana, da idea la siguiente anécdota: cuando, durante la primera guerra mundial, los alemanes avanzaron irrefrenablemente hacia París (la batalla del Marne acabaría con este avance), Santayana, que estaba en Cambridge con Russell, comentó tranquilamente: «Creo que debería ir a París, porque mi ropa de invierno está allí y no me gustaría que cayese en poder de los alemanes. También tengo allí un manuscrito en el que he estado trabajando estos últimos diez años, pero esto no me preocupa tanto...». Durante el período entre las dos guerras, Santayana viajó frecuentísimamente a España y pocos años dejó de sacar su abono para la feria taurina de abril en Sevilla; pero quizá su lugar predilecto fuese Ávila, donde vivió y murió su padre y su hermana mayor Susana. Por entonces acariciaba la idea de acabar sus días en España:

> *Yo quisiera morir en los cerros de España*
> *y sobre su meseta pelada y melancólica*
> *esperar la llegada de la última tiniebla...*

Pero no fue así. Tras la guerra civil, Santayana no se decidió a volver a España. La guerra europea le sorprendió en Italia y entonces pensó en instalarse definitivamente a vivir en Suiza. Pero como viese que las oficinas de inmigración helvéticas trataban con recelo a los derrotados republicanos españoles que pretendían refugiarse en este país y obstaculizaban por todos los medios tal asilo, renunció indignamente a su pretensión: «Si allí no quieren a los españoles, no volveré a pisar Suiza». Se afincó por fin y hasta el fin en Roma, en el convento de monjes azules de Santo Stefano Rotondo. Ya octogenario, algo enfermo, quiso ir personalmente al consulado español para renovar su pasaporte, el documento que certificaba su adscripción a la tierra mítica y soñada donde una Ávila remota levanta sus murallas. Sufrió una caída por las escaleras del consulado, de la que no se repuso; murió el 26 de septiembre de 1952, a los ochenta y nueve años de edad.

Como dijimos al comienzo, esta existencia poco agitada y este pensamiento sereno ocultan torbellinos que pocas veces se hacen patentes, pero que a veces se vislumbran como peces extraños en las límpidas aguas de un estanque demasiado en reposo. Acabaré esta nota con el más explícito y sin embargo controlado de tales peces de angustia, su hermoso poema «Cape Cod», según la traducción de J. M.ª Alonso Gamo:

La baja y arenosa playa y el pino enano,
la bahía y la larga línea del horizonte.
¡Qué lejos yo de casa!
La sal y el olor de sal del aire del océano
y las redondas piedras que pule la marea.
¿Cuándo arribará el barco?
Los vestigios quemados, rotos, carbonizados,
y la profunda huella dejada por la rueda.
¿Por qué es tan viejo el mundo?
Las olas cabrilleantes y el cielo inmenso y gris
surcado por las lentas gaviotas y los cuervos.
¿Dónde todos los muertos?
El delicado sauce doblado hacia el fangal,
el gran casco podrido y los flotantes troncos.
¡La vida trae la pena!
Y entre pinos oscuros y por la orilla lisa
el viento fustigando. El viento, ¡siempre el viento!
¿Qué será de nosotros!

El aroma de Santayana

> Las filosofías despiden olor.
> G. S.

Quizá sea cierto: puede que realmente para orientarse en cuestiones filosóficas uno nunca deba olvidar el olfato. En francés se usa la expresión *être au parfum* para indicar que se entiende de algo, que se conocen los entresijos de un asunto, que se está «en el ajo» (también la expresión castellana, desde luego, remite a lo que escandaliza a la nariz). El lector de filosofía desarrolla –o tendría que desarrollar, so pena de convertirse en un mero notario de la diversidad de opiniones humanas sobre lo indemostrable–, desarrolla digo con el tiempo un fino olfato para comprender, más allá de lo que expresamente se le dice, la etérea fragancia que propaga el pensamiento del autor con que se enfrenta: esto me huele mal, esto huele bien... Nietzsche se enorgullecía de tener una nariz sensible y sutilmente selectiva para estas cuestiones, una nariz de filólogo (es decir, de psicólogo *verbal*): digamos en su honor que, efectivamente, le falló menos veces que a otros.

El olor es lo que a uno se le escapa sin querer. Lo demás suele estar pulido, peinado, sometido al engañoso embellecimiento de los cosméticos (no hace falta insistir en que tanto «cosmético» como «cosmos» comparten etimología y en ambos casos concluimos por encontrar el orden, lo sometido aparentemente a control, aquello que carece de mal olor o incluso de olor espontáneo alguno, como el dinero de Diocleciano). *Non olet*: el dinero, el cosmos, la academia de los repetidores asépticos de filosofías ajenas, el perímetro del estreñimiento y los esfínteres bajo regulación inapelable. Pero los verdaderos pensadores, los auténticos filósofos, los exploradores sin remilgos de la incertidumbre propia –los que no se limitan a señalar triunfalmente las contradicciones de la ajena– huelen sin remedio, qué digo «huelen»... ¡hieden!, que, digo «hieden»... ¡apestan! Aunque sea a agua de rosas. No se dan cuenta, claro, porque si lo advirtieran no podrían en su caso ni siquiera ofrecer la mínima excusa del *sheriff* Henry Fonda en la película de John Ford *My Darling Clementine*, cuando disculpa su fragancia involuntaria ante un rudo compañero de nariz puntillosa, diciendo: «Ha sido el barbero». Efectivamente: no hace falta salir del Oeste. En el terreno filosófico de las reminiscencias, lo que predomina no es el sabor evocativo de la magdalena proustiana, sino el desafío del duro pistolero que entra en el *saloon* sin encomendarse a Dios ni al Diablo, pasea la mirada inmisericorde y circular por la cohibida concurrencia para luego mascullar, en tono sin embargo perfectamente audible: «¡Aquí huele a cobarde!». O a valiente, claro, que tanto da...

Son los filósofos realmente quienes huelen, a través de sus filosofías. Y nuestras filias o fobias como aficionados a ese género discursivo provienen de lo que nuestra nariz nos dice de la personalidad de cada autor, tanto al menos como lo que nuestra razón nos indica respecto a su coherencia o capacidad argumentativa. En verdad no hay auténticos filósofos que sean *inodoros*, porque no hay verdaderas filosofías (no hablo de «filosofías verdaderas») que resulten *impersonales*. Inodora, incolora y desde luego insípida puede resultar una (mala) lección escolar sobre filosofía –de éstas hay tantas, ay–, pero no el filosofar cuando surge de su manantial insustituible: la persona humana que reflexiona libremente sobre la ciudad y el mundo, sobre lo que significa y lo que le pasa, sobre lo que hace y por qué. Es la gran diferencia de la filosofía respecto a la ciencia y a la religión, que son propiamente impersonales. La ciencia descubre (y también predice) hechos objetivos, dejando a un lado lo personal; la religión inventa los hechos y sus significados a partir de personalidades hipostasiadas, cuyo tamaño exagerado las despersonalizan necesariamente; la filosofía interpreta la objetividad de los hechos al trasluz de la subjetividad personal –¡aromática!– de individuos que no pretenden dejar de serlo por empeñarse en alcanzar lo universal. Lo que huele en cada filosofía es lo que suda la persona del filósofo para procurar entenderse a sí misma más allá de sus necesarios límites –biológicos, biográficos, históricos, cosmológicos...–, pero sin renunciar a ellos *a priori* ni dejarse abrumar por las urgencias utilitarias de su estrechez.

Cualquier lector de filosofía sabe perfectamente que Demócrito no huele como Platón, que Leibniz no huele como Spinoza, ni Hegel lo mismo que Schopenhauer (¡cuánto se irritaría este último si no lo hiciésemos constar así!). Es sencillo establecer la oposición e incluso incompatibilidad entre ciertos aromas filosóficos. Pero en cambio no resulta fácil describir con palabras en qué consiste cada uno de ellos: es casi tan complicado como explicar la fragancia de la rosa o la peste del narciso a alguien carente de sensibilidad pituitaria. De modo que una vez aceptado el dictamen de Santayana sobre la cualidad odorífera de cada filosofía (y que pone en boca de su Demócrito ultraterreno, en el primero de los *Diálogos en el limbo*) la verdadera dificultad llega cuando intentamos precisar a qué nos huele precisamente su filosofía, la de ese singular vagabundo angloespañol que procuró «deslocalizarse» como pensador rodando de Estados Unidos a Inglaterra, de Francia a Italia sin salir nunca de su Ávila íntima, adelantándose así en cierto modo a los procedimientos puestos luego en curso por la actualmente llamada globalización. Intentaré sin embargo comunicar a mi modo lo que yo percibo *a vue de nez* (otra expresión francesa adecuada al caso) en esta obra de pensamiento no menos singular que su propio autor.

Para empezar por lo más fácil: la filosofía de Santayana huele a literatura. Es decir, tiene claramente una voluntad estética no sólo ni en primer término por su forma expresiva sino sobre todo en su concepción. Y es que el autor considera que, si bien los procedimientos argumentativos de la especulación filosófica se compadecen mal con la agilidad hermosa y casi ingrávida de quien busca suscitar la más honda emoción por medio de las palabras, en cambio los temas universales y permanentes sobre los que el pensador cavila enriquecen cualquier esfuerzo literario. Ya lo dice con inmejorable concisión en su obra temprana sobre los tres grandes poetas filósofos (Lucrecio, Dante y Goethe): «Los razonamientos e investigaciones de la filosofía son laboriosos; sólo de un modo artificial y con escaso donaire puede la poesía vincularse a ellos. Pero la visión de la filosofía es sublime. El orden que revela en el mundo es algo hermoso, trágico, emocionante; es justamente lo que, en mayor o menor proporción, se esfuerzan todos los poetas en alcanzar». Para Santayana, el filósofo es ante todo un *contemplador* del orden esquivo que liga los acontecimientos y trenza la urdimbre de los sucesos del universo, un revelador razonante y algo premioso de los nexos no evidentes entre los seres.

También el poeta, antonomasia aquí del literato, desvela la trama de lo real, lo que fluye sin cesar entre lo que percibimos y lo que deseamos. Pero el poeta avanza a saltos, a fogonazos, por el camino de la elipsis impresionante que es sin duda el camino de la belleza hecha verbo. Tiene que alcanzar lo perdurable desde lo transitorio, mientras que el pensador intenta iluminar reveladoramente lo transitorio a partir de lo perdurable. Filósofo y poeta, cuando trabajan disociados, corren peligros diferentes: la obra del primero se nos hace gravosa a fuerza de tanteos especulativos, los frutos del segundo pueden acabar en coloreadas pero insustanciales bagatelas. La auténtica grandeza se consigue poniendo los recursos estilísticos del poeta al servicio de la visión esencial (todo está y/o depende de todo) del filósofo. Por fin se revela así –en Lucrecio, Dante, Shakespeare o Goethe– el ritmo secreto de lo que pasa como lo que nunca pasa del todo ni deja nunca del todo de pasar. Lo más importante, en cualquier caso, es la condición visionaria e imaginativa de los símbolos por medio de los cuales alcanzamos a concebir y luego a expresar la eternidad paradójica de este devenir: «Todos los términos posibles del discurso mental son esencias que no existen en ninguna parte; y son igualmente visionarios, tanto si la facultad que los descubre es el sentido, como si lo es el pensamiento o la fantasía más desbocada» *(Los reinos del ser)*.

Otro perfume de Santayana es el de la duda, la elegancia un poco desasosegante de la incertidumbre (los aficionados a las carreras de caballos mencionamos como el mejor blasón de lo que nos atrae al hipódromo «la gloriosa incertidumbre del *turf*»). Existe también, sin duda, la gloriosa incertidumbre de la vida y de la realidad. Santayana piensa: mejor así. Lo fijo, lo necesario, lo irrevocable son categorías incompatibles con la ductilidad ondulante característica de la forma humana de habitar fugazmente el mundo. La fe animal nos regala convicciones pragmáticas que frecuentemente no resisten el análisis, pero que son imprescindibles para prolongar esa «locura normal» que es nuestra existencia. En cuanto sentimos fervor por los proyectos y en tanto estamos obligados a constantes elecciones sustentadas en datos inexactos, no nos queda más remedio que convertirnos en creyentes por motivos *funcionales*. Lo ha dicho muy bien Régis Debray: «Todos los humanos son creyentes, porque todos se lanzan a la acción anticipando lo que será el porvenir. La incredulidad es el lujo de las legumbres» (*Les communions humaines*). Por el contrario, el escepticismo es el fruto maduro del pensamiento humano, que sólo se desarrolla cuando disfrutamos de ocio y tenemos momentáneamente solventadas nuestras urgencias más imperiosas. Creemos para obrar y después, junto con el reposo, nos ganamos el derecho a las dudas...

En tanto que animales, nos enfrentamos a hechos: no a cualquier tipo de hechos, sino a aquellos que corresponden a lo que apetecemos y necesitamos para proseguir siendo biológicamente factibles. En este punto, Santayana permanece más o menos fiel a su antiguo colega William James, cuando asegura: «La posesión de la verdad absoluta no se halla tan sólo por accidente más allá del alcance de las mentes particulares; es incompatible con el estar vivo, porque excluye toda situación, órgano, interés o fecha de investigación particulares: la verdad absoluta no puede descubrirse, justo porque no es una perspectiva» (prefacio a *Los reinos del ser*). Sin embargo, no es obligatorio apetecer la imposible verdad absoluta para la que no estamos dotados y con todo podemos intentar trascender el culto a los hechos al que nos urge la ortodoxia de nuestra tozuda fe animal: «La compulsión trágica a honrar los hechos se le impone al hombre por el destino de su cuerpo, al que el de su mente está vinculado. Pero su destino no es el único tema posible de su pensamiento, ni siquiera el más congenial. Lo mejor de este destino es que puede olvidarse a menudo y no valdría la pena preservar la existencia si tuviéramos que emplearla exclusivamente en preocuparnos de ella» (*ibidem*). Más allá de la adhesión zoológica al mundo que palpamos y que tantos coscorrones nos propina, el pensamiento se alivia cuestionando aquí y allá lo irremediable, relativizando el alcance objetivo de cuanto subjetivamente no puede cuestionar porque obras son amores y no buenas razones, añadiendo irrealidad oxigenante a la asfixia de una realidad que sólo responde a lo que somos, pero que vuelve la espalda a cuanto queremos. Por tanto, para Santayana, «la función de la mente consiste más bien en incrementar la riqueza del universo en su dimensión espiritual, y lo logra añadiendo la apariencia a la sustancia y la pasión a la necesidad, así como creando todas esas perspectivas privadas y esas emociones de asombro, aventura, curiosidad y risa que la omnisciencia excluiría» (*ibidem*). La creatividad aleatoria de lo incierto, frente a la obcecación de lo práctico imprescindible y descartando la imposible por impersonal comprensión absoluta...

También, desde luego, huele la filosofía de Santayana a... ¿cómo lo diría yo? A trabajo de amor de un aficionado. No digo de un aprendiz, Dios me libre. Pero sí de un *dilettante*, de un viajero o –mejor– de un cosmopolita que vaga no sólo entre los países sino entre las ideas, de un contemplador que se asoma al balcón del mundo para ver pasar a los hombres y a la naturaleza aunque se niega a pagar el usual alquiler en compromiso académico o social. No quiso ser profesor, ya lo dijo él mismo, sino eterno estudiante vagabundo, sin prejuicios ni ataduras, sin autoridad universitaria, sin hogar definitivo, sin el rango institucionalmente reconocido que garantiza respetabilidad. En cierta medida, como Nietzsche; también sin patetismo ni agonía, como Kierkegaard. Iba y venía entre los hombres, curioso, levemente irónico, pulido, correcto hasta un punto cercano a la afectación... En sus *Portraits from Memory*, Bertrand Russell –se trataron bastante, pero no estaban hechos el uno para el otro– olfatea algo de este amateurismo peripuesto en Santayana y recuerda que solía llevar botines. A Russell su filosofía le resulta semejante a esos botines siempre impolutos, que nunca condescendieron a mancharse con el barro de los enredos carnales ni políticos ni laborales, los botines irredentos del aficionado curioso que se dispone a partir mañana. Y no oculta la escasa empatía intelectual que sentía hacia ella: «Me parece, al leerle, que voy enterándome de cada frase de una manera casi sonámbula; pero soy incapaz, después de algunas páginas, de recordar de lo que trataban». Quizá Santayana, en respuesta a esta objeción, hubiera respondido que daba igual: la vida y la locura normal que nos lleva a través de sus peripecias encuentra en el pensamiento un alivio momentáneo del ciego afán o la monotonía, un acicate que despierta ahora nuestro paladar emocional y luego se amortigua, regresando al olvido: «¡Es tan sencillo existir, ser lo que se es sin ninguna razón, ahogar todas las preguntas y respuestas en la gran corriente que las sustenta!» *(ibidem)*. Mientras se aleja nos llega, traído por la última brisa de la tarde, el perfume de flores que se marchitarán antes del alba.

C. G. Jung: un gnóstico contemporáneo

De «oscurantista pseudomitología» calificó Herbert Marcuse las derivaciones finales del pensamiento de Jung: esta opinión es ampliamente compartida por los freudianos ortodoxos, los reichianos de la *sex-pol* y, en general, por toda la vertiente progresista del psicoanálisis. Casi desde un comienzo, la guerra civil estalló en el seno del psicoanálisis tomando como *casus belli* el tema de la sexualidad: todas las deserciones terminaban o comenzaban por relacionarse con ese punto esencial, a cuya suerte Freud había ligado la de su autoridad y la disciplina del grupo. El triunfo de la postura prosexual es hoy innegable, pero su signo habría sorprendido sin duda a Freud; él, que consideraba la masturbación físicamente dañosa, la homosexualidad como un desarreglo morboso y a la mujer como mal dotada para la sublimación que es base de la producción cultural, se encuentra invocado hoy por quienes reivindican la supresión de los tabúes sexuales y piden la liberalización de los gustos y los sexos. La obra de Freud se dedicó a descubrir la necesidad cultural y antropológica de la represión sexual; lo que se ha deducido de ella es que tal represión es superfetatoria y debe ser abolida. Es evidente que nadie es dueño de sus propias obras. El sexo es el *tema* por excelencia; Freud habló de él y, lo que es más importante, dio pie para que los demás hablasen de él en alta voz, con datos, con teorías... Nada ha tenido tanto éxito intelectual en los últimos doscientos años: la verborrea desatada en torno al asunto, ávidamente revolucionaria o indignadamente virtuosa, no parece que vaya a acabar jamás. Los que se aburren con el tema y no entienden de fútbol se encuentran aislados en sociedad... Naturalmente, no se perdona a quienes, en lugar de aprovechar el tan anhelado levantamiento de la veda, se dedicaron a hablar de otras cosas. C. G. Jung fue el más destacado de estos herejes, el que eligió los temas más desprestigiados y se dedicó con ahínco a cosas como la religión, los mitos, el alma, Dios, los platillos volantes... Si a esto añadimos que su nombre se convirtió en bandera de parapsicólogos y teósofos de diversa laya y que en materia política fue un conservador rayano con el fascismo, no hace falta mucho más para justificar el calificativo marcusiano con el que comenzábamos estas páginas. Y sin embarg...

Por supuesto, no voy a intentar disculpar a Jung de estas acusaciones, sino más bien a intentar agravarlas hasta hacerlas *interesantes*; de hecho, hasta hacerle más interesante que muchos de los psicoanalistas ortodoxos y progresistas cuyas reiterativas monsergas nos abruman la biblioteca. Los defensores de Jung suelen ser el peor argumento contra él; como muestra, este botón extraído de las psicoanalíticas páginas del diario *Ya* y firmado por Vintila Horia: «Mientras que Freud, a la vez que propone el inconsciente como algo digno de ser liberado, como un esclavo destinado a reinar sobre nosotros, para nuestro bien, y otorga al alma el significado de transparencia ilética o material, Jung afirma que el alma es la única posibilidad de contacto con la esencia de Dios», párrafo en el que se unen felizmente el anacoluto y la ignorancia, siendo igualmente admirable la falsificación del pensamiento de Freud tanto como la trivialización engañosa del de Jung. Otros gustan de pintar el siguiente cuadro: Freud fue un descubridor genial, pero excesivamente ofuscado por su positivismo biologista y carente de formación filosófica, lo que le hizo caer en unilateralismos decimonónicos; afortunadamente apareció Jung, mente filosófica de amplia formación humanista, que vino a corregir tales excesos y a dar alcance metafísico al inconsciente. La verdad es aproximadamente lo contrario: Freud fue un filósofo sutil, analítico y sistemático como pocos, capaz de convertir cualquier excreción en categoría del espíritu; Jung fue una mente demasiado empirista, que cuando teoriza oscila entre la abstracción brumosa y el lugar común, más dado al chispazo que él mismo desaprovecha que a la teoría profunda y consistente. La gracia de Jung es aforística y deslavazada; al contrario que Freud, se debilita cuando intenta estructurarse. El interés del pensamiento del profesor suizo es conservar abiertas virtualidades del inconsciente que Freud, precisamente por su vocación excesivamente filosófica, tendió a cerrar en demasía. Jung no fue, en *nada*, más allá de Freud, pero guardó en su obra aquellas virutas y aquellos abismos que Freud dio de lado en la construcción de su teoría. Menos penetrante y menos decidido que Freud, mucho menos *imaginativo*, aunque suela decirse lo contrario, estas insuficiencias son también las ventajas de Jung: eligió menos, conservó más, sus interpretaciones respetan más lo ininterpretable. De algún modo, la «novela familiar» que constituyó el argumento de la interpretación freudiana, su fuerza y su debilidad, va siendo paulatinamente postergada. Los temas históricos, políticos, metafísicos, van adquiriendo primacía, como ya se vislumbra en el esquizoanálisis de Deleuze y Guattari; quizá mañana las motivaciones religiosas expliquen las perturbaciones sexuales y no a la inversa. ¡Quién sabe! A los profanos nos toca esperar y ver. No voy a profetizar un «retorno a Jung», ni cosa parecida, pero me permito augurar que cosas similares al inconsciente colectivo y a los arquetipos –los nombres variarán, sin duda– van a centrar las reflexiones más sugestivas del psicoanálisis venidero. En todo caso, al decidir interesarnos por la obra de Jung, es bueno recordar la puesta en guardia con la que el doctor Roland Cahen –no siempre tan cauto, por otro lado– comenzó su edición de *L'homme à la découverte de son âme*: «Hay espíritus que, apoderándose de Jung y de su obra, esperan encontrar una solución facilona, en un sentido timorato, por no decir de franca cobardía. Saltar, por ejemplo, directamente al plano de los arquetipos esperando así, gracias a esa especie de encanto y unción que emana de las ideas eternas, poder cortocircuitar los planos de sombra, los planos pantanosos que existen en cada uno, y que, plano del inconsciente personal, corresponden en resumen al plano freudiano (el eterno drama "papá, mamá, la criada y yo", como dicen los humoristas), lo que sería la fuente de los más graves malentendidos».

La vida de Carl Gustav Jung

Jung nació a las orillas del lago Costanza, en el año 1875. Su padre, Joham Paul Aquiles Jung, era un pastor protestante corroído por las dudas teológicas y que no se llevaba nada bien con su mujer, aunque ambos intentaban salvar las apariencias. No hace falta ser psicoanalista para suponer que esta frialdad de las relaciones familiares marcó la infancia de Carl Gustav. Una leyenda familiar, no confirmada, le hacía descendiente nada menos que de Goethe, que habría sido padre de su abuelo y tocayo de Carl Gustav, nacido en 1794 en Mannheim, Alemania. Este abuelo Jung fue en todo caso un personaje curioso; fue doctor en medicina en Heidelberg y Berlín, donde frecuentó a personalidades literarias como Schlegel, Ludwig Tieck y Schleiermacher; cuando tenía veintiocho años se vio tangencialmente mezclado en el asesinato de August von Kotzebue,[1] por lo que se vio obligado a huir a Suiza, tras haber vivido algún tiempo en París protegido por Alejandro von Humboldt, el gran naturalista; en Basilea fue catedrático de anatomía, amplió el hospital municipal, fundó una institución para el cuidado de niños retrasados y proyectó un hospital psiquiátrico de corte distinto a los de su época, donde los enfermos deberían ser curados «por medios psíquicos». La vocación de sanar almas parece ser una constante en la familia Jung, fuera por vía médica o religiosa. Jung se crió en Basilea, en cuyo gimnasio estudió lo equivalente a nuestro bachillerato; era una enseñanza aburrida y pedestre, los profesores no daban importancia (o no comprendían) las preguntas de Jung sobre problemas teológicos y vitales, el niño era mirado

---

1. August von Kotzebue fue un curioso personaje del período napoleónico, que reunió los dispares atributos de ser poeta alemán, consejero de Estado ruso y espía del zar. En su libro *De Berlín a París en 1804* (editado en la Colección Austral) cuenta algunas de sus enigmáticas andanzas, que terminaron por costarle la vida en 1819. Su asesino fue un amigo de C. G. Jung, como se ha dicho, el estudiante de teología Karl Ludwig Sand. Como éste pertenecía a una corporación de estudiantes, a raíz del crimen fueron disueltas todas las fratrías estudiantiles de Alemania, que desempeñaban un papel liberal y crítico en la vida política del país.

como un bicho raro por todos y llamado «padre Abraham». A los diecisiete años descubrió la filosofía, donde reencontró sus antiguas preguntas de adolescente, ampliadas y comentadas; sin vacilar, se entregó a ella con pasión, en busca de las almas gemelas de tiempos pasados: Heráclito, Pitágoras, Empédocles, Platón... El primer filósofo que le satisfizo incondicionalmente fue Arturo Schopenhauer, tal como le ocurrió a Nietzsche y a Freud a esa misma edad. En 1895 comenzó a estudiar medicina en la Universidad de Basilea, con una beca que su padre solicitó para él; a lo largo de su infancia y adolescencia, Jung había tenido numerosas ocasiones de experimentar la estrechez económica de su familia, pero esa beca pareció humillarle particularmente. Fue un estudiante empeñoso y brillante. Al contacto con el método científico aplicado, sus tendencias especuladoras se hicieron mucho más empíricas; a pesar de ello, su tesis doctoral versó sobre el caso de una joven médium, poseída en sesiones de espiritismo por una personalidad distinta: Jung explicó el caso diciendo que dicha otra personalidad no era más que una faceta oculta de la personalidad total de la médium, pero, pese al racionalismo de la explicación, es evidente el interés que Jung siente (y siempre sentirá) por los fenómenos «fantásticos y maravillosos».

Los intereses de Jung se van centrando cada vez más en la psique, que ve olvidada o negada por la medicina de la época; quiere descubrir hasta dónde pueden llevar los revoloteos de esa enigmática mariposa (como se recordará, *psijé*, en griego, significa «mariposa», además de «alma») y, para ello, el instrumental psicológico de la época le parece sumamente insuficiente. Por influencia de Kraft-Ebings, se decide finalmente a dedicarse a la psiquiatría y entra en el Hospital Mental de Burghölzli como asistente. Antes, para prepararse, ha ampliado sus conocimientos psiquiátricos en París, con Pierre Janet. El Hospital Mental no le produce una impresión demasiado exaltante, pero le permite trabar conocimiento con su director, Eugen Bleuler, personalidad interesante y avanzada. Jung dispone unos ingeniosos test de asociación para sondear a sus pacientes y dedica también muchas horas a escuchar y anotar sus más extravagantes fantasías. Sospecha que es un material interesante para la terapia, pero aún no tiene ningún hilo conductor para organizarlo. Ese hilo le vendrá de Viena, a través de las primeras obras publicadas de Sigmund Freud, que lee con arrebato. Entre ambos se entabla una correspondencia, al principio formal pero que va haciéndose más y más cálida.[2] Jung trabaja sobre la esquizofrenia, entonces conocida como *dementia precox*; en 1907, publica su libro *La psicología de la «dementia precox»*, y se lo envía a Freud, quien se interesa mucho por él y le invita a ir a Viena para conocerle. Finalmente, se produce el encuentro entre ambos y lo que podríamos llamar el «flechazo»; Freud se siente encantado de su joven y entusiasta admirador suizo, que se atreve a citarle elogiosamente en una publicación científica (lo que en esa época era arriesgar el prestigio académico), y Jung se embelesa con la extraordinaria penetración y poderío intelectual del fundador del psicoanálisis, veinte años mayor que él.

Incluso testigos tan escasamente favorables a Jung como Ernest Jones, el estricto hagiógrafo de Freud, reconocen la fascinación que el maestro vienés sintió por Carl Gustav. Es muy notable que las preferencias de Freud se orientaron siempre hacia sus seguidores más imaginativos y

---

2. La importantísima *Correspondencia completa* entre Freud y Jung fue editada por la Editorial Taurus en 1979.

arrebatados, menos «serios»: los casos de Fliess, Ferenczi y el propio Jung son sobrada prueba de esto. Amante de la autoridad y la disciplina cayese quien cayese, Freud tenía una irreprimible debilidad por los heterodoxos, cuyas audaces extrapolaciones simpatizaban con su propia tendencia a la libre especulación, que había reprimido inexorablemente en sí mismo en pro de la coherencia del sistema. Naturalmente, esto hacía tanto más dolorosas las rupturas, mientras que el alejamiento de personajes más graves (en los dos sentidos de la palabra, «serios» y «pesados»), como Alfred Adler, afectaba mucho menos a Freud. En primer término, Jung tuvo problemas con el círculo de íntimos del maestro, todos ellos judíos, a excepción de Jones; Jung se sentía muy «ario» y los judíos se lo notaron en seguida. Freud se vio obligado a mediar en algunas polémicas subidas de tono, como la que el suizo sostuvo con Karl Abraham; en carta a éste, Freud hizo unas melancólicas reflexiones sobre la paciencia que los judíos tienen que tener en el trato con los gentiles, incluso si éstos no son conscientemente racistas. En cualquier caso, Freud consideró a Jung como su «delfín», el príncipe heredero que guiaría a los suyos hasta entrar en la tierra prometida que él debería contentarse –¡manes de Moisés!– con contemplar a lo lejos. Los test de asociación de Jung se habían convertido en un útil instrumento en la aproximación al inconsciente, que además configuraron uno de los primeros rostros públicos del psicoanálisis en la mitología profana de la época. Tales test consistían en proponer al paciente una serie de palabras a las que él debería contestar con la primera expresión que se le viniera a la boca, midiéndose el tiempo empleado en cada respuesta; las palabras que demoraban mayor tiempo su contestación eran síntoma de un conflicto latente en el inconsciente del paciente. Esto pronto se convirtió en un juego de salón y llegaron a ser el método de investigación favorito en las novelas de Edgar Wallace y colegas: sospecho que la primera aplicación práctica la consiguió el psicoanálisis en la novela policíaca...

Cuando se fundó la Asociación Psicoanalítica Internacional, Jung fue nombrado presidente a propuesta de Freud, cargo que ostentó durante cuatro años. Acompañó al vienés en su gira triunfal por América, el primer reconocimiento público internacional del psicoanálisis (1909). Pero, poco a poco, la separación entre los dos médicos se iba haciendo mayor. Jung comenzó a interesarse cada vez más por la mitología e incluso por fenómenos de parapsicología (cuya existencia, por cierto, terminaría admitiendo el mismo Freud en determinados casos). La discrepancia fundamental giraba, como ya he apuntado al comienzo, en torno al papel de la sexualidad en la interpretación de los sueños y demás síntomas del inconsciente. Para Jung, la misma sexualidad puede ser simbólica de otros contenidos más profundos y mucho menos determinados. La reducción de todos los sueños (y de todos los mitos o leyendas) a contenidos sexuales reprimidos es un empobrecimiento tal de la realidad que la falsea radicalmente. Por otro lado, en su práctica terapéutica, Jung concedía más importancia a los condicionamientos «actuales» del paciente que a los que se remontaban a la primera infancia; en una palabra, para Jung la neurosis no es siempre la forma de resolver un conflicto originado en los años de constitución de la personalidad, sino que puede haber neurosis actuales, provocadas por conflictos surgidos en la edad adulta, sin raíces en la infancia. Como se ve, todo esto está abiertamente en contra de la ortodoxia freudiana, aunque Jung incubó estas discrepancias largo tiempo y tardó en hacer explícita su rebelión.

Freud trató por todos los medios a su alcance de evitar la ruptura definitiva. En varias cartas, animando a Jung a continuar profundizando en el estudio de los mitos, le exhorta conmovidamente a que no abandone la teoría sexual, bastión asaltado por todos los frentes, pero en el cual había que atrincherarse y permanecer. La teoría sexual era lo que más hería la sensibilidad teórica establecida, lo que hacía indigerible al psicoanálisis, pero la base de la doctrina, ciertamente sin la firmeza intransigente de Freud, hubiera terminado por diluirse y minimizarse para dar gusto a los timoratos. Quizá no fuera ésta la intención de Jung, pero contribuía a ello y Freud se dio cuenta sobradamente. Por eso, cuando Jung le escribió que acababa de asistir a un congreso de psiquiatras hostiles al psicoanálisis, donde evitando los aspectos más crudos de la teoría sexual había conseguido varias adhesiones, Freud le respondió secamente que eso no tenía mucho mérito y que si hubiese suprimido todo lo referente a la sexualidad, su éxito hubiera sido aún mayor. Finalmente, cuando ya había abandonado la presidencia de la AsociaciónPsicoanalítica Internacional y sus cartas a Freud se habían hecho escasas y distanciadas, Jung publicó su *Wandlungen und Symbole des Libido* (1912). Allí sostuvo que los deseos edípicos del hijo por su madre no son meramente biológicos, sino parte de un deseo más profundo de re-nacimiento y de re-creación de un *sí mismo* (*selbst*, término fundamental de la psicología jungiana que más adelante analizaremos) plenario y autónomo; es decir, que el ansia de copular con la madre, que se da efectivamente, no aspira a la realización física del acto sexual, sino a una especie de renovación anímica que tal copulación simboliza.

¿Chocaba frontalmente este punto de vista con el psicoanálisis? En aquel momento, evidentemente, sí; el psicoanálisis era demasiado joven para soportar semejante injerto. Sin embargo, no creo que fuese imposible demostrar con textos que estas ideas «también» se le habían ocurrido a Freud, pero que éste creyó que la tarea de asentamiento del psicoanálisis requería en principio otros planteamientos. Sea como fuere, ese libro provocó la ruptura definitiva entre ambos aunque no un gran cisma en el psicoanálisis, pues Jung se fue prácticamente solo. El hijo más querido se iba de la casa del padre; el férreo patriarca de la heterodoxia despedía con él algunas de sus más fértiles intuiciones, junto con muchos de sus más indeseables peligros.

Al abandonar el círculo psicoanalítico, Jung quedó en una relativa soledad. Relativa por dos razones: porque siempre la prefirió al trabajo en equipo y porque su renuncia a muchas de las «obscenidades» psicoanalíticas le abrieron puertas que los demás seguidores de Freud seguían teniendo cerradas. No hablaré aquí de todos los aspectos de su obra pues pienso dedicarles los restantes parágrafos de este ensayo; digamos tan sólo que su obra no se acerca ni de lejos a la grandeza teórica de la de Freud, aunque en ciertos aspectos insinúa y «promete» más que la de éste; también es preciso señalar que, pese a esfuerzos que creo sinceros del propio Jung, ha sido infinitamente más trivializada que la de Freud. Jung se dedicó exhaustivamente al estudio de la mitología y de la alquimia, llegando a adquirir en ambos campos conocimientos de sorprendente amplitud, que manejó en sus libros con invariable tino y buen gusto. Especialistas en historia de las religiones (Mircea Eliade), orientalismo (Richard Wilhelm, Henrich Zimmer) o mitología comparada (Karl Kérenyi) le trataron y colaboraron con él o recibieron ilustración teórica de su parte. Viajó por África del Norte, Kenia y Uganda; visitó a los indios Pueblo, en América, y estuvo en la India. Rávena le impresionó notablemente, pero nunca pudo llegar a Roma; en un principio, le pareció que la ciudad lo abrumaría excesivamente y fue postergando el viaje; cuando al fin se decidió, un desmayo le acometió al ir a sacar el billete y desistió definitivamente. Sería injusto calificarle de «nazi», aunque tuvo inequívocas simpatías por el fascismo. Quizá las referencias negras de los nazis a símbolos germánicos a los que él daba gran importancia –como la leyenda del Graal, en la que su mujer fue especialista– le hicieron simpatizar con ellos al principio, ayudado por su profundo antibolchevismo. Lo cierto es que, después, se mostró bastante sinceramente horrorizado con las depredaciones de esos nuevos bárbaros. Su visceral conservadurismo le impidió en la mayoría de los casos llevar sus consideraciones éticas e históricas más allá de lo trivial, aunque, por otro lado, hizo que no diera de lado fenómenos como la religión o el mito que los demás despreciaban y, en general, que no se entregase atado de pies y manos al esterilizador materialismo cientificista de la época. Hasta el final se mostró bastante poco temeroso de hacer el ridículo ante los ojos de la república de los sabios, como prueba su ingenioso estudio sobre las razones psicológicas de la visión de platillos volantes, que para Jung serían nada menos que *mandalas* voladores proyectados por quienes creen verlos...

En Bollingen, a orillas del lago superior de Zúrich, C. G. Jung se hizo construir una mansión, que llamó «La Torre». La inició en 1923, haciéndola parecida a las chozas circulares de algunos pueblos primitivos; después siguió añadiéndole nuevas alas y otros edificios, hasta acabarla en 1955. Cada extensión representaba para él un nuevo enriquecimiento en su personalidad completa y desplazaba su habitación privada (a la que nadie salvo él tenía acceso) según sentía variar la gravitación de su yo. Para Jung, «La Torre» fue mucho más que una casa de campo a la que retirarse a descansar y practicar faenas agrícolas; fue su *mandala*, su «centro del mundo», la plenitud imaginativa y realizada de su *sí mismo*. En el dintel de la puerta principal hizo grabar un viejo oráculo dado en Delfos: «*Vocatus atque non vocatus, deus aderit*», es decir: «Llamado o no llamado, el dios estará presente».

Carl Gustav Jung murió en Zúrich el año 1961, a los ochenta y cinco de su edad.

Los tipos psicológicos

Lo primero que deslumbró a Jung en su acercamiento al mundo de la psique fue su inexhaustible variedad de sentidos. Un sueño, por ejemplo, no puede reducirse a un significado unívoco y perfectamente expresable en el lenguaje racional de la vigilia. «La vida humana, en su esencia, no se deja referir ni reducir a tal o tal tendencia fundamental; muy al contrario, se construye a partir de una multitud de instintos, de urgencias, de necesidades, de condicionamientos tanto psíquicos como físicos; el sueño, como corolario, escapará a todo monismo; por seductora que pueda ser, en su sencillez, tal explicación, podemos estar seguros de que es errónea, pues ¿habrá alguna vez común medida entre una teoría simple de los instintos y el alma humana, a cuyo misterio sólo iguala su poder?» Sin embargo, esta reducción a una sola vía de explicación se ha llevado a cabo, en el caso de Freud, por vía de la teoría sexual y en el caso de

Alfred Adler por la voluntad de poder, de raíz nietzscheana. Freud tiende a explicar todos los sueños como la satisfacción de un deseo que no puede cumplirse en la vida consciente; a Jung, esta interpretación le parece alicorta. Tomemos este sueño impresionante, relatado por una paciente de Jung:

«Vuelvo de noche a casa; reina en ella un silencio de muerte; la puerta del salón está entreabierta y veo a mi madre colgada de la lámpara del techo, balanceada por el soplo de viento frío que penetra por la ventana. Después sueño que un ruido espantoso resuena por la noche en la casa; voy a ver qué pasa y encuentro que un caballo desbocado galopa por el apartamento. Finalmente, encuentra la puerta del corredor y se precipita por la ventana del pasillo desde el cuarto piso a la calle; le veo con espanto, extendido, destrozado, en el suelo.»

Obviamente, el método freudiano del cumplimiento de un deseo reprimido puede aplicarse a este sueño, pero la explicación así lograda será sumamente empobrecedora, algo así como si redujésemos el contenido de *Otelo* a la sencilla máxima que extrajo un noble francés de la pieza de Shakespeare: «Las jóvenes casadas deben tener cuidado con sus pañuelos». Jung prefiere suponer que el sueño es «la autorrepresentación, espontánea y simbólica, de la situación actual del inconsciente», fórmula con la que pretende respetar toda su diversidad y riqueza de significados. Según este punto de vista, los sueños pueden tener implicaciones sexuales y de afirmación del yo, pero también religiosas, míticas, premonitorias, etc... En último término, cada sueño guarda un amplio remanente que no puede hacerse explícito por vía de ninguna interpretación racional y que precisamente por eso elige la vía simbólica del sueño para darse a conocer o, sencillamente, para expresarse. Sin embargo, Jung admite que la mayoría de los sueños por él analizados tienen un contenido *compensatorio*, es decir, que en ellos el inconsciente viene a completar o compensar una tendencia consciente exageradamente desarrollada. Se trata del «*mysterium conjunctionis*» presente en la mitología de todas las tradiciones, en el que los polos opuestos acaban por fundirse en un símbolo que los aglutina y subsume, compensando la unilateralidad de cada uno con la presencia viviente del otro. De algún modo, el sueño es un mecanismo equilibrador de nuestra totalidad: soñamos para ser más *cuerdos* o, a veces, algo nos previene en el sueño de que estamos dejando de serlo. Y la cordura es equilibrio diversificado, pluralidad centralizada...

Sin embargo, no se puede dudar de la honradez, de la *objetividad* de puntos de vista unilaterales como los de Freud, Adler o tantos otros investigadores de la realidad. Cada cual cuenta exactamente lo que ve y tal como lo ve; pero su punto de vista está fuertemente condicionado por su propia personalidad, por lo que Jung llamará «el tipo psicológico». Cada uno estamos condenados a ver de una determinada manera y lo que vemos es indudablemente válido, pero condicionado por el prisma de nuestra alma: es inútil deplorar esta circunstancia, pues no hay otro tipo de objetividad al que aspirar y esta particularidad de perspectiva es la que posibilita la irreductible riqueza de los diversos logros culturales. El error reside en negar carta de ciudadanía a las otras perspectivas o en exacerbar la particularidad en lugar de buscar ángulos de visión cada vez más integradores: esta última tendencia, rara y costosa, es lo que los antiguos llamaban «sabiduría». Tomemos un mismo material de investigación, v. gr., las célebres *Memorias de un neu-*

rópata, del presidente Schreber, que Jung cierto día incitó a Freud a leer; sobre ellas, escribió luminosamente el propio Freud, pero también Macalpine, Szasz, Lacan, Nacht, Mannoni, y muchos otros, cada uno desde una forma de ver igualmente rigurosa pero irremediablemente deudora de su «tipo psicológico». Ahora bien, el particularísimo material que brindan las diferencias de los tipos puede ser clasificado según un esquema relativamente sencillo, que Jung expuso en su obra más conocida.[3] Los tipos psicológicos pueden clasificarse binariamente en dos grandes grupos, que responden a dos «complejos» fundamentales. (La palabra «complejo», que Jung lanzó al mercado psicoanalítico y que ha llegado a ser de uso común, significa ciertos «imanes psíquicos» aglutinadores de energía, a veces de origen traumático, que interfieren en el ejercicio de la voluntad consciente.) Hay una actitud típica que concentra el interés del sujeto en los contenidos intrapsíquicos, que repliega al sujeto sobre sí mismo y su intimidad: recibe el nombre de *introversión*. La actitud opuesta, que refiere el interés del sujeto hacia los objetos exteriores y le saca o proyecta fuera-de-sí-mismo, puede ser llamada *extroversión*. Esta oposición constante en la historia de las ideas, enfrentando Platón a Aristóteles, Lao Tsé a Confucio, Tertuliano a Orígenes, el idealismo al empirismo, etc..., enumeración en la que los primeros términos responden al tipo introvertido y los segundos al extravertido. Pero, naturalmente, ni estos tipos se dan jamás puros ni basta esta única división para dar cuenta de todas las particularidades psíquicas. Es preciso mezclar otros elementos, sacados de las facultades del

---

3. *Tipos psicológicos*, dos tomos, traducción de Ramón de la Serna, col. Piragua, Ed. Sudamericana.

alma según Jung. Estas facultades son cuatro, número al que Jung confería gran importancia como arquetipo de la totalidad; somos capaces de *sensación* (percepción sensorial), *pensamiento* (interpretación racional de lo sentido), *sentimiento* (aprobación o desaprobación de lo sentido), e *intuición* (poder de adivinar inmediatamente de dónde viene o adónde va algo). En cada psiquismo predomina una de estas funciones a nivel consciente, mientras que las otras desarrollan su fuerza compensadora a nivel inconsciente. Estas funciones se intersectan con los dos grandes tipos para constituir modelos más complejos: introvertido sensitivo, extrovertido sentimental y todas las restantes combinaciones posibles. Jung las analiza una por una con notable penetración que este esquema elemental no puede aspirar a reproducir.

Los peligros de estos esquemas saltan a la vista: pronto se convirtieron en una especie bastante tonta de juego de sociedad, una suerte de horóscopo del inconsciente. Jung advirtió en diversas ocasiones que no se trataban de ninguna panacea psicológica y que sólo servían para clasificar y hacer manejable por el médico un material abrumadoramente diverso y complejo. Pero la pasión descriptiva, trivialización hasta un grado ínfimo del «conócete a ti mismo», encontró en los tipos junguianos pábulo atrayente: con ellos, cualquiera podía ser psicólogo y hacerse con un carácter, que es algo así como un destino para andar por casa... Conocer a los demás es poder clasificarlos, primer paso para hacerlos previsibles; y preverlos es comenzar a manejarlos, como saben muy bien los psicólogos de las industrias... Pero dejemos este tema repugnante, en el que muchos otros tienen más culpa que Jung. Los tipos psicológicos permiten entender muchas oposiciones irreductibles de las filosofías o las religiones, como ya apuntó William James en su momento; conocerlos no tiene que llevar forzosamente a un relativismo cultural, sino a admitir humildemente que toda objetividad se hace consciente a través de una subjetividad y que no puede soñarse con purificar totalmente a cada una de ellas de la sombra de la otra: la sabiduría será tolerante, respetuosa y abierta, convicta de que lo único que no es verdad es la verdad que pretende afirmarse más allá de toda diferencia de la intimidad que la descubre. Pese a los muy diferentes derroteros de la psicología científica actual –bastante menos abrumadoramente estimable de lo que suponen ellos mismos– los *Tipos psicológicos* de Jung permanece como uno de los intentos más ilustrados y completos de descripción psicológica que ha conocido el siglo XX.

El inconsciente y los arquetipos

Es frecuente todavía –me temo que los psicoanalistas menos penetrantes han contribuido decisivamente a ello– oír hablar del psicoanálisis como de *otro* sistema terapéutico de la psicología clínica moderna. Recuerdo a un antiguo profesor mío que me decía: «Desengáñese, el psicoanálisis no cura». Efectivamente, le respondía yo, no cura, *pero es la única psicología que explica por qué no hay curación posible*. Lo importante del psicoanálisis es que ha hecho cambiar de signo el concepto mismo de enfermedad mental. Pero, sobre todo, la teoría analítica ha realizado una aportación fundamental al pensamiento de occidente, que la pone por encima de cualquier gestaltismo, conductismo, skinnerismo, etcétera, un descubrimiento que ha renovado no sólo nuestra psicología, sino toda nuestra concepción de mundo: el *inconsciente*. Naturalmente, algo tan fundamental no podría haber pasado desapercibido hasta Freud y podemos afirmar que este negativo de la consciencia racional es tan antiguo como la consciencia racional misma; pero fue Freud el que transformó esta intuición en concepto, abrió diversas vías de acercamiento al inconsciente y estableció que no había descripción psicológica medianamente suficiente sin concederle la parte del león. Todos los intentos de salir del círculo hegeliano pasan por el inconsciente: Schopenhauer y Nietzsche le dieron una importancia no menor que Freud, aunque menos explícita. A estas alturas del siglo, podemos considerar radicalmente insuficiente no sólo toda psicología, sino toda filosofía y toda religión que ignore o *no sepa qué hacer* con el inconsciente.

La psicología analítica –así bautizó Jung a su método para diferenciarlo del psicoanálisis freudiano– ha realizado en el terreno del inconsciente su más controvertida y (a mi juicio) su más importante aportación. El inconsciente freudiano, sobre todo en sus primeras formulaciones, se compone de una amplia gama de contenidos psíquicos, estratificados en diversos niveles: lo que conozco pero sin pensar ahora en ello, lo que he olvidado, las percepciones sensoriales que nunca han llegado a serme conscientes, los contenidos conflictivos o penosos que he reprimido y no permito que se me hagan conscientes, etc... Todos estos contenidos –mucho más vastos que el ámbito de mi consciencia– tienen en común, entre otras cosas, el haber sido adquiridos empíricamente, es decir, el ser posteriores a mi nacimiento. Freud rechaza todo innatismo, al menos a este nivel. Pues bien, a todos esos contenidos inconscientes, que para Freud constituyen la totalidad del inconsciente, llama Jung «inconsciente»; y, a continuación, afirma que en el inconsciente *hay más*. Debajo del inconsciente personal se hallan las capas aún más profundas y oscuras que atesoran la memoria biológica de la especie, los impulsos para llevar a cabo ciertas acciones y el programa heredado de determinados comportamientos cuya motivación no es consciente: este *inconsciente colectivo* es común a todos los hombres y se adquiere por herencia y no por aprendizaje experimental. Con la aportación del inconsciente colectivo, Jung modificó radicalmente y en profundidad el concepto de inconsciente que, por un lado, corre en sus manos el peligro de convertirse en la noche en la que todos los gatos son pardos, pero, por otro, adquiere una densidad de incontables repercusiones filosóficas, religiosas e incluso políticas. Cito un extenso párrafo en el que Jung describe la totalidad del inconsciente y que, de paso, brinda una muestra bastante acabada de su estilo expresivo: «El consciente, a despecho de su intensidad y concentración, es puramente efímero, acomodado solamente al presente inmediato y a su propia vecindad; no dispone por naturaleza más que de materiales de la experiencia individual, que apenas abarcan unos cuantos decenios. Su memoria, además, es artificial y compuesta esencialmente de papel impreso. ¡Qué diferente es el inconsciente! Ni concentrado ni intensivo, sino crepuscular hasta la oscuridad, abarca una extensión inmensa y encierra uno al lado de otro, de manera paradójica, los elementos más heterogéneos, disponiendo, además de una masa indescriptible de percepciones subliminales, del tesoro prodigioso de las estratificaciones depositadas en el curso de la vida de los antepasados, que por su sola existencia, han contribuido a la diferenciación de la especie. Si el inconsciente pudiese ser personificado, tomaría los rasgos de un ser humano colectivo que viviese al margen de la especificación de los sexos, de la juventud y de la vejez, del nacimiento y de la muerte, provisto de la experiencia humana más o menos inmortal de uno o dos millones de años. Este ser planearía sin disputa por encima de las vicisitudes del tiempo. El presente no tendría más significación para él que un año cualquiera del centésimo milenio antes de Cristo; sería un soñador de sueños seculares y, gracias a su experiencia desmesurada, un oráculo de pronósticos incomparables. Pues habría vivido la vida del individuo, de la familia, de las tribus, de los pueblos, un número incalculable de veces, y conocería –tal como un sentimiento vivo– el ritmo del devenir, del esplendor y de la decadencia». De este modo, el inconsciente toma el rostro de la divinidad engendradora de dioses, se convierte en fundamento de ciudades y en origen de éticas y leyes, abarca, más allá del bien y del mal, de lo útil a corto plazo y de lo edificante, la inmensa mayor parte de lo que llamamos espíritu.

¿Dónde se encuentran las pruebas de la existencia de tal entidad supraindividual? Observando los mitos y las leyendas populares de todos los países, dice Jung, descubrimos una serie de *temas* establecidos que se repiten a despecho de las diferencias de época y posición geográfica; esos mismos temas los encontramos en los sueños de cada individuo, en los delirios de los psicópatas y en las visiones de los grandes promotores de religiones o reformas políticas. Son temas que parecen configurar la forma de la imaginación humana, más allá de cualquier diferencia histórica, cultural, etc... Estos temas tienen gran coloración afectiva y cumplen una función directriz de la voluntad consciente, como ocurre con los complejos. Jung los bautizó con una expresión tomada del historiador decimonónico Jakob Burckhardt: imágenes primordiales. Luego la cambió por un nombre de resonancias más platónicas: *arquetipos,* que es el que en definitiva prevaleció. El ejemplo más clásico de comportamiento arquetípico son los instintos, en los que se dan indisputablemente los rasgos requeridos de innatismo, universalidad y capacidad para orientar la acción más allá de la voluntad consciente. Pero la dificultad comienza con otros arquetipos más discutibles, como el *mandala*, el renacimiento, el anciano, la madre, el burlón o chapucero (*trickster*), etc... ¿Acaso tenemos un arquetipo de la madre o el anciano sabio *antes* de haber aprendido por experiencia lo que es una madre o que la sabiduría suele ser patrimonio de la ancianidad? ¿La figura cuadrangular del *mandala* es innata al alma humana, más allá de la experiencia individual o la cultura de cada país? Efectivamente, Jung lo afirma así, pero *en cierto sentido* solamente. La mayoría de los escandalizados rechazos que producen los arquetipos son causados por una concepción de ellos excesivamente simplista o gráfica, en la que el mismo Jung incurre con más frecuencia de la que sería deseable. Según esta noción ingenua, los arquetipos son algo así como «representaciones» inconscientes con un contenido tan determinado como el que nos brindan, por ejemplo, los sueños o los mitos; es decir, que el arquetipo de la madre, v. gr., sería una imagen tan concreta como las representaciones mediterráneas de la Gran Diosa o las benévolas (o atroces) mujeres de mediana edad que pueblan nuestros sueños. Poco tiene esto que ver con la verdadera noción de arquetipo, tal como Jung la formuló en sus momentos más rigurosos y autocríticos. «El arquetipo en sí mismo es vacío; es un elemento puramente formal, nada más que una *facultas preformandi* (una posibilidad de preformación), una forma de representación dada *a priori*. Las representaciones mismas no son heredadas: sólo sus formas lo son; así consideradas, corresponden en todos los puntos a los instintos que, ellos también, no son determinados más que en su forma. No se puede probar la existencia de los arquetipos, como no se puede probar la existencia de los instintos, hasta que no se manifiestan de forma concreta.» Se podría comparar el arquetipo al sistema axial de un cristal, que preforma de algún modo la estructura que va a cumplir la cristalización posterior. Si hablamos de un arquetipo de la madre, comenzaremos inevitablemente a analizar las realizaciones concretas en que cobra contenido, aunque el arquetipo en sí no sea sino la *disposición formal innata del alma* a efectuar tales representaciones concretas. Los aspectos formales de tal disposición pueden estudiarse abstraídos de algún modo de los contenidos en que se realizan.

Pese a estas puntualizaciones, los arquetipos están lejos de poder admitirse sin reservas. Supuestas comprobaciones empíricas, como la presencia del *mandala* en todas las culturas, son facilitadas por Jung con excesivo apresuramiento y a partir de un material probablemente insuficiente. Los elementos de aprendizaje y los históricos-culturales descienden tan hondo que es prácticamente imposible decir cuándo acaban y empieza la pura disposición innata. Y, sin embargo, creo que la teoría del inconsciente colectivo y los arquetipos de Jung es *insustituible*, por el momento, para quien intente pensar la religión, la mitología o la cultura de los pueblos; y cuando digo *pensar*, me refiero a algo más que acumular datos y plantear elementales y superficiales lineamientos causalísticos. Los arquetipos de Jung son, evidentemente, una idea mítica, no científica, creyese Jung lo que creyese; pero es la fertilidad de esas ideas míticas lo que permite pensar, mientras que quien se atiene escrupulosamente a los preceptos de la *buena* ciencia sólo llega a manipular la realidad y, a veces, ni a eso alcanza. Lo que debe ser retenido de los arquetipos jungianos es que el espíritu tiene formas que no nacen con el individuo humano ni mueren con él; y que esas formas disponen o prefiguran nuestra imaginación, de tal modo que podemos decir sin mentir que nuestra esperanza o nuestra veneración son mayores que nosotros.

No puedo analizar aquí los diferentes arquetipos a los que Jung dedica estudios particulares. Sólo presentaré brevemente dos, por su importancia intrínseca y porque muestran bien esa mezcla de vislumbre profundo y arbitrariedad trivial de la que está hecha la psicología jungiana. Me refiero a los arquetipos de *ánima* y *animus*. Cada varón lleva grabada en el alma una imagen de la mujer, no de tal o cual mujer determinada, sino del «tipo» de mujer que va a centrar e informar todas sus relaciones con lo femenino; a esa presencia de lo femenino en el inconsciente del varón se llama *ánima* en la terminología de Jung. Del mismo modo, la mujer lleva dentro de sí una imagen de los hombres (según Jung, el hombre la lleva «de la mujer» y la mujer «de los hombres», es decir, que no se trata de una relación estrictamente simétrica) que conformará todas sus relaciones con el sexo opuesto, bautizada por Jung con el apelativo de *animus*. Merced a su *ánima*, el hombre establece una relación directa, intuitiva, no racional, con la vida y, aunque él crea que vive fundamentalmente por medio de su entendimiento, es el *ánima* y los sentimientos por ella suscitados los que le enraízan realmente en la existencia; opuestamente, el *animus* representa la imagen pensante, discriminatoria y doctrinal en la mujer, quien cree vivir plenamente a través de su Eros cuando es precisamente este *animus* crítico lo más hondo de ella misma. El *ánima* pretende reunir, juntar, mientras que el *animus* quiere diferenciar y reconocer; ¡curiosamente, a Jung la raíz del hombre le parece emocional y la de la mujer meditativa! Llevado por su *ánima*, el hombre tiende a buscar en la mujer lo vacío, desamparado, incapaz de relación, equívoco..., mientras que el *animus* se proyecta sobre las personalidades *fuertes*, muy determinadas, brillantes y decisorias... Según una discípula de Jung, la doctora Frieda Fordham,[4] los movimientos de liberación femenina son producto de mujeres que se dejan arrastrar excesivamente por su *animus*... ¿Hará falta decir que esta distribución de papeles es motivo de la infinitamente conflictiva relación entre los sexos? Como se verá por esta somera descripción que acabo de esbozar, el *ánima* y el *animus* responden a la fisiología compensatoria del inconsciente según Jung, de la que ya he hablado antes. En esta presencia de los contrarios en el seno de cada alma, Jung recoge uno de los atisbos tradicionales de la mitología (el hermafrodita); en su método se reúnen aquí lo mejor de su fuerza y lo más claro de su debilidad.

La religión como cordura

Llegamos a lo más importante, a ojos del mismo Jung, de su pensamiento y juntamente a lo menos «moderno» –por ser lo menos materialista– de él. Un occidental tiene dos problemas cuando habla de religión; en primer lugar, parece considerar que «religión» y «cristianismo» son y han sido siempre sinónimos, para bien y para mal; en segundo lugar, tiende a pensar que toda consideración no adversa de

---

4. Frieda Fordham es autora de una *Introducción a la psicología de Jung*, Ed. Morata, Madrid, que constituye un útil resumen para penetrar en la obra del psiquiatra suizo. Lástima que esté acompañada por unas impertinentes notas del traductor de la obra, Luis Izquierdo.

la religión es un intento solapado de reinstaurar o mantener formas tiránicas de gobierno. Es difícil exagerar hasta qué punto estos dos criterios están profundamente enraizados y hasta qué peligroso punto son erróneos; y digo «peligroso» porque llevan a un estado de obcecación fanática que las más indeseables formas históricas de la religión rara vez han alcanzado. Toda la historia de la humanidad contemporánea es la de un aumento constante de la *abstracción*, tanto en formas de pensamiento como en sistemas de convivencia comunitaria. El antiguo pensamiento «concreto» –si puedo hablar así–, es decir, mítico, ritual, ha quedado relegado al uso de los *reaccionarios*, es decir, de quienes son incapaces de advertir la desaparición *histórica* de la comunidad basada en el rito y el mito y creen poder conservar éstos sin aquélla, en lugar de intentar transformar aquélla para recuperar la posibilidad de éstos. Jung describió así el choque de las dos mentalidades: «El ideal reaccionario es siempre más primitivo, más natural (tanto en el bueno como en el mal sentido) y más "moral", en tanto que se atiene fielmente a la ley tradicional. El ideal progresista es siempre más abstracto, más desnaturalizado y, en ese sentido, más "inmoral", pues exige la infidelidad a la tradición». Para Jung, la religión sería plenamente necesaria para conservar la cordura, pues ella sería la encargada de unir y equilibrar ambas tendencias. Jung vio bien el problema, pero era demasiado radicalmente reaccionario para vislumbrar una solución que fuese más allá de las buenas palabras o la crítica sumisión a las formas vigentes de lo piadoso, en cuya raíz histórica se halla precisamente el corazón de la impiedad. El talante de Jung era incapaz de entender ninguno de los anhelos modernos de liberación; un sugestivo ejemplo: hablando de que la voluntad es una función mucho más desarrollada entre los «civilizados» que entre los «primitivos», dice: «Al comienzo de mi estancia en África, estaba asombrado de la brutalidad con la que los indígenas eran tratados, pues el látigo era moneda corriente; al principio eso me pareció superfluo, pero debí convencerme de que era necesario; desde entonces tuve permanentemente a mi lado mi látigo de piel de rinoceronte». Es evidente que una persona que reacciona así no está capacitada para imaginar cuál puede ser la forma religiosa más adecuada al momento histórico actual, al menos si la religión debe perder sus connotaciones represivas y tiránicas.

Y, sin embargo, Jung profundizó hondamente en la esencia de la religión y, aunque no la agotó ni mucho menos, la esclareció útilmente. Creo que muchas de las críticas que se le hicieron en este sentido caen muy por debajo de su pensamiento. Es paradigmático el caso de Erich Fromm, en su libro *Psicoanálisis y religión*, cuyo ataque a Jung es un perfecto exponente de la postura «humanista» en materia religiosa y de sus limitaciones. Fromm critica, justificadamente, la habitual imagen tópica de la gigantomaquia entre un Freud antirreligioso y un Jung prorreligioso; pero la repudia para conservarla con el signo cambiado, haciendo a Freud defensor de una «verdadera» religión ética, mientras que Jung caería del lado de un «falso» relativismo religioso. Para Jung, lo importante es la validez psicológica de los arquetipos religiosos y el *consensus gentium* que lo sanciona; a Fromm, esto le parece un notorio desprecio a la «verdad». Argumenta de este modo: «En su relativismo con respecto a la verdad, el concepto de Jung acerca de la religión contrasta con el budismo, cristianismo y judaísmo. En éstos, la obligación del hombre a buscar la verdad es un postulado integral. La pregunta irónica de Pilatos "¿Qué es la verdad?", permanece como el símbolo de una actitud antirreligiosa desde el punto de vista no sólo del cristianismo, sino también de todas las grandes religiones». Al «humanismo» siempre le pasa lo mismo: o se pasa o no llega. Aquí, se pasa; precisamente el énfasis en la única Verdad es lo que ha transformado a las grandes religiones –es decir, a las más estables *institucionalizaciones* de lo sagrado– en perseguidoras inquisitoriales de los descreídos y gentiles, mutilando el espontáneo florecimiento de las diversísimas formas de piedad. El carácter de búsqueda inapelable de la Verdad es *perfectamente ajeno* a la esencia de lo religioso y pertenece a la abstracta lógica binaria (verdadero/falso) de la ciencia, que trasladado al terreno religioso por el monoteísmo se ha llamado en su día *inquisición*. Antes dijimos que el carácter visceralmente reaccionario de Jung le impidió *profetizar* adecuadamente la nueva forma religiosa; ahora vemos que no bastan las buenas (y aguadas) intenciones progresistas de Fromm para alcanzar un pensamiento libertario. Efectivamente, no creo que el punto de vista de Freud y el de Jung sobre religión sean irreconciliables, como probablemente ellos mismos pensaron; la postura de Freud (que es, sin duda, mucho más simplista que la de Jung) muestra claramente los peligros de cierta forma de institucionalización religiosa monoteísta, que él equivocadamente hace equivaler a toda religión posible; Jung, en cambio, es poco sensible a los muchos aspectos indeseables de la religión establecida, pero describe con acierto el permanente valor de lo religioso en la vida psíquica del individuo y la comunidad.

No hace falta creer, como el inefable doctor López Ibor, que el rosario en familia cura las neurosis, para compartir la opinión de Jung expresada en el siguiente párrafo de su autobiografía: «Entre los enfermos llamados neuróticos de hoy, muchos de ellos, en épocas más antiguas, no se habrían convertido en neurópatas, es decir, no se habrían visto disociados de sí mismos, si hubiesen vivido en tiempos y en un medio en que el hombre hubiese estado unido por el mito al mundo de los antepasados y, por consiguiente, a la naturaleza vivida y no solamente vista desde fuera; la desunión consigo mismos se les hubiera ahorrado. Se trata de hombres que no soportan la pérdida del mito, que no encuentran el camino hacia un mundo puramente exterior, es decir, hacia la concepción del mundo que procuran las ciencias naturales y que no pueden satisfacerse tampoco con el juego puramente verbal de las fantasías intelectuales, que no tienen la menor relación con la sabiduría». En páginas como ésta, lo que se anhela no es tanto un comportamiento privado diferente –más religión o más mito y menos conocimiento científico– sino una comunidad distinta, cuyo fundamento no fuese la producción a ultranza y la abstracción estatal, sino la realización de la fraternidad en la veneración de lo sagrado, que no excluye ninguna forma de conocimiento y las potencia todas. El hombre está realmente escindido –no otra es la definición del «ciudadano»–, pero no tanto de sí mismo como de la Ciudad: quizá la lucha contra el Estado, que comporta ataques a la religión establecida, es la forma más alta de piedad contemporánea, la que prepara las condiciones de posibilidad para venerar de nuevo... Este punto de vista, obviamente, no era el de Jung, como el lector recuerda. Para Jung, el tema de la religión está íntimamente conectado con uno de los arquetipos fundamentales, el de *Selbst* («sí mismo», «*self*» o «*soi*»), término con el que alude a la totalidad armónica de lo consciente y lo inconsciente, a la realización plena de la personalidad completa: «El *Selbst* es también la meta de la vida, pues es la expresión más completa de esas combinaciones del destino que se llaman un individuo». Podríamos decir que el *Selbst* equivale a la verdadera *cordura*. Su símbolo es el *mandala*, el cuadrado inscrito en un círculo, presente en muchas culturas del mundo entero. Al intento de conseguir la cordura, es decir, la total integración de los elementos conscientes e inconscientes en el *Selbst*, Jung lo llamó «proceso de individuación» –fórmula muy poco afortunada, pues parece sugerir que la cordura puede alcanzarse individualmente, cuando él mismo había dado razones en contra de esta concepción–. En todo caso, la religión debe desempeñar un papel fundamental en el proyecto totalizador, tal como Jung señala en uno de sus párrafos más expresivos: «El ejercicio de la religión –es decir, la repetición del relato y la repetición ritual del hecho mítico– cumplen consecuentemente la finalidad de tener siempre presente, ante los ojos de la conciencia, la imagen de la infancia y todo lo que se refiere a ella (es decir, el estado original, inconsciente e instintivo); la meta teleológica es impedir la ruptura de las estipulaciones originales».

Con la procesión silenciosa de sus arquetipos, su vocabulario de alquimista y la personalización figurativa en los tipos de las funciones del alma, Carl Gustav Jung adopta aires de «gnóstico» contemporáneo. Así lo vio ese otro decidido gnóstico, André Breton, por intermedio del cual Jung influyó aún más que Freud en los surrealistas. Esto subraya la vigencia intelectual del psicólogo suizo, pues ya se sabe que los surrealistas tenían buen gusto para elegir sus santos patronos.

Arnold J. Toynbee: historia de un historiador

Para Cristina y María, mis historiadoras.

Entre los grandes historiadores, abundan los hombres de acción frustrados. Los vencedores no tienen memoria, pero los fracasados son incomparables rumiadores de las oportunidades perdidas y agudos críticos de los éxitos ajenos. Refugiarse en las alternancias de la varia fortuna a través de los siglos es un lenitivo generoso para las escoceduras del golpe fallido aquí y ahora. Por un César victorioso que condescendió a dejarnos la crónica de sus triunfos, hay cien vencidos cuya incompetencia para la espada y la intriga les propició aptitud para narrar las gestas que otros llevaron a cabo: Tucídides, derrotado y exilado por ello; Flavio Josefo, hecho prisionero por los romanos cuando guerreaba a favor de los judíos; Polibio, deportado; Jenofonte y Clarendon, exilados; Maquiavelo, apartado de su puesto político por una facción opuesta... El resignado ocio que sigue al desastre, el resentimiento de quien se desespera vacante lejos de la primera fila o en la cárcel, son una magnífica disposición de ánimo para tomar la pluma y comenzar a contar *cómo empezó todo...* En cada gran libro de historia se esconde un intento de venganza. También Toynbee se hizo historiador a favor de una deficiencia (física, en su caso) que le imposibilitaba para la acción: una grave disentería le hizo inútil para el servicio militar, lo que le impidió participar –y quizá morir, como tantos en su generación– en la primera guerra mundial. Fue entonces, juntamente preocupado por el gran conflicto y resguardado de él, cuando comenzó a escribir su *Estudio de la historia*, eligiendo quizá el camino de la explicación pública para alcanzar la justificación privada. Cierto es que Toynbee nunca se encerró en un mundo puramente académico, pues muy pronto dejó su cátedra de estudios bizantinos y griego moderno en la Universidad de Londres por un puesto en Chatham House, dependiente del Foreing Office. Allí se encargó de la dirección del *Survey of International Affairs (Revista de asuntos internacionales)*, ocupación en la que ha trabajado durante treinta y tantos años. Esta sinecura oficial le permitió ir erigiendo a través de varias décadas su dilatada obra de historiador. Su visión de los asuntos mundiales no siempre coincidió con la del Ministerio de Asuntos Exteriores británico que le pagaba: decididamente antibelicista («La guerra es, a mi entender, como la esclavitud: un mal social con el que no puede haber arreglo ni componendas. No creo en la eficacia de abolir las armas atómicas mientras se sigan manteniendo las otras armas, ni en reducir la cantidad de armamentos sin renunciar al uso de los que queden. Mi objetivo es la abolición total de la guerra y no su aminoramiento»), sus posturas frente a los problemas del Tercer Mundo, en especial la guerra de Vietnam, fueron decididamente antiamericanas y próximas a las de un Bertrand Russell, por ejemplo. En general, fue un conservador ilustrado, cuya visión de la historia influyó mucho más en autores de derechas, como Ortega, que en pensadores de izquierda. Pero, naturalmente, ni Toynbee ni nadie se agota en su simple definición política, como en esta hora de su muerte han hecho muchos con apresuramiento. Ni siquiera por escribir en el suplemento dominical de ABC se puede descartar a un autor, aunque reconozco que es un mal síntoma. La amplitud de su proyecto y de la información que manejó, su parentesco con una muy estimable tradición cultural, merecen una visión un poco más detenida. Su punto de vista histórico no es ni muy original ni, por supuesto, inapelable, pero cuenta entre lo más importante que este siglo ha producido en la materia. Trataré aquí de esbozar brevemente sus líneas principales, empezando por la tradición de que es deudor.

En la historia moderna se distinguen fundamentalmente dos tipos de obras, que han dado lugar a dos tradiciones distintas y a menudo contrapuestas. Por un lado, la obra especializada que abarca un período de tiempo y espacio limitado, basada en la rigurosa documentación, en la escrupulosa verificación del detalle y en esa misteriosa cualidad tan preciada por los cientificistas llamada «objetividad»; por otro, la obra que sobrevuela los siglos y las naciones, que compara las civilizaciones y las costumbres o que se remonta hasta el impensable origen de los imperios para relatar su génesis completa hasta la fecha. Esta segunda aspira a un tipo de comprensión general, orientada hacia la satisfacción de nuestras inquietudes más hondas, a la que la primera, modestamente, renuncia. Y mientras la primera pretende al menos ser neutral, la segunda ni lo es ni aspira a ello, sino que parte de un sustrato filosófico, implícito o explícito, que orienta toda la investigación posterior. Hoy estas dos concepciones parecen irreductiblemente encontradas y se anatematizan mutuamente, la una recensionando innumerables errores de detalle en el ambicioso conjunto y la otra despreciando la tímida cortedad de miras de su adversario. Empero, en su origen fueron perfectamente compatibles, consolidándose casi por la misma época y por la misma mano: pues, en efecto, Voltaire escribió de una parte su *El siglo de Luis XIV*, admirable monografía que agota minuciosamente una época, con acopio de toda la documentación política, económica y cultural de la que disponía en su tiempo; por otra, es autor de un vasto fresco cuya generosa amplitud de concepción se acompaña de un estilo memorablemente perfecto, el *Ensayo sobre las costumbres y el espíritu de las naciones*, en el que se pintan las peripecias de la cultura occidental desde la Edad Media como un continuado esfuerzo hacia la tolerancia y el progreso científico. No hay oposición ni contrariedad en el siglo XVIII entre ambas empresas. Pero cien años después las cosas habían cambiado sustancialmente y es notable que Theodor Mommsen, en la segunda mitad de su vida, hablase como de un pecado juvenil de su *Historia de Roma*, que le había proporcionado el Nobel y la fama, dedicándose ya concienzudamente a la edición y traducción de inscripciones latinas, trabajo que le parecía mucho más «científico» y menos contestable. En nuestros días, es la opinión del viejo Mommsen la que ha prevalecido mayoritariamente, al menos entre los historiadores profesionales. Sólo aficionados de genio, como el H. G. Wells del *Esquema de la historia del mundo* o el Spengler de *La decadencia de Occidente*, han continuado proponiéndose bocetos de desconcertante ambición. Quizá el único historiador profesional que haya proseguido en esta línea sea precisamente Arnold J. Toynbee, cuyo punto de vista a este respecto no deja lugar a dudas: «No pienso que la historia, en el sentido objetivo de la palabra, sea una sucesión de hechos, ni que la historia escrita sea el relato de esos hechos. Los historiadores, como todos los observadores humanos, deben hacer comprensible la realidad, y eso les arrastra a juicios continuos sobre la verdad y su significación. Esto exige una clasificación, y el estudio de los hechos debe ser sinóptico y comparativo, puesto que la sucesión de los hechos fluye en un gran número de corrientes simultáneas». Para este antipositivista, los hechos son eso, «hechos», resultado de la construcción y elaboración que la inteligencia del historiador lleva a cabo con unos materiales que no alcanzan categoría histórica hasta haber sufrido ese proceso.

Uno de los genios más asombrosos y perdurablemente ignorados de la historia del pensamiento occidental, Giambattista Vico (1668-1744), que tuvo prácticamente que esperar hasta ser descubierto en nuestro siglo por Benedetto Croce (salvo lo que de él había recogido la omnicomprensiva atención de Hegel), es el inventor moderno de la filosofía de la historia, de la que Toynbee es, por el momento, último representante. En su *Ciencia nueva*, Vico expuso una concepción cíclica del desarrollo humano, apoyada tanto en los sucesos políticos como en la mitología comparada y en la génesis de la religión, el derecho y las costumbres. Descartó por completo la sólita crónica nacionalista, exclusivamente dedicada a cantar las glorias de la patria, y adoptó un punto de vista internacionalista, al que sólo limitó la falta de información de su época sobre otras civilizaciones (Oriente, América, etcétera). Éste es el precedente remoto del autor del *Study of History*. Pero el precursor más inmediato es el alemán Oswald Spengler (1880-1936), cuya *Decadencia de Occidente* despertó fascinaciones morbosas e indignadas repulsas en su época entre quienes oyeron hablar de ella, pues muy pocos leyeron esta obra divagatoria y oscura; más tarde, la segunda guerra mundial y la adscripción de Spengler al santoral nazi, ha dispensado a muchas buenas almas de la notable molestia de leerle, regalándoles ya hecho el juicio despectivo. Al pesimismo aristocrático de Spengler se le han hecho reproches, *morales* ante todo; no es injusto, pues él se colocó desde un principio en el terreno de los valores para atacar la concepción histórica progresista y democrática. Para Spengler, la historia no es un proceso unitario que avanza de modo más o menos necesario hacia el triunfo final del bien, la verdad y la justicia, como creía Voltaire y creen hoy los cristianos y los marxistas; se trata, en cambio, del conflictivo juego de diferentes *culturas*, que nacen, crecen y mueren según un modelo fundamentalmente biológico. «Una cultura –dice Spengler– nace en el momento en que una gran alma se despierta, se separa del estado psíquico primario de eterna infancia humana, forma salida de lo informe, límite y caducidad salidas del infinito y la duración. Crece sobre el suelo de un paisaje exactamente delimitable, al que permanece apegada como una planta. Una cultura muere cuando el alma ha realizado la suma entera de sus posibilidades, bajo la forma de pueblos, de lenguas, de doctrinas religiosas, de artes, de Estados, de ciencias, y vuelve así al estado psíquico primario.» Con éstas y otras meditaciones sobre el acabamiento o muerte de la cultura occidental, lo apolíneo y lo fáustico, etc., Spengler construye una obra rapsódica, en la que junto a muchas páginas insoportablemente abstrusas y pretenciosas hay momentos de rara belleza. Toynbee es mucho más moderado, menos arbitrario y, desde luego, mucho menos brillante. Lo que fundamentalmente toma de Spengler es la idea de que deben buscarse para protagonizar la historia elementos más amplios y complejos que las naciones: lo que el alemán llamó «culturas» y el inglés llamará «civilizaciones». Pero Toynbee no acepta plenamente el biologismo spengleriano, del que quedan residuos en su noción de *growth* (crecimiento), ni mucho menos la ley de senectud que sellaba de inexorable pesimismo la obra del alemán. Para Toynbee ningún determinismo está plenamente justificado y toda civilización puede salir de su peor marasmo con un reflorecer de su vitalidad espiritual. También se opuso a Spengler en otro punto importante: para éste, las culturas eran cerradas e incomunicables, como mónadas, mientras que Toynbee nunca menospreció los préstamos e influencias entre las culturas, ni supuso a éstas rigurosamente impermeables. Paso ya a exponer directamente las nociones principales del sistema histórico de Toynbee, tras este breve esbozo de sus precursores.

En su búsqueda de unidades más amplias y ricas que las naciones en las que sustanciar el decurso histórico, Toynbee decide basarse en las *civilizaciones*. La palabra es de uso común y cuando Toynbee intenta una definición específica suele hacerlo en términos espirituales: «La civilización puede definirse como una tentativa de crear un estado de sociedad en el que toda la humanidad pudiera vivir junta y en armonía como los miembros de una sola y misma familia. Ésta es, según creo, la meta hacia la que tienden inconscientemente, si no conscientemente, todas las civilizaciones conocidas hasta aquí». Para reforzar esta noción, Toynbee estudia tres modelos de civilización, que pueden alcanzar carácter paradigmático para el estudio de las restantes: el *modelo helénico*, en el que diferentes naciones espiritualmente ricas y emprendedoras luchan entre sí hasta estabilizarse en un Estado universal; el *modelo chino*, en el que un gran

Imperio va pasando por alternancias de orden y prosperidad a crisis y caos, hasta restablecerse de nuevo (dialéctica del Yang y el Yin), y un *modelo judío*, en el que un pueblo sin territorio propio conserva su identidad en su dispersión por medio de fuertes vínculos espirituales. Todas las civilizaciones de Toynbee se ajustan mejor o peor a uno de estos tres modelos. En 1927, cuando comenzó su obra a perfilarse, Toynbee contaba veintiuna civilizaciones; el incesante trabajo de arqueólogos y orientalistas hizo subir ese número a treinta y una en 1961, a las que aún más recientemente (1972) se unieron las civilizaciones de África. De ellas, algunas (egipcia, sumeria, minoica, sínica, india, índica, maya y andina) «carecen de mutuas relaciones y pertenecen a la infancia de la especie». Otras, como la irania, helénica o cristiano-occidental, derivan de uno u otro modo de las anteriores.

La siguiente pregunta es: ¿cómo y por qué nacen las civilizaciones? Toynbee examina las respuestas más usuales de los deterministas, es decir, la raza y el medio geográfico. Ninguna de las dos le parece convincente, pues, según demuestra con abundantes ejemplos, características raciales y ambientales muy similares dan lugar a civilizaciones logradas tanto como a fracasos civilizadores y de unos determinantes aparentemente idénticos puede salir un aborto o un hijo preclaro. Sencillamente, ni la raza ni el medio *funcionan* de un modo unívoco. Lo insatisfactorio de estas explicaciones es suponer que el libre espíritu humano está sometido a las mismas leyes inexorables de la naturaleza que rigen la materia inanimada. Más acertado será buscar la génesis civilizadora en esa libertad misma, enfrentada sin duda a poderosos determinantes naturales pero no condicionada inapelablemente por ellos. Para orientarnos a este respecto, lo más enriquecedor es acudir a las grandes intuiciones de la mitología y la religión, en las que tal espíritu libre se ha expresado. Los mitos del origen nos hablan de un encuentro inicial entre un principio formador y un caos indistinto, pero preñado de posibilidades, de cuya fecundación dialéctica nació el universo; también hablan de un activo principio de rebeldía, cuya intervención altera el orden instituido (caída, pecado) y da lugar a una dinamización de lo estático, que en último término se resuelve en la búsqueda de una nueva estabilidad más perfecta. Basado en estas intuiciones, Toynbee concibe el nacimiento de cada civilización como *la respuesta a un desafío*. El desafío lo constituyen los condicionantes geográficos, raciales, económicos, las urgencias espirituales y las presiones históricas; la respuesta que la libre voluntad creadora de un grupo de hombres erige frente a ese desafío constituye la civilización. Naturalmente, tal respuesta puede resultar fallida y un desafío excesivo puede hacer fracasar a quienes se enfrentan a él, perdiéndose en un callejón sin salida cultural. Pero también es posible que la hostilidad del medio ambiente o la presión retadora de antagonistas históricos se convierta en un estimulante que refuerce, al exigirle más, a la civilización naciente: así, la esterilidad de una tierra agreste ha empujado a muchos pueblos a grandes empresas marineras y las persecuciones más crueles han servido para reforzar la amenazada identidad de los perseguidos. Es un problema de equilibrio entre el desafío y la respuesta, pero también de *energía* civilizadora, pues nadie puede pretender poner límites a los recursos de la creatividad humana.

La próxima pregunta que nos vemos llevados a plantear es ésta: ¿por qué se han hundido y se hunden las civilizaciones que habían logrado en su momento responder con éxito al desafío que las originó? También aquí Toynbee se alza contra el fatalismo de los deterministas, como Spengler, que ven en la decadencia el irremediable último cangilón de la noria de la fortuna, en la que van subidas tanto las civilizaciones como cada hombre en particular. La senectud, la degeneración y la muerte no son patrimonio inevitable de las civilizaciones, y aquí el símil biológico falla, porque ya hemos visto que éstas no surgen por el simple concurso de fuerzas naturales, sino por una libre opción espiritual que no está sujeta a los ciclos irrevocables de la materia. Para encontrar la raíz de la decadencia, Toynbee examina la composición de las civilizaciones florecientes y llega a la conclusión de que éstas se desarrollan fundamentalmente a impulsos de una *oligarquía creadora* que es la que vigoriza y centra la respuesta al desafío. Esta noción de «elite» sí que la ha tomado de Spengler, de donde por cierto también debió tomarla Ortega. Para regir y estimular la civilización que anima, la oligarquía debe apoyarse en una disciplina gregaria (tanto da autoritaria o democrática) que arrastre a la masa no creativa, y este mecanismo sistemático se acaba volviendo contra sus iniciadores cuando la inspiración creadora llega a faltarles. Entonces, éstos pueden intentar seguir manteniendo su predominio por la violencia o la estupidización colectiva de la comunidad, con resultados desastrosos. ¿Por qué falla la creatividad? Tal parece que hay una tendencia a la desmoralización tras los grandes logros colectivos; el éxito suele volvernos perezosos o vanos. Así, por ejemplo, Atenas y Venecia perecieron por su fascinada fijeza en un pasado glorioso, y el Imperio Romano de Oriente por su idolatría de aquella efímera, aunque grandiosa, realización del gran Imperio universal, que intentaba a toda costa reproducir. Con vanas imágenes del pasado o con una autosuficiente contemplación de un presente engañosamente inmóvil, los dioses ciegan a quienes quieren perder...

Esta decadencia no es inevitable ni irreversible, pero una vez que se da suele responder a un modelo común. Las masas se rebelan contra la oligarquía, que ya no sabe mantenerse a la cabeza de la sociedad más que por la fuerza y el engaño. La civilización se fragmenta entonces en un trío de fuerzas discordantes: la acosada minoría dominante, que trata de recuperar su iniciativa perdida, un proletariado interior y un proletariado exterior. El *proletariado interior* lo forman las sufridas y desorientadas masas que tienen que padecer la desmoralización de sus líderes y su conversión de guías benéficos en tiranos explotadores. «La verdadera marca del proletariado no es ni la pobreza –dice Toynbee– ni el nacimiento humilde, sino la conciencia, y el resentimiento que ella inspira, de haber sido derrocado de su puesto tradicional en las estructuras establecidas de una sociedad, y de ser indeseable en una comunidad que es por derecho su hogar.» El *proletariado exterior* lo forman las masas de las comunidades vecinas a la civilización en decadencia, que antes giraban en su órbita de atracción creadora y que, al perder ésta su hegemonía espiritual, se convierten en hordas agresivas que hostigan sus flancos y pueden llegar a destruirla por completo. El caso más memorable quizá sean los bárbaros, que acabaron derribando al decadente Imperio Romano. Esta situación de crisis general de la civilización da lugar a los más dispares cataclismos psíquicos entre los desdichados a los que toca vivirla: misticismo y orgía, quietismo y arrebato, renunciación y ambición desaforada. Se intentan los caminos más contrapuestos, se entrega uno a todos los perdederos en busca de una salvación y regeneración cuyo camino colectivo parece cegado. Entretanto, cada una de las tres fuerzas en que se ha desagregado la civilización trata de crear nuevas instituciones salvadoras. La minoría dominante aspira a implantar un *Estado universal*, que englobe todos los elementos dispersos de la civilización en una nueva unidad revitalizadora. El proletariado interior produce un importante *movimiento espiritual*, de carácter colectivista, fuertemente ético, preocupado por los dolientes y los humildes, que aspira a una definitiva regeneración del hombre, a una especie de *curación de la Historia*; así nace el cristianismo, el budismo mahayana, el marxismo... El proletariado exterior intenta implantar, sobre las ruinas de la civilización que asalta, una especie de *Edad heroica*, en la que las virtudes guerreras y predatorias acaban convirtiéndose en nuevos ideales que sustituyen a los ídolos muertos de la antigua cultura. Por un lado, estos tres intentos constituyen la esperanza de salir del *impasse* de la decadencia, pero por otro encierran nuevos y alarmantes peligros. El Estado Universal se puede convertir en hipóstasis de la burocracia y la organización, las grandes religiones pueden inspirar inquisiciones dogmáticas e intolerantes y la edad heroica puede convertirse en barbarie cruel y oscurantista. ¿Es necesario señalar que, según Toynbee, nuestra época es precisamente una de esas situaciones de crisis y que nos debatimos en este nuevo desafío angustioso, en busca de la respuesta adecuada?

El esquema apresuradamente expuesto en los párrafos anteriores es necesariamente injusto con una obra que ocupa doce gruesos volúmenes y que ejemplifica cada uno de sus puntos con estudios sobre incidentes históricos determinados, de admirable erudición y penetración notable. Si muchos historiadores niegan el valor de la estructura general del pensamiento de Toynbee, pocos menosprecian el alcance de sus estudios sobre historia de Grecia, sobre egiptología, sobre el Papado, sobre China o Venecia... que ilustran y refuerzan sus grandes tesis filosófico-históricas. En el esbozo que acabo de hacer se pierde forzosamente toda esa riqueza. Frente a esta magna obra cabe, sin duda, preguntarse: ¿para qué sirve el estudio de la historia? El historiador griego Tucídides (siglo V antes de J.C.) creía que su obra podía ser «útil para quienes deseen alcanzar una idea clara de los acontecimientos que han ocurrido y de los que algún día, en el curso probable de los acontecimientos humanos, ocurrirán de nuevo del mismo o semejante modo». No cabe duda de que este pensamiento de Tucídides fue uno de los mayores estímulos intelectuales de Toynbee. Sin embargo, hoy dudamos de que la historia repita cíclicamente sus peripecias de tal modo que puedan sernos útiles nuestros conocimientos de sucesos anteriores. Además, Toynbee nos pone ante algo más que sucesos mecánicamente coordinados, de tal modo que, dadas idénticas circunstancias, vuelven de nuevo a repetirse; el historiador inglés aspira a una *interpretación* de la historia, de forma que la visión del pasado pueda llegar a convertirse para nosotros en sabiduría presente. En último término, su aspiración más honda es de esencia radicalmente religiosa: «¿Que por qué trabajo y por qué precisamente en historia? Porque, para mí, éste es el camino que conduce, aunque sea con mucha lentitud, hacia la *Visio beatifica*». Éste no es el género de declaración íntima que suele despertar entusiasmo entre el positivista y escéptico público estudioso, pero al menos tiene el valor de atreverse a proclamar un fin algo más estimable que la simple minuciosidad memorística del especialista o el impúdico acarreo de agua a su molino del hombre de partido. No es difícil hallar defectos a los planteamientos de Toynbee: el primero, su talante mismo, conservador y pacato, que le previno de los excesos a lo Spengler pero restó mucha fuerza a su pensamiento. También se le reprocha su poca comprensión del fenómeno de la ciencia, cuyo carácter acumulativo y progresivo parece oponerse al comparativismo toynbiano: «El teorizador puede comparar en el mismo plano –dice Vere Gordon Childe, criticando a Toynbee– la política exterior de Thotmes III, de Trajano y de Federico el Grande. Puede analizar los méritos respectivos de los rituales acadios, católicos y romanos y del culto de Zoroastro; de la lírica amorosa egipcia, griega y provenzal; de los retratistas del Nuevo Reino, bizantinos o victorianos: a falta de normas universalmente reconocidas, no habrá dos autores que ordenen estos productos según el mismo orden de méritos. Pero no puede haber tales diferencias de opinión con respecto a la astronomía de Babilonia durante la Edad de Bronce, en la Grecia helenística y en la Inglaterra del siglo XVII. El *shaduf*, la rueda persa y la electrobomba no son tres ejemplos de una especie de artefacto elevador de agua, sino tres especies de una jerarquía evolutiva». La objeción es fuerte, sin duda, aunque quizá no tan inapelable como podría creer Gordon Childe. En todo caso, el retraimiento hostil de Toynbee ante la realidad de la ciencia y la técnica, teñida de cierto humanismo nostálgico, no refuerza precisamente su obra.[1] Por último, recojo una anotación que hace poco escribía Paulino Garagorri en un artículo necrológico sobre el historiador inglés: lo que contribuye decisivamente a alejar-

---

1. También hay que señalar que el conservadurismo de Toynbee confunde el porvenir de la religión con un renacimiento del catolicismo, que su propia obra desmiente hasta como hipótesis.

nos de Toynbee es su falta de garra como escritor. Obras como la suya se sustentan primordialmente en el «estilo» de su autor: éste juega a favor de Gibbon, de Voltaire, del mismo Spengler, pero no ciertamente de Toynbee. Cuando la historia quiere alzarse a un nivel interpretativo y sapiencial, debe hacerse en buena medida obra de arte.

Ahí queda, sin embargo, la obra de ese inglés que se plantó firme ante los tiempos. Con todos sus defectos, nos parece más estimable que las «virtudes» que puede ostentar la filistea renuncia a toda interpretación. Es cierto que todas las filosofías de la historia son *a posteriori*: lo pasado siempre parece inevitable e incluso lógico, aunque fuese absurdo e impensable un instante antes de ocurrir. Pero el día en que desapareciera del todo el animoso empeño de ordenar los acontecimientos en un proyecto inobjetable, el hombre habría perdido una de las dimensiones más arraigadas y tenaces de su esperanza. Con el contento de la obra hecha, que el tiempo demolerá pero que el corazón aún confía inexplicablemente que en último término derrotará al tiempo mismo, Toynbee repetía al final de su vida los versos del clásico griego:

> *Así desafié a correr a la de la guadaña;*
> *me apresuré todo lo que pude; ella se demoró; yo gané.*
> *¡Acomete ahora, Muerte haragana y dormilona!*
> *que ya no podrás deshacer lo que tengo hecho.*

La novia de King Kong

¿Por qué nos emociona y hasta nos conmueve especialmente la figura gigantesca y peluda de King Kong, de un modo más intenso e inexplicable que las de otros monstruos de la pantalla? Porque se nos parece de dos maneras contrapuestas: es inmensamente fuerte, como todos quisiéramos ser. Pero también enormemente vulnerable, como cada uno en la intimidad sabemos que somos. La leyenda del antropoide colosal y enamoradizo es fruto de la colaboración pronto interrumpida entre un novelista policíaco célebre, Edgar Wallace (que murió prácticamente antes de comenzar a trabajar de veras en el proyecto) y de un productor cinematográfico genial, Merian C. Cooper. Fue este último quien escribió el guión de la película inolvidable, en colaboración con una mujer –Ruth Rose–, esposa de su director, Ernest Shoedsack. Después el narrador Delos W. Lovelace escribió una novela sobre el guión, un agradable relato de aventuras que apareció en 1932, poco antes que el filme y que ha tenido varias prolongaciones literarias (la última de ellas *Kong, rey de la isla de la Calavera*, de Brad Strickland y John Michlig, ed. Timun Mas, una secuela a lo Rider Haggard fastuosamente ilustrada por Joe DeVito). Pero por supuesto el verdadero padre de King Kong fue el artista Willis O'Brien, creador de los efectos especiales –en su día revolucionarios y hoy ingenuamente entrañables– que marcaron el tono onírico de aquella cinta. Imágenes y argumento pertenecen ya a la mitología contemporánea.

El gorila gigante vive solitario y soberano en la isla de los sueños, poblada de criaturas fantásticas. Allí no abundan demasiado las rubias, de modo que se enamora hasta las enormes patas de la primera que le ofrecen. Cuando la tiene en su manaza, le irá quitando la ropa como quien pela una cebolla: quien te quiere bien pero es demasiado enorme para probártelo, te hará llorar. El tamaño importa, claro que importa... y casi siempre para mal. ¡Que se lo digan al gorila gigante contemplando al objeto miniatura de su concupiscencia! Después se la roban y tendrá que perseguirla hasta la gran ciudad, una jungla hecha de asfalto y rascacielos cuyos peligros ignora. «La ciudad no es para mí», pensará el rey Kong, ya destronado. Tampoco la chica será para él, pese a quererla tanto, y lo descubre cuando está en lo más alto, en la cima del mundo. Más dura será la caída del enamorado... Al final, demasiado tarde –siempre se hace tarde demasiado pronto– Kong comprenderá que sólo puede ser el novio de la muerte, no de la rubia. Despertará de su sueño mientras cae desde lo alto del rascacielos, como nosotros a veces despertamos también de una pesadilla con una sensación extraña de caída en el estómago... El amor queda muy arriba, nosotros nos vamos hacia abajo.

En *El hijo de Kong* y *El gran gorila*, el monstruo se irá civilizando y haciendo casi amistoso. Siempre incomprendido por la mayoría de los adultos, pero contando cada vez más con la complicidad de los niños y de los adolescentes solitarios que se niegan a abandonar su selva interior. Y en el remake dirigido por Guillermin (un producto artesanal torpón pero simpático, aunque sólo sea porque nos descubrió a Jessica Lange), la escena final resulta especialmente evocadora y hasta premonitoria cuando aparecen las dos torres gemelas de Nueva York rodeadas de aviones asesinos. Ahora, tras el 11-S, ya sabemos que no sólo Kong puede derrumbarse desde lo más alto... Finalmente ha llegado a las salas del mundo entero la última –por el momento, claro– versión cinematográfica del mito, dirigida por Peter «Señor de los Anillos» Jackson. Una película a la que convienen sin duda los superlativos y las exclamaciones: colosal, impresionante, desmedida, a veces casi genial y otras un poco pueril, rebosante de atrocidad y de ternurismo, inteligentemente *ingenua*, ¡ah, oh! Naomi Watts sostiene muy bien su excelente tipo tras Fay Wray y Jessica Lange, mientras que Jack Black interpreta a Carl Denham como un Orson Welles más bajito pero no menos carismático y sólo Adrian Brody parece falto de peso ante el gran gorila. Un amante de la paleontología filmada como yo tiene poco que objetar y mucho que agradecer a una película en la que podemos disfrutar de una avalancha de diplodocus y de un par de tiranosaurios practicando el trapecio...

Sin embargo, no puedo callar que el guión de Peter Jackson consiente una blasfemia que desvirtúa esencialmente la rara fuerza poética del mito de Kong. El daño ya estaba insinuado en otras versiones anteriores, pero aquí se consuma definitivamente la traición. El problema es que hoy, tras décadas de cordial identificación con el gigante hirsuto y además en una era ecologista, ya no somos capaces de ver a King Kong realmente como lo que es, como lo que tiene que ser: un monstruo tremendo. Algo parecido ha ido ocurriendo con la criatura de Frankenstein, pero aquí el efecto se multiplica… Por decirlo de una vez: la chica se enamora de veras del gorila. ¡Ah, no, eso no puede ser! El drama de Kong, lo que le convierte en símbolo íntimo de todos los que suspiran sin esperanza y sueñan en secreto con romper el mundo porque nunca serán correspondidos, es que ama sin ser amado: su amor produce espanto y repulsión. Desde la soledad en la cima del gran rascacielos, el gorila inmenso y frágil acepta su muerte después de perdonar a la ingrata… que tampoco puede remediar serlo. Pero si Kong se sabe querido, entonces la poesía desaparece y él se convierte en una mascota *king size*. En el original, pese a todos sus músculos y colmillos, el monstruo es débil porque se siente rechazado. En caso contrario, incluso muerto resulta invencible porque ya nos dijo Goethe que da más fuerza saberse amado que saberse fuerte. ¡Ay, no, querido Peter Jackson, no es igual! En tu estupenda película, el gran King Kong no es el monarca destronado de los amantes sin consuelo: sólo es un mono más, otro gorila que se echa novia…

Heidegger en la Historia

Pues el espíritu está en su casa, no en el comienzo, no en la fuente. La tierra natal lo consume.
El espíritu ama la colonia y el valiente olvido.

HÖLDERLIN

Muérete y verás, como dijo Bretón de los Herreros. La desaparición física de Heidegger ha dado pie a una serie de necrológicas que han recorrido toda la gama de lo miserable a lo ridículo, con parada y fonda en lo imbécil. No se trata de simple desconocimiento —me consta que la mayoría de los necrólogos de urgencia no habían leído ni una línea de Heidegger en su vida— ni de ese oportunismo falsamente periodístico que decide interesarse forzosamente por cada muerto sin otro motivo para ello que su fallecimiento mismo: ha sido algo particularmente *indecente,* porque el mínimo decoro exige que sobre un pensador —muerto o vivo— sólo escriban los que sean capaces o se atrevan a pensar. Y ése, salvo alguna excepción rara y aislada —en lo que yo conozco—, no ha sido ni por asomo el caso. Por lo que se ve, sobre Heidegger puede decir cualquier cosa cualquiera: que fue nazi, que no lo fue, que era discípulo de Ortega, que era maestro de Ortega, que era ateo, que era cristiano, que «buscaba», que «encontró»... Todo vale, con tal de que deje a quien firma la apostilla mínimamente por encima del filósofo muerto. El pequeño éxito de haber sobrevivido a alguien y poder juzgarle: *ego te absolvo*, maldito seas... Se busca una ocasión pintiparada para hacer un numerito autobiográfico –«lo leí a los veinte años, entre brumas aurorales...»–, aprovechando la muerte de alguien que realmente interesa para contar una vida que no interesa a nadie, empezando por el cuentista mismo. El uno se arriesga a un pinito humorístico, pues como a Heidegger no le dieron el Nobel es un muerto potencialmente *gracioso*; el otro lo proclama síntoma de una enfermedad totalitaria que él mismo secretamente padece y de la que no hay parlamentarismo que cure. En fin, para qué seguir... Si, como dijo Heidegger, la muerte es «la posibilidad de lo imposible», también es la ocasión de lo mezquino y de lo estúpido.

Pero, realmente, ¿qué se podía hacer con el cadáver de Heidegger? Porque el problema es que Heidegger no merece recuerdo ni por nazi ni por alpinista, sino por su relación con algo llamado pensamiento. Gente con una relación a favor o en contra del nazismo y del alpinismo siempre se encuentra a la hora de cerrar una edición, lista ante la máquina de escribir; pero, ay, gente que practique y no se avergüence del pensamiento, eso ya es cosa más difícil de conseguir. Y así, claro, de lo que más se habló en las necrológicas fue de nazismo y de montañas nevadas. ¿Habría que haber ocultado entonces que Heidegger fue nazi, haber minimizado el asunto o resolverlo diciendo que le engañaron y bien que se arrepintió luego por ello? Todo lo contrario. Heidegger se adhirió al proyecto nacionalsocialista con plena consciencia, este hecho es *fundamental* en relación con su obra y nunca modificó una línea de sus escritos de esa época, ni prohibió su publicación o se avergonzó de ellos lo más mínimo. Pero lo esencial es que Heidegger participó en el nacionalsocialismo como *pensador auténtico*, no como un teórico alucinado y mixtificador a lo Rosemberg: por tanto, sólo desde la comprensión de su pensamiento y de la tarea del pensador en general tiene interés su relación con el nazismo *y no al revés*. Lo único que se ha hecho es constatar, negar o deplorar su adhesión al nazismo, pero no pensarla. Tal parece que la categoría «nazi» fuese tan homogénea y omniexplicativa que agotase plenamente la peculiaridad de quien cae bajo ella, sea Goebbels o Heidegger. ¿Qué más se puede decir de alguien convicto de nazismo, por muy pensador que sea? Pues el pensador, o acierta, es decir, o piensa como nosotros, como los buenos, como se ha descubierto que hay que pensar, o no merece crédito como pensador. Pero esto es desconocer por completo la gracia –y desgracia– de la aventura de pensar. A quien quiera estar seguro de acertar, de «ir con la historia» y de tener toda la razón, lo mejor que se le puede aconsejar –no otra cosa hacen los redentores, confesores y comisarios que nos rodean– es que no piense. Como sustituto de la especulación, puede recurrir a lo que un amigo llama el «dogma de la pura mierda», que dice así: de aquí para allá, todo pura maravilla; de allá para acá, todo pura mierda. Y a vivir, que son dos días.

Como escribo para una revista esencialmente interesada en temas históricos,[1] no filosóficos, me propongo dar los datos esenciales de lo que Eric Weil llamó «el caso Heidegger». Pero, para no caer de inmediato en lo que vengo criticando, no puedo escamotear el *dato* esencial, es decir, el

---

1. *Tiempo de Historia*.

pensamiento mismo de Heidegger. Lo malo del pensamiento es que, para quien no piensa, es literalmente ininteligible, como ya mostró Carnap en su día. Ante críticas como la de Carnap o las memeces del «lenguaje en vacaciones», sólo cabe recordar, como señaló Felipe Martínez Marzoa, que no falta quien ante un cuadro de Picasso o Klee dice: «¡Qué mamarrachada! ¿y esto qué significa?», sin por ello sentar plaza de crítico de arte. Pero aún más grave es que una trayectoria especulativa como la de Heidegger no consiente resumen válido: necesita estudio, es decir, ser repensada. No tengo espacio ni tiempo, quizá tampoco fuerzas o conocimiento, para estudiar aquí a Heidegger. Debo limitarme sencillamente a contarlo, a aludir por medio de una narración a ese otro gran relato del pensamiento vivido que no puedo traer ahora aquí. Para evitar que este cuento sea tomado por alguna forma no épica de sabiduría –por un tratado o un compendio o una propedéutica– lo entrecomillo al empezar a narrarlo. Dice así:

«Sea lo que hay y sea el hecho de que lo que hay sea. Lo que hay es distinto de ese su haberlo, su presentarse. Lo que hay, es y ante ello cabe preguntarse: ¿qué es "ser"? Ningún algo determinado calmará la radical urgencia de esa pregunta suprema. Lo que se indaga no es el sentido de cualquier cosa, sino el sentido de aquello que hace que cualquier cosa sea. Se pregunta por el sentido de ser. Pero ¿a quién preguntar? Todos los algos que nos rodean nos devuelven la pregunta por aquello que es distinto de todo algo. La pregunta rebota y recae de nuevo sobre quien la hizo: sobre nosotros, que somos un algo que se pregunta. A la desesperada, preguntémonos por este preguntar que nos vincula primordialmente al ser, por su posibilidad y sus condiciones. A través de quien se pregunta quizá se vislumbre la inimaginable respuesta a la pregunta por el sentido de ser. Quien se pregunta se caracteriza por estar aquí, en el mundo, desde siempre. El preguntador no conoce otra suerte que la de estar enfrascado en el mundo, abandonado completamente al mundo. No le queda más remedio que conformarse con las cosas, utilizarlas, preocuparse por ellas. Llamemos al preguntador "hombre". Hombre entre hombres, se refugia en la colectividad inauténtica del "se": se dice, se escribe, se goza, se decide... Es el reino mediocre y plano de la publicidad, en el que todo está determinado de antemano y, en la pura niebla, parece saberse y darse a conocer todo. Todo parece claro y estable, pero de pronto todo se presenta como impropio, se desfondan todos los algos que rodean al hombre. Es la angustia, que roe todos los supuestos significados de las cosas. El hombre no se angustia por la amenaza o la carencia de ningún algo concreto sino por sí mismo, por su propio estar abandonado completamente en el mundo. Esta angustia ayudará, paradójicamente, al hombre a resolverse y le permitirá adoptar una existencia más auténtica: la de un algo que tiene la muerte como su más íntima y conformadora posibilidad, la de quien ve su libertad como una libertad para la muerte. Esta existencia auténtica se despliega en un advenir finito, en los éxtasis de una temporalidad que urde fibra a fibra el estar en el mundo del hombre. La historia no tiene un sentido ni un propósito autónomo, progresivo, sino que es la forma de estar en el mundo del ser que se define precisamente por estar arrojado a la mundanidad. A través del tiempo, de la finitud, de la muerte, el preguntador vislumbra de algún modo el sentido, ya que no la respuesta, de su primigenia pregunta por el ser.»

Perdonen quienes realmente hayan reflexionado sobre Heidegger este desmañado y quizá impertinente cuentecillo. Pero me ha parecido indispensable apuntar, por menesterosamente que fuera, a *aquello de que realmente se trata*, antes de proporcionar unos datos biográficos que puedan parecer demasiado inmediatamente transparentes. Al final volveré brevemente sobre esto. Martin Heidegger nació en el pueblecito de Messkirch, en el país de Bade, el año 1889, cuando en París se fundaba la II Internacional. Su padre era sacristán y tonelero: Heidegger le recuerda recorriendo las espesuras y claros soleados del bosque en busca de la madera de roble necesaria para su taller. Una familia piadosamente católica, sosegada, ni rica ni pobre, un ruralismo mediocre y feliz, fuertemente espiritual, cuyo recuerdo reverberado gloriosamente por la memoria obsesionará al pensador. El pueblecito preindustrial, rodeado por la espesura suavemente misteriosa de la Selva Negra, la madre que en el dulce dialecto de la provincia murmura las oraciones de la noche al niño adormecido... Heidegger recibió una excelente formación clásica y teológica, primero en el Gimnasium de Constanza y luego en Friburgo. Allí lee un texto de Franz Brentano que le causa honda impresión, *De la significación múltiple del ente en Aristóteles*. El escrito se encabezaba con esta cita del Estagirita: «*To on leguetai polakós*, el ente se manifiesta de múltiples maneras». Acabado su bachillerato, pasa a la Universidad de Friburgo, donde estudia filosofía, matemáticas, ciencias naturales y un semestre de historia. Su tesis versa sobre un tratado de las categorías y la significación, que en la época se atribuía a Duns Scoto. Comienza a trabajar bajo la dirección de Edmundo Husserl, aunque nunca llega a ser, estrictamente hablando, su asistente. En 1917 se le moviliza y presta servicio como meteorólogo cerca de Verdún. Se casa con Elfriede Petri, con la que tendrá dos hijos y quien le acompañará más de medio siglo. Aunque trabaja en el grupo husserliano, nunca llegará a adoptar completamente la fenomenología como método especulativo y le separan del maestro muchas más cosas de las que le unen, se entiende que en el plano intelectual. En 1922 es nombrado profesor extraordinario en Marburgo, donde sus cursos irán adquiriendo un prestigio creciente, finalmente mítico, entre los jóvenes estudiantes de filosofía. Entonces se construye su célebre cabaña en Todtnauberg, en plena Selva Negra, en cuyo retiro escribirá casi todo *Sein und Zeit*. En 1927 todavía no ha publicado nada. El decano de Marburgo le indica la necesidad académica de dar algo a la imprenta. «¿Tiene usted algo más o menos preparado?» Heidegger asiente y publica la primera parte de *Ser y tiempo*, en los *Anales* dirigidos por Husserl. Se envían los ejemplares preceptivos al ministerio, quien los devuelve –característico– con la mención «insuficiente». Finalmente, en febrero de 1927, aparece el texto completo de la obra, que el ministerio condescendió a considerar trabajo aceptable, ratificando el nombramiento de Heidegger. Al año siguiente, Heidegger sucede en su cátedra de Friburgo a Husserl, a propuesta de éste. Comienza su gran época pública, de la que provienen las luces y sombras que para algunos agotan al personaje. Su lección inaugural en la universidad es *¿Qué es metafísica?*, traducida al castellano unos años después por Xavier Zubiri. Por esa época tiene sus encuentros –y enfrentamientos– en Davos con Cassirer: el pensador liberal e ilustrado choca escandalizadamente con un Heidegger que quiere romper las pautas racionalistas de la metafísica occidental. En 1930, Heidegger pronuncia su conferencia *Sobre la esencia de la verdad*, en medio de unas elecciones generales que registran importantes éxitos del partido nacionalsocialista. Llegamos al punto álgido del «caso Heidegger».

En enero de 1933, Adolfo Hitler y el partido nazi conquistan el poder en Alemania. El rector de la Universidad de Friburgo, el socialdemócrata Von Möllendorf, profesor de biología y medicina, dimite de su cargo. Luego, propone a Heidegger, el más célebre de los profesores de la universidad, que presente su candidatura para el cargo. Heidegger vacila, pero cuando todo el claustro de profesores le presiona unánimemente para que acepte, termina por presentarse a la elección. Sale elegido por unanimidad menos un voto. Estamos en abril; a primeros de mayo se hace miembro del NSDAP, inscripción casi formularia en altos cargos públicos. Sus primeros actos de autoridad son prohibir la propaganda antisemita en el recinto de la universidad y prohibir terminantemente la quema de libros «malos» por los estudiantes. De su fe y entusiasmo por el proyecto nazi, sin embargo, no cabe dudar. En diferentes discursos y proclamas, toma posición públicamente a favor de los planteamientos gubernamentales. Particularmente importante es su apoyo al referéndum con que Hitler convoca a los alemanes a expulsar la SDN del país. Sostiene en 1933: «La revolución nacionalsocialista no es sencillamente la toma de un poder ya existente en el Estado por otro partido que hubiera crecido con ese fin. Sino que la revolución trae *el trastocamiento total de nuestra existencia alemana*». Combate decididamente todo brote de marxismo o historicismo y adopta con entusiasmo la postura obrerista de su amigo Ernest Jünger, cuya influencia sobre él –especialmente a través de *Der Arbeiter*– no puede ser exagerada. Escribe:

> No existe más que una sola clase de vida alemana. Es la clase del trabajo, enraizada en los cimientos que sustentan a nuestro pueblo, libremente sometido a la voluntad del Estado. Su huella está prefigurada en el movimiento del partido nacionalsocialista *obrero* alemán.

El rectorado de Heidegger y su ilusión por el nazismo no duran más que diez meses. En febrero de 1934 presenta su dimisión y se niega a destituir a dos decanos notoriamente antihitlerianos, Von Möllendorf y un rival de Carl Schmitt, el jurista Wolf. Su sucesor en el rectorado será directamente nombrado por el ministerio y no elegido. Heidegger no asistirá a su investidura. El pensador abandona el partido; defección temprana, pues todavía no ha muerto Hindemburg ni Hitler se ha hecho realmente con todos los poderes. Ya no volverá a hacer manifestaciones públicas sobre política. Continúa sus cursos sin molestias, aunque sometido a discreta vigilancia: habla de Hölderlin, de Nietzsche, de la técnica planetaria, de Platón. Publica muy poco, pues en ese sentido tropieza con dificultades. Algunos energúmenos nazis como Kriek y Bauemler le atacan públicamente. En 1940, las autoridades fascistas le prohíben un seminario privado sobre *Der Arbeiter* de Jünger. En 1944, en los reclutamientos desesperados del final de la guerra, se le moviliza para hacer zanjas a lo largo de la orilla del Rin: el rector de la universidad de Friburgo le había señalado a los reclutadores como «el menos indispensable de los profesores de la Universidad». Cuando los aliados completan su victoria, se le prohíbe enseñar públicamente, prohibición que le será levantada en 1951, año en que reemprende sus cursos en la universidad. A partir de entonces, su figura se oculta y su prestigio se agiganta. Publica *La cosa*, *Qué significa pensar*,

Qué es la filosofía, Hegel y los griegos... Viaja a Francia varias veces y en 1962 conoce finalmente Grecia. Pero cada vez rompe más difícilmente su retiro en la Selva Negra. Una de sus últimas actividades es grabar con primorosa caligrafía un libro sobre el espacio, en colaboración con el escultor vasco Eduardo Chillida. Acaba de morir a los ochenta y seis años de edad.

La metafísica occidental, piensa Heidegger, peca de cosismo: responde a la pregunta por el ser con la presentación de algún ente privilegiado. Ha olvidado la esencial diferencia ontológica entre ser y ente, entre aquello que hace que haya algo y cualquiera de los algos que hay. La técnica planetaria es el último movimiento de la metafísica occidental, la consecuencia de la voluntad de poder nietzscheana. El pragmatismo americano y el materialismo marxista son dos respuestas igualmente metafísicas, igualmente olvidadoras de la pregunta por el sentido del ser, en el marco absolutamente instrumental de la técnica planetaria. ¿Es posible un retorno a la autenticidad originaria, a la primigenia especificidad de cada pueblo, resuelto realmente a ser en una comunidad homogénea y transmetafísica? Heidegger creyó por un momento que éste era el sentido del nacionalsocialismo; luego reconoció haberse equivocado en su adhesión a los nazis, pero no en la exigencia teórica que le llevó a ellos. El pensador se ve confinado en un tiempo de espera: aún no puede tomar partido. La obra final de Heidegger es el momento de la *Kehere*, de la vuelta, de la reconversión. En lugar de enfrentarse y preguntar al *Dasein* por el ser, dejar que el ser se manifieste a través del *Dasein*. A través del abandonado existente en el mundo, la presencia –el ser– *habla*. No la palabra que informa o que describe, sino la palabra que conmemora el recuerdo siempre vivo de la presencia: la voz del poeta. Es también la voz controvertida y denostada del pensador. La voz de Heidegger ha permitido hablar, a su vez, a los más válidos preguntadores de nuestra época: a Sartre, Bataille, Blanchot o Levinas en Francia; a Gadamer, Löwith, Rahner, Adorno o Marcuse en Alemania; a Abbagnano, a Guardini, a Biswanger...

Hay ciertamente mucho de indeseable en la obra y en la herencia de Heidegger: pero lo importante es que él nos ha permitido llegar a poder elegir entre lo deseable y lo indeseable. Ciertamente no hay pensadores imprescindibles, pero cada auténtico pensador es *insustituible*. En ese sentido es insustituible Heidegger, como Spinoza o Nietzsche. Como dijo Paul Ricoeur, su obra se presta «a la tentación de la glosa o del pastiche». Sin duda: pero lo importante es que también mantiene viva, como muy pocas de este siglo, la radical tentación de lo que verdaderamente puede llamarse filosofar.

Nostalgia de un aristócrata desobediente

Bertrand Arthur William Russell, tercer conde de Russell y vizconde de Amberley, fue sin duda y quizá por encima de toda otra cosa un auténtico aristócrata. En primer lugar, desde luego, por su misma genealogía, que le emparienta espiritualmente con una tradición inglesa de nobles ilustrados y humanistas que abarca en el pasado a Shaftesbury o Bolingbroke y en el presente a Kenneth Clark. En segundo lugar, por su propia especialización teórica: si hay algún campo en la ciencia que merece ser considerado aristocrático, tal es incuestionablemente el de las matemáticas. Y después por su propio estilo de intervención pública, individualista y por encima de afiliaciones a partido, pero no carente de una cierta vocación carismática de liderazgo. Un último rasgo, señalado ya por Nietzsche para confirmar el aristocratismo de Voltaire: su complacencia en el lenguaje educado del hombre común, su renuncia al palabreo oracular del iniciado. Mal que les pese a los tecnócratas, a los lacanianos y a los imitadores de Heidegger, toda jerga es incurablemente *plebeya*. Aunque el género literario que cultivó magistralmente no es de los más espectaculares y hasta hay algunos que le niegan la condición literaria, el premio

Nobel de Bertrand Russell es uno de los más merecidos del palmarés de ese galardón.

La importancia de las aportaciones de Russell a la fundamentación de las matemáticas y la lógica o a ciertos temas de teoría del conocimiento no es hoy puesta en duda prácticamente por nadie competente en tales materias. Sus escritos sobre temas sociales y políticos, en cambio, son valorados de un modo mucho menos laudatorio. Se les acusa de superficiales y poco concluyentes, incluso de insultantemente contradictorios. Desconciertan al lector acostumbrado a sólidas doctrinas porque dan la impresión casi confidencial de transmitir las muchas dudas y pocas conclusiones a las que ha llegado examinando cuestiones de razón práctica un aficionado de talento. Hay temas, parece pensar Russell, sobre los que tener opiniones insólitas o insólitamente argumentadas no es de buen agüero. El visionario y el embaucador fascinan a su auditorio pretendiendo ver lo que nadie ve, por lo que aumentan cuanto pueden el número de las visiones que han de ser compartidas; el sabio –en el sentido clásico del término, que se parece un poco a lo que en español llamamos «resabiado» y nada a lo que llamamos «resabido»– no aspira a ver *más* sino *mejor* y por tanto tiende a reducir críticamente los ídolos de la tribu, mientras sustenta con rigor ciertas evidencias insustituibles. Hay sabios de la intuición genial y sabios del sentido común aplicado con imaginación: en el terreno sociopolítico Bertrand Russell perteneció en sus mejores momentos a los segundos y nunca, ni en los peores, pretendió formar parte de los primeros.

En nuestra lengua las obras de Bertrand Russell han tenido buena fortuna, pues han sido traducidas casi en su rigurosa totalidad y por intérpretes tan ilustres como

Manuel Azaña (uno de los primeros) o Antonio Tovar. También ha sido estudiado con detenimiento: recuerdo hace bastantes años unas jornadas de homenaje a él dedicadas, de las que me interesó particularmente un examen de su pensamiento político y social por Javier Muguerza (luego incluido en «La razón sin esperanza»). La referencia en primera persona no es totalmente caprichosa, pues quisiera permitirme el testimonio de mi inquebrantable adhesión hispanoparlante (que pesa poquísimo en comparación con otras tan ilustres y reiteradas como la de Jorge Luis Borges, pero que es la única que tengo a mi alcance). La primera tutoría de mis disensiones políticas y religiosas con lo vigente en la España de finales de los cincuenta la ejerció Bertrand Russell. Lo leí antes que a nadie y me sigue siendo útil después de haber abandonado a tantos otros. Era un mentor pragmático e idealista, científico e imaginativo, progresista y liberal, tolerante y cáustico: un escéptico apasionado, como bien vio Alan Wood. Lo que necesitaba un quinceañero educado en El Pilar para no echarse a perder del todo. Por su feliz «culpa» me hice mundialista a mediados de los años sesenta, cuando en este país sólo éramos miembros de tan bizarra organización el padre Llanos, yo y quizá algún otro despistado. Es el único carnet político que he tenido en mi vida, hasta adquirir recientemente la *tessera* de radical transnacional: siempre, contra las patrias. En mi segundo libro, *La filosofía tachada*, el capítulo titulado «Ironía o Iglesia» es un homenaje *in pectore* a lord Russell. Ahora parece también una profecía del actual debate Rorty/McIntire. Y es que uno ha sido precursor de varias cosas, pero en un país en el que, afortunadamente para la modestia, tales vislumbres nunca trascienden... En fin, que entré en filosofía leyendo al último ilustrado al estilo clásico, a nuestro Voltaire de Gales, y que no creo haberle sido nunca del todo infiel.

Como verdadero aristócrata de casta (lo cual es algo más que serlo de sangre), Bertrand Russell no fue nunca un extravagante –que es cosa de *parvenus* al título– sino un original. Y es que en la vida aristocrática cuanto no es originalidad es decadencia. Dos opiniones que vertió sobre Tom Paine, en un hermoso ensayito dedicado a este protodefensor de los derechos humanos, se le pueden aplicar a él mismo. Primera: «Su destino fue siempre ser honrado por la oposición y odiado por los gobiernos». No imagino mejor timbre de honradez política para un intelectual, salvo el de ser igualmente detestado por la oposición y el gobierno. Segunda: «Tenía sus defectos, como todos los hombres; pero le calumniaron y odiaron por sus virtudes». Entre ellas, la sinceridad. En el tema de los enfrentamientos bélicos entre estados dijo lo que pensaba con un desparpajo muy de agradecer pero irritante para muchos. Fue un pacifista selectivo y consciente, que militó contra la primera guerra mundial pero no contra la segunda, lo cual se lo reprocharon como incoherencia los que ignoran que también la coherencia debe estar subordinada a un fin. No ocultó sus objeciones contra el sistema capitalista y encabezó la campaña contra la guerra de Vietnam, pero dejó bien claro: «Creo que la fe marxista es más repelente que cualquier otra de las que han adoptado las naciones civilizadas (excepto quizá la de los aztecas)». Defendió la diversidad de culturas contra la uniformización esterilizadora, pero no vaciló en afirmar que «el nacionalismo en política es el mal en estado puro: no hay un solo argumento que pueda defenderlo». Toda su vida teórica y práctica giró en torno a los problemas de lo colectivo, pero sostuvo que cuanto hay de positivo en la aventura humana se debe a la aportación creadora de la imaginación individual, casi siempre obstaculizada por la sociedad adversa. Quizá el mayor escándalo de sus comentaristas proviene de que este decidido adversario de las armas nucleares hubiera preferido verlas en un solo bloque –el occidental, por supuesto– que repartidas entre los dos. Y aunque para ello debieran haber sido empleadas limitadamente contra Rusia antes de que ésta desarrollase su propio armamento nuclear. Y es que el sentido común también puede ser implacable: Russell se atrevió a preferir un imperialismo obligado por su propia tradición crítica a respetar el juego democrático y los derechos humanos que la dispersión y el enfrentamiento de esa maldición destructiva, las «soberanías nacionales».

En resumen, fue un gran tipo: vástago postrero de una estirpe de leones británicos peculiarmente liberales que hoy parece marchita. Hojeando la traducción castellana de *Sociedad humana: ética y política,* quizá la versión más elaborada de su pensamiento sobre estas cuestiones siempre abiertas, he sentido añoranza de su perfil canoso y aguileño –rematado por la sabiduría cordial de la pipa– y quiero que esta nota deje constancia de ello.

Burla y desafío de Cabrera Infante

Voltaire logró convencer a Madame de Châtelet para que aprendiese inglés y así poder disfrutar de Swift, Alexander Pope e incluso el desigual Shakespeare; pero fracasó cuando quiso persuadirla de que estudiase español. Según la ilustrada señora, no merecía la pena aprender una lengua cuya obra cumbre literaria pertenecía al género humorístico. También esta convicción o prejuicio de doña Châtelet pertenece ya al humorismo, aunque al de tipo involuntario, que es el que peor sienta al autor y más divierte al público. Sin embargo, es un dictamen mucho más compartido de lo que suele reconocerse. El sentimiento cómico de la vida es tolerado, incluso celebrado en ocasiones como recreo o alivio, pero el verdadero prestigio lo recaba para sí el sentimiento trágico. Miren a su alrededor: los escritores más inapelablemente reconocidos hoy –Sebald, Coetzee, Giorgio Agamben...– son cualquier cosa menos festivos. Es más, abundan en perspectivas siniestras. La veta humorística de Thomas Bernhard ha sido subrayada por muy pocos y con cautela. Quizá el último humorista celebrado al más alto nivel fue Samuel Beckett. Y la risa de Beckett... ¡en fin!

Guillermo Cabrera Infante (desde ahora, GCI) ha cultivado en el más alto grado el sentimiento cómico de la vida: pero no como opuesto al sentimiento trágico, sino como una variante que lo agrava al purificarle del superfluo patetismo de la seriedad. El humor es una constante en su escritura, su nervio central: o sea que no aparece de vez en cuando, aquí y allá, sino siempre, sin cesar, obsesivamente. Y no es un rumor de fondo, como el mar Caribe escuchado desde la cama en un hotel confortable o como el ir y venir del *basso ostinato* en algunas piezas musicales: al contrario, retumba siempre, estruendoso, triunfal y subversivo, como los clarines que derribaron sonando y sonando las murallas infranqueables de Jericó. Ese humor que retumba todo lo tumba: hasta la tumba... Por cierto, en más de treinta años de amistad GCI me recomendó muchos libros pero sólo me regaló uno (fuera de los suyos, claro está): *The Unquiet Grave*, de Cyril Connolly, cuyo título suele ser traducido en castellano como *La tumba sin sosiego*.

GCI es un humorista persistente –infatigable– en su escritura y también lo fue en su vida. ¿Captan el matiz? El escritor sigue siendo humorista en la presencia repetida y duradera de sus libros; el hombre, humorista de semblante grave como Buster Keaton (Guillermo fue otro «americano impasible» y luego «inglés impasible», sin dejar de ser cubano apasionado), ya no ha de hacernos reír más. De mí le asombraba –decía que le asombraba, muy serio– que fuese capaz de hablar riéndome; y yo me reía cuando él hablaba, severo, dirigiéndose a mí desde la guarida misma de la risa como Fu-Manchú impasible amonestaba al mundo desde su secreto refugio acorazado. El desafío de la burla, la burla del desafío... La broma perpetua de GCI ha llegado a producir vértigo a bastantes de sus lectores, que intentaron menospreciar su prosa con encomios ambivalentes: muy brillante, muy gracioso, pirotecnia. Lo que provoca la risa (lo que provoca *con* la risa) debe ser de segunda fila, gracias a Madame de Châtelet y demás personas de orden. ¿Cómo aceptar que uno de los mayores y mejores renovadores de la prosa en castellano, un clásico de vanguardia, sea también uno de los escritores más divertidos y gozosos, puro gozo, no sólo puro humo?

Pero que nadie confunda diversión con escapismo. Tolkien, cuando le acusaban de hacer «literatura de evasión», respondía que no merece la misma calificación moral escaparse de una prisión que desertar del campo de batalla. GCI logró huir de la prisión cubana pero nunca desertó del combate contra el totalitarismo declamatorio, puritano e ineficaz que reina en la isla. Y precisamente el humor fue su arma incansable de destrucción masiva: contra la lengua de madera de los Pinochos comisarios políticos del régimen (por no hablar de los intelectuales conservados en la naftalina de su autosuficiencia que lo apoyan, ridículos impunes entre los que no falta alguna preciosa ridícula española). A través de retruécanos y parodias con ingenio sin desfallecimientos, GCI alanceó las fórmulas escleróticas de la mentira reverenciada, mientras conservaba viva, bullente, subversiva, el habla popular que dice las protestas y los amores, que denuncia y reclama, que explora todos los sonidos para no dejar sin su justicia poética a ningún sentido. Su tarea como escritor fue recordarnos, sin dejar de hacer reír o provocar la sonrisa, que son palabras las que amparan los crímenes, pero también las que los descubren y las que procuran salvarnos de sus nefastas consecuencias.

Ahora te veo, Guillermo: me miras tras el vapor aromático de tu habano y disfrutas sin demostrarlo porque me estoy riendo otra vez. Has dicho no sé qué cosa, precedida por el habitual «¿Sabes, Fernando...» y ya has vuelto a hacerme reír. A una palabra pomposa se le ha caído la tiara, un pedante o un tiranuelo se han quedado en cueros, la caverna se convirtió en taberna y el agónico «¡Felipe, me muero!» sonó irremediablemente a «¡Feliz año nuevo!». Guardas el semblante severo, pero no me engañas: veo tras el cristal de tus lentes la chispa perpetua de la amistad, risueña y contenta de contentarme. También con su puntito de melancolía, porque la amistad entre mortales siempre se está despidiendo un poco. Gracias, Guillermo, por no haber cesado de ser heroicamente gracioso, a pesar de lo que recomienden Madame de Châtelet y el lúgubre narcisismo de los expertos literarios. Gracias por tus gracias libres y liberadoras, a pesar de que –aquí entre tú y yo– maldita la gracia que tiene la cosa.

Índice

Nota previa	7
Prólogo a la edición de 1976	9
Prólogo a la edición de 1990	13
Juliano el piadoso	15
El regreso a los dioses	47
Boccaccio y la comedia humana	51
Lope de Aguirre, traidor, peregrino y ateo	69
El pirata traidor	89
Industria y melancolía de Robinsón	93
Spinoza y la alegría de lo necesario	97
Voltaire y Rousseau: el final de las luces	107
El arma secreta de Voltaire	133
Madame Voltaire	137
Boswell, el curioso impertinente	143
Madame du Deffand: frivolidad y agonía	149
Kant y el reino de la libertad	167
La nueva máscara del demonio	179
Amor a Stevenson	189
La *Hispaniola* zarpa de nuevo	205
El narrador de emociones	209
Sin pecado concebida (La moral según J. M. Guyau)	215
La ciencia como aventura y como poesía	221

Julio Verne, educador	225
Un entrañable fanático	229
George Santayana, pensador errante	233
El aroma de Santayana	243
C. G. Jung: un gnóstico contemporáneo	253
Arnold J. Toynbee: historia de un historiador	283
La novia de King Kong	299
Heidegger en la Historia	303
Nostalgia de un aristócrata desobediente	315
Burla y desafío de Cabrera Infante	321